巴基斯坦史话

History of Pakistan

王世达　杜佳宁 ◎ 著

中国书籍出版社
China Book Press

序 言

巴基斯坦全称为"巴基斯坦伊斯兰共和国"。位于南亚次大陆的西北部，东接印度，东北与中国毗邻，西北与阿富汗交界，西邻伊朗，南濒阿拉伯海。总面积约为79.6万平方公里（不包括巴控克什米尔地区），海岸线长980公里。总人口为1.97亿。巴基斯坦原为英属印度的一部分。1858年随印度沦为英国殖民地。1940年3月，全印穆斯林联盟通过了关于建立巴基斯坦的决议。1947年6月，英国公布"蒙巴顿方案"，实行印巴分治。同年8月14日，巴基斯坦宣告独立，成为英联邦的一个自治领，包括巴基斯坦东、西两部分。1956年3月23日，巴基斯坦伊斯兰共和国成立，仍为英联邦成员国，1972年退出，1989年重新加入。1971年3月，东部宣布成立孟加拉人民共和国，同年12月孟正式独立。目前，巴基斯坦全国共有旁遮普、开伯尔—普什图、俾路支和信德四个省，七个联邦直辖部落地区和联邦首都伊斯兰堡。各省下设专区、县、乡、村联会。最高法院为最高司法机关，各省和伊斯兰堡设高等法院，各由一名首席大法官和若干法官组成。全国设总检察长，各省设省检察长。

巴基斯坦是多民族国家，其中旁遮普族占63%，信德族占18%，帕坦族占11%，俾路支族占4%。乌尔都语为国语，英语为官方语言，主要民族语言有旁遮普语、信德语、普什图语和俾路支语等。巴基斯坦是伊斯兰国家，其宪法规定伊斯兰教为国教。95%以上的居民信奉伊斯兰教（国教），少数信奉基督教、印度教和锡克教等。伊斯兰教派系林立，主要派别为逊尼派和什叶派。逊尼派人数占穆斯林人口的75%，其余为什叶派。

巴基斯坦实行多党制。现有政党200个左右，派系众多。目前全国性大党主要有巴基斯坦正义运动党，其他主要党派包括巴基斯坦穆斯林联盟

（领袖派）、统一民族运动党、人民民族党等。巴基斯坦宪法规定，总统是武装部队最高统帅。实行募兵制，陆军服役期限为7年，海、空军为7—8年。武装力量由现役部队、预备役部队和地方军组成。总兵力为56.9万人。

巴基斯坦的国家经济以农业为主，农业产值占国内生产总值21%。受安全形势面临挑战、国内政局不稳、国际金融危机冲击、大宗商品价格上扬等因素影响，2008年巴经济形势持续恶化。但从长期看，巴基斯坦地缘优势突出，人力资源丰富，一俟国内安全局势落稳、能源短缺问题解决，将充分实现其发展潜力。最大的工业部门是棉纺织业，其他还有毛纺织、制糖、造纸、烟草、制革、机器制造、化肥、水泥、电力、天然气、石油等。2009年以来，在巴基斯坦自身调整努力和国际社会帮助下，经济运行中的积极因素增多，重要经济指数较前有所好转。根据巴基斯坦国家银行统计数据，2014—2015财年国内生产总值2687.31亿美元，同比增长4.24%。

巴基斯坦奉行独立和不结盟外交政策，注重发展同伊斯兰国家和中国的关系。致力于维护南亚地区和平与稳定，在加强同发展中国家团结合作的同时，发展同西方国家的关系。支持中东和平进程。主张销毁大规模杀伤性武器。呼吁建立公正合理的国际政治经济新秩序。重视经济外交。要求发达国家采取切实措施，缩小南北差距。巴基斯坦拥有"清真之国""美国非北约主要盟友""唯一的伊斯兰核国家""亚洲之虎"等多重身份。

巴基斯坦是最早承认中国的国家之一。1951年5月21日，中巴两国正式建立外交关系。建交以来，两国在和平共处五项原则的基础上发展睦邻友好和互利合作关系，进展顺利。巴基斯坦是中国的"全天候战略合作伙伴"，双边友好关系持续半个多世纪，久经两国政局变动及国际局势演变的考验。巴基斯坦作为中国在印度洋地区的战略支点及"一带一路"倡议的核心国家，其地位关键，其潜力巨大。"中巴经济走廊"已成为"一带一路"的重要先行先试项目以及塑造"中国—周边命运共同体"的先行者。

目　录

序　言 / 1

第一章　遥远的印度河流域文明及吠陀时代 / 1

- 第一节　印度河流域文明：巴基斯坦历史上第一个璀璨文明……… 3
- 第二节　雅利安人的到来：外族入侵的开端……………… 7

第二章　分分合合的次大陆 / 15

- 第一节　四分五裂的次大陆局势……………………… 17
- 第二节　孔雀王朝：巴基斯坦历史上第一个统一的国家… 21
- 第三节　重回割据……………………………………… 26
- 第四节　贵霜帝国……………………………………… 28
- 第五节　波斯萨珊入侵和笈多帝国…………………… 31

第三章　伊斯兰教传入及德里苏丹国 / 35

- 第一节　伊斯兰教传入早期…………………………… 37
- 第二节　德里苏丹国时期……………………………… 47

第四章　莫卧儿帝国 / 75

- 第一节　莫卧儿帝国的王朝更迭……………………… 77
- 第二节　帝国的衰落和瓦解…………………………… 110

- 第三节　莫卧儿帝国的社会制度及经济发展……………114
- 第四节　莫卧儿帝国时期的宗教政策………………117
- 第五节　莫卧儿帝国的绚烂文化……………………119

第五章　英国殖民统治时期 / 125

- 第一节　英国人的早期统治——东印度公司统治时期…127
- 第二节　1857年民族大起义和英王接管印度…………135
- 第三节　穆斯林的启蒙运动…………………………139
- 第四节　穆斯林联盟与印度独立运动………………143

第六章　巴基斯坦独立建国 / 149

- 第一节　历史根源：次大陆两大宗教长期并存………151
- 第二节　现实原因：穆斯林沦为"二等公民"………155
- 第三节　理论武器：两个民族、两个国家……………159
- 第四节　道路之争：伊斯兰现代主义和原教旨主义……168

第七章　20世纪后半叶的巴基斯坦 / 171

- 第一节　建国初期动荡及两任军法管制（1947-1972）　173
- 第二节　阿里·布托时期的民选政府（1972-1977）…177
- 第三节　齐亚·哈克实施军法管制（1977-1988）……183
- 第四节　纳瓦兹·谢里夫与贝·布托轮番上台
  （1988-1999）　…………………………189

第八章　进入21世纪的巴基斯坦 / 193

- 第一节　穆沙拉夫时代（1999-2008）………………195
- 第二节　扎尔达里执政时期（2008-2013）…………199
- 第三节　谢里夫三度出任总理………………………202

第九章　把脉巴基斯坦的几对关系 /215

- 第一节　政教关系 ··· 217
- 第二节　军政关系 ··· 237
- 第三节　央地关系 ··· 241
- 第四节　美巴关系 ··· 248
- 第五节　中巴关系 ··· 254

第十章　影响巴基斯坦未来的关键势力 /261

- 第一节　政治领域 ··· 264
- 第二节　军事领域 ··· 272
- 第三节　极端组织 ··· 274
- 第四节　商业领域 ··· 282
- 第五节　媒体领域 ··· 285

第一章

遥远的印度河流域文明及吠陀时代

1947年建国的巴基斯坦，虽然是个年轻的国家，但却拥有着悠久的历史。其与今天的印度和孟加拉国同属于古代印度的一部分，共同分享了古代印度那段悠久、辉煌而又独特的文明。

第一节 印度河流域文明：巴基斯坦历史上第一个璀璨文明

索安文化

产生于约50万年前的索安文化被普遍认为是巴基斯坦这片土地上人类文明的开端。索安文化遗迹发现于印度河上游支流索安河①河谷的群特拉等地，故得名。在巴基斯坦的哈扎拉、白沙瓦和马尔丹等地也发现了许多索安文化时期洞窟遗址。根据发掘出的石器判断，索安文化属于较为典型的早期旧石器时代文明遗址。索安文化的先民们以狩猎、采集、捕鱼为生，能够使用火、驯养动物，并且懂得利用树皮、兽皮等材料御寒。1987年，巴基斯坦和英国考古学家在巴基斯坦拉瓦尔品第附近发现了由石英石打制而成的工具。据考古断代分析，这些石制工具的年代距今约有200万年。这一考古发现将巴基斯坦的历史向前推进到了距今200万年以前。这也是南亚次大陆上发现的最早的人工制品。

中石器时代的遗址在今巴基斯坦境内也有分布。这一时期的人类开始制作和使用体积较小的石器，仍以狩猎、采集和捕鱼为生，并开始饲养牲畜。与这一时期的遗迹相比，今天的巴基斯坦境内分布着的新时期时代文化遗址则更为普遍。以遗址时代早晚为序，比较典型的有位于巴基斯坦西南部俾路支省基达河谷的基利·库尔·穆罕默德遗址、位于东南部信德省的阿姆里文化、位于克什米尔地区的布尔扎霍姆文化、信德地区的科特·迪季遗址及俾路支省南部的库里山丘村落遗址等。这一时期的人们已能够进行农耕，开始普遍饲养家畜。他们所使用的石器打磨、制作得更为锋利，并且学会了制作和使用陶器。这些文明遗迹在一定程度上与后来在

---

① 索安河（Soan River），位于巴基斯坦旁遮普省，是印度河左岸的一条支流。

同一地区产生的印度河流域文明有着承袭关系。

印度河文明

1921年、1922年发掘出的哈拉帕[①]遗址和摩亨焦达罗[②]遗址使得产生于公元前2500年左右的印度河流域文明为世人所知。这是巴基斯坦历史上第一个辉煌的文明,也是世界上最古老的文明之一。

哈拉帕和摩亨焦达罗遗址都位于今天的巴基斯坦境内,前者在旁遮普省的蒙哥马利县拉维河左岸被发现,后者则坐落在流经信德省拉尔卡纳县的印度河的右岸。摩亨焦达罗原本就是个佛教遗址,在这里进行的考古发掘中出土的象形文字印章引起了考古学家们的注意。而早在1875年,哈拉帕地区也曾发现过带有文字的印章。经过考古学家的分析研究,认为这两处地方曾经存在着尚不为人知的文明,于是印度河流域文明就这样被发现了。

印度河流域文明的范围并不仅仅局限于印度河流域,后来的考古发掘发现印度河流域文明北起萨特累季河,南至坎贝湾,西起阿拉伯海的莫克兰海岸,向东一直延续到恒河与贾木纳河的交汇处,总面积比两河流域文明和古埃及文明的范围都要大。

印度河流域文明又称哈拉帕文明,是高度成熟的城市文明。现今发现的印度河流域文明时期的城市、村镇遗址已达数百个,其中位于巴基斯坦境内的哈拉帕和摩亨焦达罗两处遗址就是印度河流域文明中最大、最具代表性且保存最为完整的两处城市遗址。

哈拉帕和摩亨焦达罗两座城市的建制相似,颇具一定的城市规划和建筑水平。城市分为筑于土丘之上的城堡和建在地势较低处的下城两部分。城堡里有防御工事、高大宽敞的住房、公共浴室等。下城区是居住区,城区规划井然有序,城内有居民住宅和店铺等,房屋多用土坯或是尺寸一致的砖块建成,家家户户都有水井、浴室和下水道。而每家每户的下水道又

---

① 也有译为哈拉巴。

② 也有译为译为摩亨佐·达罗。

与城内的排水系统相连，将污水排至河道。下城区内也设有谷仓、公共集会大厅和大型的公共浴池等设施。

据推测，建筑在土丘上的城堡是供城市的统治阶级或是祭司们居住的，而下城区则为平民百姓的居所。城市内房屋大小不一，这也反映出了那一时期的社会中已经产生了贫富差距。而城市内大型的公共浴池，则被认为是与宗教活动有关，应该是当时的市民参加宗教仪式前沐浴的地方。这也就是说，印度河流域文明时期的先民很可能已经有了自己的宗教信仰。但关于印度河流域文明时期的宗教信仰到目前为止尚没有一个肯定的答案。根据该地区出土的印章、雕像等器物推断，其宗教信仰似乎是女性能力崇拜。此外，也有对树木、动物、水、火等的自然崇拜存在。

印度河流域文明时期的先民多从事农业生产。种植大麦、小麦、胡麻、芝麻、椰枣、豌豆等作物。值得一提的是，这里的居民还种植棉花，据推测，这里可能是世界上最先种植棉花的地区。饲养家畜也变得十分普遍，这一地区出土了许多带有家畜形象的陶像或印章。

除农业生产外，城市居民还从事手工业。印度河流域文明已经从单纯的石器文明进入了金石并用的文明时代。这里的人们制作的石制器物已经相当精致了，但其最重要的手工业还是制陶。印度河流域文明出土的陶器种类繁多，做工精巧。既有使用陶轮生产的普通家用制品，也有精巧的印章、首饰、塑像等器物，有的陶器上还带有彩绘。此外，印度河流域的人们已经能够使用金、银、铜等金属制造各种器物了。例如使用铜或是青铜制造斧子、刀、箭头、锯等工具，镜子、烛台等家居用品，或是人物、动物塑像等艺术品。人们还能够使用金、银制作项圈、手镯、戒指等饰物。在城市遗址中还发现了纺锤、纺轮和染缸等，这说明纺织在当地也已经比较普遍了。

除了高度发达的手工业外，印度河流域文明时期的商业贸易也有相当程度的发展。这里曾出土过刻度尺、砝码、车船模型和作为商标的印章等物品。摩亨焦达罗和哈拉帕都是重要的贸易中心。既有与印度河流域文明内部及相邻地区的贸易，也有与中亚、波斯、阿富汗等地区间的商业联系。而在美索不达米亚发现的与摩亨焦达罗地区完全相同的印章和在摩亨焦达罗发现的带有美索不达米亚风格的盒子，则说明了该地区与西亚、埃及之间还存在过海上贸易。

印度河流域文明的居民已经创造出了自己的一套象形文字系统。在出土的印章、石板、器物上都有这种文字出现。但到目前为止，对这些文字的解读尚未能够取得成功，印度河流域文明的形象文字仍是一个未解之谜。这就使得关于印度河流域文明的许多疑问都不能够得到确切的答案，其中就包括印度河流域文明的创造者来自何方？

谁是印度河流域文明的创造者？目前尚无定论。目前公认的看法是印度河流域文明是在本地区原有文化的基础上发展而来的。在阿姆里地区，考古学家在印度河流域文明下层发现了和俾路支村落文化一致的文化层。而印度河流域文明出土的某些器物也与俾路支村落文化时期的器物类似，因此，学界普遍认为印度河流域文明的缔造者是原本就生活在这片土地上的先民。而这些人很有可能是俾路支的居民。学者们推测，随着原本生活在俾路支的山麓、河谷地区的居民的人口数量增长，他们开始寻找新的适合农业生产和生活的土地。于是他们开始向肥沃的印度河平原迁徙，并建立了新的村落。随着时间的推移这些村落逐渐发展壮大，直到公元前2300年左右，村落文化演变为了城市文明。

巴基斯坦历史上第一个辉煌的文明——印度河流域文明，持续了大约600年的时间，在大约公元前1750年左右便衰落了。如其文明的起源一样，印度河流域文明衰落的原因也众说纷纭。曾有学者认为印度河流域文明毁于外族的入侵，因为在摩亨焦达罗和哈拉帕城市遗址内发现的大量散乱的骸骨似乎在告诉后人这里曾发生过屠杀。很有可能是来自西北方的雅利安人被繁华的城市和巨大财富吸引，入侵了这里。在雅利安人的经典《梨俱吠陀》中也曾提到他们攻打过当地人的城市。但实际上，历史上雅利安人入侵要比印度河流域文明衰落的时间晚了数百年，而且除了摩亨焦达罗和哈拉帕外，印度河流域文明的其他城市遗址中并没有发现屠杀、战乱或是外族入侵的迹象。近年来研究发现，印度河流域文明的衰落可能是多种因素综合作用的结果。

对古时印度河流域地理环境的研究发现，在印度河流域文明兴起前，这一地区气候湿润，河水水量丰沛，河流冲积平原土壤肥沃。印度河流域文明正是在这样优越的自然环境下孕育而生的。但在公元前2000以后，印度河流域的自然环境开始发生了变化，气候逐渐干旱，不再适宜农耕，对当地先民的生存产生了严重的威胁。为求生路，印度河流域的居民不得不向东南迁徙或是由农村地区涌入城市，进而发生内部动乱，印度河流域文明也因此衰落。除了自然因素外，外族入侵也可能是造成印度河流域文明衰落的原因之一。在摩亨焦达罗和哈拉帕等城市都发现了明显的外族入侵的证据，而当地自然环境的变化也为外族入侵提供了客观的便利条件。不过入侵印度河流域文明的应是附近的落后部落，而非雅利安人。总之，自然环境的改变可能是造成印度河流域文明衰落的重要因素，而印度河流域文明的摩亨焦达罗、哈拉帕等城市的覆灭，除了天灾外，还有人祸的作用在内。不过，迄今为止，印度河流域文明衰落的确切原因也都还是未解之谜，尚无定论。

印度河流域文明衰落之后，巴基斯坦这片土地和整个次大陆的文明出现了一定程度的倒退。虽然之后在不同地区兴起的不同文化都多多少少受到了印度河流域文明的影响，但是与印度河流域文明相比，后来产生的都是村落文化而非城市文明。

第二节 雅利安人的到来：外族入侵的开端

雅利安人进入印度次大陆

在印度河流域文明衰落大约三个世纪之后，即公元前15世纪，雅利安人开始由次大陆的西北方向陆续进入。他们征服了这里的原住民，开始定居下来，并形成了后来印度人的主体。

雅利安（Aryan）一词源于梵语的"雅利阿"（arya），意为高贵的人。雅利安人曾被视为一个种族，但后来的研究否定了这一观点。实际上，雅利安人是由多次部落的分化、融合而来，而非是一个种族。关于雅利安人的起源，目前最为学界所接受的观点认为组成雅利安人的不同部落最初可能都来自南俄和南乌克兰的草原地带。大约在公元前4500年至公元前2500年，聚居在这一地区的部落因生存压力开始外迁。有的向西、向北迁徙，有的则向南迁徙。南下的部落后又几经分化，有的于公元前二千纪上半叶开始进入西亚、伊朗和印度北部。而进入伊朗的雅利安人后又分化出一支继续东迁，于公元前二千纪中期，穿过阿富汗，进入印度。

分批到来的雅利安人最早的活动范围以"七河流域"①为中心，也就是今天的巴基斯坦北部和旁遮普一带。雅利安人的入侵遭到了当地居民的激烈抵抗。这些居民很有可能是印度河流域文明衰落后的遗民。相较于当地已进入农业社会、文明发展程度较高的原住民，雅利安人虽然在文明发展程度上落后，但却能征善战，最终以武力降服了当地的原住民。征服印度河上游平原后，雅利安人将原居住在这一地区的人民称为"达萨"，意为"奴隶"，以示区分。雅利安人将"达萨"描述为黑皮肤、扁鼻子、不事献祭的人，后有学者推测"达萨"很可能就是达罗毗荼人。被雅利安人打败的原住民，除被杀戮的外，还有的逃往了南印度，也有些人留下沦为了雅利安人的奴隶。

雅利安人进入并定居印度次大陆的这段时期被称为吠陀时代（公元前15—前6世纪），而其中公元前15世纪到前1000年左右，《梨俱吠陀》所记述的时代被称为早期吠陀时期，其后则为晚期吠陀时期。实际上，今人所了解的雅利安人历史，所凭据的只是他们的经典"吠陀"和后来考古发掘出的属于雅利安人的文化遗址。通过这些文献和考古发现，可以看出雅利安人进入并定居印度的过程，既是由氏族社会向阶级社会过渡并逐渐形成国家的过程，也是由游牧为生转变为从事农业生产的过程。

雅利安人进入印度次大陆后，仍旧以畜牧业为生，过着游牧生活。

---

① 雅利安人经典《梨俱吠陀》中曾反复提及"七河流域"而非今天的"五河流域"。现代卫星探测发现，塔尔沙漠在过去曾有一条大河流过，这也就是《梨俱吠陀》中所提及的七河流域之所在。

后来，他们开始逐渐接受当地的先进文化，学习农业生产，并学会了利用河水灌溉。随着生产方式的转变，雅利安人的生活方式也就自然发生了转变，从一直以来逐水草而居的游牧状态转变为了定居生活。但在这一时期他们的生活仍是部落性质的，只有聚居成村落，并没有发展出城市文明。前吠陀时代的雅利安人所饲养的牲畜除牛、羊外，与印度河流域文明时期相比最大的不同就是饲养的马匹较多。所种植的作物基本上是大麦和小麦。据《梨俱吠陀》记载，当时已经出现了木匠、陶匠、瓦匠等专业的手工业者，手工业在那一时代取得了一定的发展，已经脱离畜牧业和农业，成为了独立的经济部门。在旁遮普、斯瓦特等地的考古发掘中，都发现了属于前吠陀时代的陶器。前吠陀时代，商业也有了发展，但主要是以物易物。这一时期，雅利安人已经进入了父系社会，但妇女的地位并不低。氏族社会已经逐渐解体，耕畜私有，土地虽然仍属氏族公社，但实际会定期分配给各户使用。在宗教方面，印度河流域的土著宗教和雅利安人游牧部落宗教混合形成了吠陀教。于公元前1500年左右编订的《梨俱吠陀》是吠陀教形成的标志，也是该宗教的经典。吠陀教主要是自然崇拜，并将各种自然力量人格化。《梨俱吠陀》中记载的神明主要有：天神伐楼那（Varuna）、雷神因陀罗（Indra）、风神伐由（Vayu）和火神阿耆尼（Agni）等，崇拜的方式是献祭，也就是在点燃的火堆里投放祭品并歌唱赞美众神。

  大约公元前1000年到公元前600年这段时间，吠陀教的其他经典《娑摩吠陀》《耶柔吠陀》①《阿闼达吠陀》和"梵书""森林书""奥义书"产生，这也就是后吠陀时期。

  正是在这一时期，雅利安人的活动范围开始逐渐向恒河流域迁移。如同最初进入次大陆时雅利安人吸收了印度河流域的先进文化一样，在来到恒河流域后，他们也吸收了当地的文化。

  来到恒河流域的雅利安人以农业为生，土地不再属于氏族公社，而是为私人所有。在后吠陀时期产生的经典《耶柔吠陀》和《阿闼达吠陀》中

---

① 也作《夜柔吠陀》。

都提到了铁器,并称之为"黑铜"。铁器的使用使得生产力得到了大幅提高。雅利安人在恒河流域种植的作物主要有大麦、小麦、豆类、芝麻、棉花和甘蔗等。值得一提的是,雅利安人在恒河流域还学会了种植水稻。雅利安人也饲养了大批的牲畜,并使用牛来耕作。但在这一时期,母牛已经逐渐被神圣化,禁止宰杀。

手工业在恒河流域也有了一定程度的发展,出现了铁匠、绣工、染工等新行当,这可以证明与之相对应的新的手工业部门也已经出现。雅利安人来到恒河流域后,取得最突出发展的经济部门是商业。区域内的地方贸易已经形成了固定的商路。区域外,与西亚地区的贸易日渐繁荣,位于陆路通道上的呾叉始罗①成为重要的交通枢纽。除陆路贸易外,这一时期也出现了海上贸易。贸易形式除了原始的物物交换外,也出现了以贵金属为媒介进行贸易的情况,但现在还不太清楚当时是否已有流通货币。随着生产力的发展和经济的逐渐繁荣,雅利安人的城镇开始出现。这些城镇兼具政治中心和经济中心的职能,但规模较小,不足以和印度河流域文明的摩亨焦达罗以及哈拉帕这样的城市相媲美。

伴随着生产力水平的提高和经济的发展,雅利安人的社会组织形式也在发生着转变。雅利安人部落内部开始逐渐分化成不同的阶级。部落首领不再让自己的部落成员自由纳贡,而是转为强征赋税。财富积累的不均衡导致了为掠夺财富而发动的战争愈发频繁。战火也从对当地土著居民的征服,逐渐蔓延到了雅利安人各个部落之间。史诗《摩诃婆罗》就描写了一次雅利安人内部的战争。大约在公元前9世纪,同属婆罗多族的俱卢族与般度族为了争夺王位而战,这场战争几乎将当时印度次大陆北部的所有部落都牵涉其中。大战历时18天,终以般度族的胜利而告终。虽然史诗中叙述的战争尚未得到考古发掘的有力证明,但也足以反映出当时原始部落社会向国家社会转变的时代背景。某些部落因战争而增强了自己的实力,其部落领地也越来越大。不断扩大的部落领地也不再为部落所共有,而是成为首领的囊中之物。部落首领的权力随之越来越大,已超越了部落性质而

---

①叉始罗(Taxila)既塔克西拉,位于今巴基斯坦旁遮普省与西北边境地区。

形成了地方性质的王权，部落首领成了国王。国王建立军队、任命官吏、征收赋税。这样，原始的部落出于维护统治的需要转变成了国家。关于雅利安人社会中最早形成的一批国家的确切年代目前尚无定论。但依据吠陀文献和史诗推断，这些国家形成的时间应在公元前700年左右。

种姓制度的产生

伴随着阶级社会和国家的逐渐形成，最具有印度特色的社会等级制度——种姓制度也在逐步形成。这种产生于遥远的吠陀时期的等级制度，至今仍在印度社会根深蒂固，甚至巴基斯坦社会也都受其影响。

种姓制度的发展经历了瓦尔那（Varna）和贾提（Jati）两个阶段。在梵语中，瓦尔那意为"色""质"，最初用以区分征服者和被征服者。《梨俱吠陀》中，雅利安人自称为"雅利安瓦尔那"，而被征服的种族则被称为"达萨瓦尔那"，含有蔑视之意。后来随着雅利安人中形成的不同社会集团和被征服的土著部落数量的增加，瓦尔那制开始被用来区分不同的社会集团，即掌管祭祀、垄断教育的婆罗门；负责征战和管理的刹帝利；农牧民和商人构成的、负责生产和纳税的吠舍。此外，还有由被征服者构成的、专为上述三个瓦尔那服务的首陀罗。《梨俱吠陀》中说生主神的口、双臂、双腿和双脚分别变成了四个瓦尔那。口变成了婆罗门、双臂成了刹帝利，双腿则化为了吠舍，而最低的首陀罗是由双脚生出的。不过《梨俱吠陀》中这段关于四个瓦尔那产生的记述被普遍认为是婆罗门为了维护自身至高无上的社会地位而编纂出，并添加到《梨俱吠陀》中的。

掌管祭祀和教育的婆罗门为限制低种姓，特别是首陀罗，而制定了种种规矩，人为地加剧了社会的不平等。首陀罗被禁止参加吠陀教的宗教活动。作为四个瓦尔那中唯一的非再生族，他们也没有佩戴再生族标志——圣线的资格。此外，婆罗门提出了"洁净"的宗教观念，认为首陀罗所从事的职业是不洁的，从而达到在社会生活中歧视首陀罗的目的。高种姓不能与他们共餐，甚至连他们的食物都不能接受。在《梨俱吠陀》时期，尚未规定职业世袭，也并未禁止不同种姓间通婚、共餐和接受食物。但到了吠陀后期，婆罗门、刹帝利和吠舍在这些方面开始有了限制，高种姓与低种姓间架起了藩篱。这一时期还出现了四个瓦尔那以外的贱民，意为"不可接触者"。他们是首陀罗中从事屠宰、清扫、丧葬等工作的人。对贱民的压迫与歧视比对首陀罗的更甚。高种姓人接触贱民会被玷污，必须要举行相应的净身仪式。贱民不能住在村中，不能从公共水井中打水，甚至连走在公共道路上都不被允许。

种姓制度的产生与社会分工息息相关，还带有种族压迫的性质，受到了统治阶级的维护，后来又成为婆罗门教的重要组成部分，被宗教化、神圣化，这就与其他人类社会中所形成的社会等级产生了鲜明的区别。这种制度是印度次大陆这片土地进入阶级社会后的基本社会组织结构，与各个时期的阶级关系共存。种姓制度成功地在不同的社会集团间架起了藩篱，使其相互隔绝，却又相互依存，在社会中形成了一种静态的平衡。

在后吠陀时期，随着阶级的固化和国家的逐渐形成，婆罗门教也应运而生。

婆罗门教的产生

雅利安人原始宗教信仰是万物崇拜，相信万物有灵，他们崇拜代表自然的天神、雨神、太阳神，也崇拜代表社会现象的战神。《梨俱吠陀》中提到了数十个大神的名字，诸如雷神和战神因陀罗、火神阿耆尼等。

随着阶级社会和国家的形成，在后吠陀时期，巴基斯坦这片土地上的居民的宗教信仰也发生了变化。婆罗门将原始的宗教学说加以整理，使其系统化，原先的吠陀教也就随之演变为了婆罗门教。与原始宗教一样，婆罗门教保留了多神崇拜的特点，但诸神的地位逐渐发生了变化，宇宙精神——梵天作为最高神的地位逐渐突出。而原来的太阳神则在婆罗门教中演化成了维护宇宙的毗湿奴，原先的动物神则变成了司破坏和毁灭邪恶的湿婆。梵天、毗湿奴和湿婆三者成了婆罗门教的主神，《梨俱吠陀》时期的因陀罗等主要大神的地位则有所下降。婆罗门教的经典除《梨俱吠陀》《耶柔吠陀》《娑摩吠陀》《阿闼婆吠陀》外，还有奥义书、薄伽梵歌等。这些经典构成了婆罗门教的基本神学体系。在婆罗门教神学体系中"梵"被认为是至高无上的神，是世界的创造者和主宰，"梵"存在于万物之中。其宗教信仰追求的最高理想就是"梵我如一"。婆罗门教还提出了作业和轮回转世说。人生在世的每一次意念、每一个行动都是作业。人死而灵魂不灭，根据前世所作的业，灵魂会转世到新的形体上。婆罗门教的这套理论与"善有善报、恶有恶报"这句俗语颇有相似之处。婆罗门教认为若要"为善"，就必须恪守自己应遵循的行为规范。而种姓制度中的种种义务与戒律也就被规定为了宗教义务和行为规范。此外，婆罗门教的祭祀仪式也颇为繁琐，正因如此，婆罗门才能在宗教领域捍卫自己至高无上的地位。

婆罗门教的产生成功地巩固了婆罗门、刹帝利上层阶级的统治地位，维护了种姓制度并使得被统治者接受现实、安于现状。婆罗门教在后来一度衰落，但受其维护的种姓制度在印度次大陆却是根深蒂固。但在今天的巴基斯坦穆斯林当中，婆罗门教的影响已经消失殆尽了。

第二章 分分合合的次大陆

从雅利安人到达南亚次大陆到伊斯兰教传入，巴基斯坦所在地与次大陆其他地区一起上演了分分合合的悲喜剧。从公元前7世纪左右的十六国时期到首次统一南亚次大陆大部分地区的孔雀王朝，从次大陆重新陷入分裂到贵霜帝国和笈多王朝的部分统一。期间，南亚次大陆还经历了亚历山大、萨珊波斯等外部势力的入侵。

第一节　四分五裂的次大陆局势

吠陀时期，伴随着雅利安人东进的过程，对土著居民的征服和雅利安人内部争斗时常发生。在雅利安人内部斗争中，虽然出现了一些实力较强的国家，但直到吠陀末期，都没有出现一方强大到足以统一次大陆的势力，印度社会仍旧处于多国并存的分裂状态。

十六国时期

公元前7世纪到公元前4世纪的古代印度进入列国时代。与几乎同时期的我国春秋时代极为相似，这一时期的古代印度诸国林立，在思想和宗教上也是百家争鸣，争辩不休。直到公元前6世纪初，主要在古代印度的北部地区出现了16个有文字记载的强国，分别是：迦尸（Kasi）、憍萨罗（Kosala）、鸯伽（Anga）、摩揭陀（Magadha）、弗栗恃（Vrijji）、末罗（Malla）、车底（Cedi）、伐磋（Vatsa）、俱卢（Kuru）、般遮罗（Pancala）、摩差（Matsya）、修罗塞那（Surasena）、阿萨卡（Assaka）、阿槃底（Avanti）、犍陀罗（Gandhara）和甘谟惹（Kamboja）。其中位于印度河流域的只有犍陀罗和甘谟惹两国，其余诸国多位于恒河流域，阿槃底则位于南印度。

犍陀罗位于今天巴基斯坦北部的白沙瓦和拉瓦尔品第周围。其都城呾叉始罗是古代印度的西北重镇，也是发达的商业和学术中心。恒河流域的很多婆罗门学子和刹帝利王子都曾到这里学习过吠陀经典和包括医学在内的各种科学和技艺。

甘谟惹位于犍陀罗以北，今天的克什米尔西部，都城罗阇补罗。公元前6世纪末以后的二百年间，甘谟惹先后为波斯和马其顿人所控制。公元前4世纪后期，该国被孔雀王朝吞并。

列国时期，随着古代印度经济的迅速发展、国家间战争频发、阶级矛盾日益尖锐，思想界也开始出现了异见，代表新兴社会势力的宗教和思想流派与旧的宗教势力间的矛盾冲突也在不断加剧。这一时期，古代印度出现了一股反对在思想文化领域一直处于垄断地位的婆罗门教的强大思潮，即"沙门"思潮。沙门（Sramana）一词指的是一批新的思想家，他们敢于否定婆罗门教的三大纲领，既吠陀天启、祭祀万能和婆罗门至上。他们不满婆罗门教的教义、礼仪和种姓制度，有着不同的世界观和人生观。他们组织了许多新的沙门团体和派别，并在百姓中宣传自己的信仰和主张。佛教和耆那教正是在反对婆罗门教的过程中产生的，它们也是"沙门"思潮最突出的代表。

佛教的创始人乔达摩·悉达多本是迦毗罗卫城释迦族净饭王的太子，属刹帝利种姓。他在王宫之中虽生活优渥，却深感人世间生老病死之苦。据传说，乔达摩·悉达多于29岁这一年的一天深夜离宫出走，以寻求解脱人生诸苦的道路。他四处寻师访友，以求获得真谛。但经过6年的苦修，却一无所获。之后，悉达多来到菩提伽耶的一棵菩提树下，静思冥想，终于大彻大悟，得到了一套摆脱人生痛苦的理论和方法，也就是一种新的宗教学说——佛教。创立佛教后，乔达摩·悉达多被信徒尊称为"释迦牟尼"，意为"释迦族的圣人"，也被称为"佛陀""佛"，意思是"觉者"。

在佛教初期的思想、理论中，有许多都是针对婆罗门教的。如否定吠陀的权威，否定万物神创。佛教认为世间一切事物都是由"因缘"决定的。所谓"因缘"指的就是"条件"和"关系"，世间的万物是由各种条件和因果关系结合而生的。佛教反对"婆罗门至上"和种姓制度，主张众生皆平等。此外，佛教还反对为祭祀而宰杀牲畜，提倡"戒杀"和"素食"。佛教在当时代表了势力逐渐强大的刹帝利种姓和吠舍种姓中工商业者的利益。

"沙门"思潮中另一重要流派是耆那教，产生于公元前6世纪。"耆那"一词指的是那些战胜欲望从而得道的人，这些人所信仰的宗教也就被称为"耆那教"。耆那教的创始人尼乾陀·若提子曾是刹帝利贵族的一位王子，30岁父母双亡后便出家修行，直到42岁得道，创立了耆那教。耆那教的信徒尊称其为"大雄"。与佛教一样，耆那教也反对婆罗门教的"神造万物""吠陀天启""婆罗门至上""祭祀万能"。耆那教认为世界万物非由神造，而是由物质和灵魂组成。个人若想实现解脱就得依靠个人的修行，而非神明的恩典。此外，耆那教也十分强调不杀生，他们认为生物皆有灵魂，杀生就是犯罪。与佛教类似，耆那教的教徒也主要来自于刹帝利和吠舍种姓。

除佛教与耆那教外，"沙门"思潮中还涌现出了许多其他反对婆罗门教的思想流派。这一时期是古代印度历史上一段百家争鸣的岁月，与同时期的我国春秋时代大体相当。"沙门"思潮中虽出现了不少反对婆罗门教的思想，更有如佛教和耆那教这样拥有一众信徒的新宗教出现，但婆罗门始终未被取代，即使在佛教的鼎盛时期，婆罗门教也一直流行着。与此同时，在面对佛教、耆那教为代表的"沙门"思潮的冲击下，婆罗门教在消沉了一段时间后，开始逐步进行宗教改革。在婆罗门教改革的进程中吸收了佛教和耆那教的许多思想，如不杀生、弱化祭祀制度等。

波斯人和马其顿人的征服

公元前559年，古代印度正处于列国时代。而此时在印度次大陆以西的伊朗高原上，居鲁士大帝统一了古波斯部落，建立了阿契美尼德王朝。此后，波斯人不断使用武力东征西战、开疆扩土。居鲁士大帝为王时期，其征服的铁骑踏入了印度次大陆，但却未能得逞。到了大流士一世执政时，阿契美尼德王朝的疆域得到了空前的发展。公元前6世纪末，大流士派军东征印度河流域，占领了直到拉其普他拿沙漠的广大地区。大流士的碑铭记载其征服了犍陀罗，还曾派远征队探寻印度河入海口。波斯统治者将其征服的旁遮普和印度河以西地区划为了波斯的第二十个行省，每年从这里征收价值100多万英镑的贡赋。

在阿契美尼德王朝疆土快速扩张的同时，王朝内部的矛盾也在日益加剧。连年征战耗费了大量国力，内乱频发动摇了国本，阿契美尼德王朝在大流士之子薛西斯一世之后不断衰落。与埃及等被波斯人征服的地区一样，印度河流域以西被征服的地区内也时有叛乱发生，波斯人逐渐失去了对该地区的控制。直到公元前4世纪中叶波斯帝国瓦解时，曾经的阿契美尼德王朝的第二十个行省已经分裂成了若干个独立的小国。

公元前334年到前330年间，马其顿帝国的亚历山大大帝派遣五万大军经过数场战役征服了阿契美尼德王朝。当时世界上版图最大的帝国就此覆灭。马其顿帝国继承了阿契美尼德王朝的大部分疆土。公元前327年，在征服波斯帝国后不久，马其顿的统治者亚历山大大帝便率军越过兴都库什山，入侵了印度的西北部地区。

随着波斯帝国的覆灭，印度次大陆上曾经的帝国属地也已经分崩离析。在印度河以西流域出现的若干独立小国在马其顿大军东进之时，正忙于彼此征讨。其中更有一些统治者试图借助侵略者的势力来对抗自己的敌人。对于主动投诚的国家或是部落，亚历山大就会让他们保留自己的领地，并且享有较大的自治权。亚历山大在征服的过程中遇到更多的还是抵抗。但是这些小国和部落的抵抗却并未能阻挡住亚历山大征服的步伐。当亚历山大兵抵达比阿斯河，试图东进进攻当时最强大的摩揭陀国时，他的军队遭到了顽强的抵抗，损失惨重，加之马其顿将士长期在外征战，思乡情切，更无心再战。于是，公元前325年，亚历山大放弃了继续向东征服印度次大陆的计划，率军沿印度河南下，兵分两路，一路由海上返回波斯，而他本人则率领另一路大军由俾路支经陆路返回。亚历山大率军撤离后，仍有部分马其顿军驻守在信德和杰卢姆河以北的地区。次大陆上被马其顿人征服的地区以印度河为界，东西各设三省，河东三省由归顺的王公统治，河西三省则由帝国派遣的总督管辖。如同波斯人逐渐失去对印度的统治一样，在亚历山大大帝去世后，马其顿人对印度的控制也在逐步减弱。除少数驻军仍旧驻守外，其他的统治机构已几乎不复存在。印度河流域被征服地区的一些王公又纷纷自立，恢复了自己原有的国家。

波斯人和马其顿人的入侵，使得长期处于分裂态势的印度河流域得到了一定程度上的统一。此外，侵略者还将自己的文明带到了印度河流域，密切了印度与西亚,甚至欧洲之间的联系。例如波斯人带来的字体驴唇体直到公元4世纪还流行、使用于印度西北部地区。而阿育王石柱上的公牛和狮子雕刻据说也是由波斯传来的,阿育王诏书的行文风格也是学习的波斯。随着马其顿人的入侵和驻军,许多希腊人留在了印度河流域地区,他们自然也将自己的文明带到了这里。在天文、史学方面,印度文明都受到了希腊文明的影响。正是亚历山大的史学家留下的关于印度历史和地理的著作,使得印度历史的年代第一次得以确认。而在雕刻艺术风格方面,希腊艺术与印度艺术完美结合,形成了犍陀罗艺术流派。在希腊文明对印度造成影响的同时,印度的哲学、宗教思想、数学和天文知识等也顺着同一渠道被传播到了西亚、希腊和欧洲地区。除了文明的交流外,侵略者也同时打开了一条印度与希腊、欧洲间的贸易通道。

第二节　孔雀王朝:巴基斯坦历史上第一个统一的国家

　　亚历山大大帝试图征服而未得的摩揭陀国在列国时期,在以恒河流域为主战场的十六国征战中崭露头角,凭借着得天独厚的地理优势,战败邻国,逐步统一了恒河流域。摩揭陀国的最后一位统治者名为达那·难陀。据希腊作家记载,难陀王朝拥有巨大的财富和一支由2万骑兵、20万步兵、2000辆战车和3000头战象组成的庞大军队。亚历山大撤军时,虽没能完成对摩揭陀国的征服,但难陀王朝为搜刮财富和供养军队而不断横征暴敛的行径终于激起了人民的反抗。各地起义频发,动摇了难陀王朝的统治。此时,一位名叫旃多罗笈多·毛里亚[1]的年轻人乘机率军参加了推翻难陀王朝的起义,并最终推翻了摩揭陀国难陀王朝的统治,建立孔雀王朝。

---

[1] 也作"月护·孔雀"。

关于孔雀王朝的建立者旃多罗笈多·毛里亚的出身众说纷纭。有传说他是达那·难陀王与一位女仆的私生子，也有人说他的家族是为宫廷饲养孔雀的。而佛教和耆那教经典则记载他出身毛里亚族（Maurya，意为"孔雀"）。这个家族居住在今尼泊尔边界地区，属刹帝利种姓。相传旃多罗笈多是在猎人和牧人中间长大的。后来，他曾到呾叉始罗学习知识和本领，并在那里制订了推翻难陀王朝的计划。不过这些传说的真实性尚有待考证。

旃多罗笈多在推翻难陀王朝后，定都华氏城，并逐步控制了整个恒河流域。此后，他又趁亚历山大去世，其占领的印度河流域局势不稳之机，率军驱逐了印度河流域的马其顿驻军，并将曾经马其顿人治下的地区收归了自己的统治。

公元前322年[1]左右，旃多罗笈多加冕称王，因其姓氏毛里亚意为"孔雀"，故他建立的帝国史称孔雀王朝。

孔雀王朝建立后不久的公元前305年，亚历山大曾经的部下塞琉古在建立了以叙利亚为中心的塞琉古王朝后，打着继承亚历山大统治权的旗号，率军侵入印度河以西地区。但塞琉古的此次入侵并未成功，反而被旃多罗笈多打败，还被迫签订条约，将包括今坎大哈、喀布尔和赫拉特等地区在内的一部分阿富汗领土和今俾路支的部分领土割让给了旃多罗笈多，并将女儿嫁给他和亲。而作为补偿，塞琉古却只获得了500头大象。旃多罗笈多不断地将帝国的疆域向次大陆的西部和南部地区扩张。孔雀王朝的疆域在旃多罗笈多时代，西北到达了兴都库什山脉和阿富汗、西部到达了卡提阿瓦半岛、南部则到达了纳巴达河以北地区。

旃多罗笈多是第一位促进印度次大陆统一的国王，他胆量过人、品格坚毅，但其统治手段却粗暴严厉。旃多罗笈多晚年皈依了耆那教，后放弃王位，云游四方。

公元前297年左右，旃多罗笈多的儿子宾头沙罗继位。宾头沙罗在位期间平定了呾叉始罗的两次叛乱，并将孔雀王朝的疆域继续向南扩张，直

---

[1] 关于旃多罗笈多加冕的年份也有前317年、前321年和前324年等不同说法。

至南印度的德干地区。

继宾头沙罗之后，孔雀王朝的第三位统治者就是次大陆历史上伟大的国王之一——阿育王。公元前268年，阿育王在与长兄夺权的斗争中取得胜利，正式继位。执政后，阿育王一面平定帝国内部的叛乱，一面继续开疆拓土。公元前261年左右，阿育王对羯陵伽国①发动了一场大规模的战争。这场战争十分残酷，据阿育王铭文记载，战争中俘虏15万人，10万人战死，还有几十万人死于战争造成的饥荒和瘟疫。征服羯陵伽国后，孔雀王朝基本完成了统一大业，此后也再没有继续扩张版图。至此，孔雀王朝的疆域东起布拉马普特拉河，西至阿拉伯海，西北则包括了今阿富汗的大部分地区，向南则一直延伸至佩内尔河，达到了顶点。次大陆上虽然还有些地区尚未纳入孔雀王朝的版图，但基本上也已经不存在能够与其抗衡的力量了。自旃多罗笈多开国以来，一直到阿育王执政，孔雀王朝历经三代统治者终于成为次大陆历史上第一个统一的大帝国。

为巩固对征服而来的广阔领土的统治，孔雀王朝建立起了次大陆历史上第一个中央集权的政治体系。国王拥有国家的一切最高权力，既是最高行政首脑，也是最高法官和最高军事统帅。国王下设首相、税务总长、司库、军队司令、主祭司等大臣。他们为国王出谋划策，并执行国王的命令。孔雀帝国疆土广阔，除核心地区由中央直辖外，其余地区则划分为省，各省省督由王子们担任。

为巩固对庞大帝国的统治，除中央集权的政治体系外，一支强有力的军队更是必不可少的。据史料记载，帝国的军力在缔造者旃多罗笈多时代就极为强盛，拥有60多万步兵，3万骑兵，9000头战象，8000辆战车和一支水师。为供养帝国庞大的行政机构和军队，孔雀王朝时期形成了一整套完整的税收制度。孔雀王朝统治时期相对和平的环境也为帝国的经济发展创造了有利条件，为庞大的帝国提供了可靠的财力保障。

孔雀王朝时期，统治者们十分重视思想统治，尤其是阿育王。他通过石刻铭文直接向百姓颁布旨意。目前已发现45处，181篇铭文。这些铭文

---

① 今印度奥里萨邦。

或是刻在专门树立的石柱上，或是雕刻在岩石上。铭文都使用了各地的俗语，多以婆罗米字体书写，在帝国的西北地区，也发现了使用驴唇体和亚拉姆体书写的铭文。铭文的内容不外乎是昭告天下，他是为了百姓的福祉和和平而统治帝国的。

此外，孔雀王朝时期还实行包容并蓄的宗教政策，为多种宗教共存提供了条件。在这样宽容的环境下，佛教和耆那教都有了相当程度的发展。到了阿育王统治时期，他因羯陵伽之战造成的深重灾难感到痛苦和悔恨，从佛教的教义中他获得了安抚自己负罪之心的方法，于是他放弃原本信仰的婆罗门教，而成为了一名佛教信徒。作为统治者，阿育王皈依佛教的这一举动，除了为自己找到信仰的归宿外，更是利用佛教这种当时颇得民心的新兴宗教来安抚民心、巩固自己的统治。这一时期的婆罗门教虽然每况愈下，但在被孔雀王朝征服的地区，除部分人民接受佛教外，大部分人在最初还是接受了婆罗门教。接受婆罗门教，也就意味着被纳入了种姓制度的框架之内。在孔雀王朝时期，种姓制度发生了一些新的变化。随着经济和社会分工进一步发展，各种姓的不同职业集团日益封闭化，在瓦尔那制的基础上逐渐形成了阇提制。与瓦尔那制不同，阇提制的等级划分是以职业集团为基础的，与社会日常生活的关联更为紧密。阇提制决定一切的是出身，一个人属于哪个阇提生来注定，不可改变。阇提制的形成将社会分割成了一个个封闭的小集团，在某种程度上制约了社会的进步。

孔雀王朝时期，印度的建筑和雕刻艺术开始崭露头角。据说华氏城的宫殿像伊朗的宫殿一般壮丽。遍布帝国的阿育王石柱则体现出了当时精湛的雕刻技艺。每一根阿育王石柱都是由整块的巨石雕凿而成的。柱头是雕有狮子或公牛形象的单独石块，下面则装饰有美丽的钟形垂莲图案。这些雕刻形态逼真，栩栩如生。这一时期的建筑和雕刻作品中，仍可以看出波斯元素的影响，如阿育王石柱柱头狮子的图案和柱顶各部分的结构都有类似波斯艺术之处。

在阿育王长达40年的统治期间，孔雀王朝基本上是和平稳定的。但到了晚年后，阿育王变得迷信，将大量财物施舍给了佛教僧侣。他施舍的钱财之巨甚至影响到了帝国的财政平衡。最后，丧失权力的阿育王在公元前232年郁郁离世。阿育王去世后，孔雀帝国也开始走向衰落。从阿育王去世到孔雀王朝灭亡的52年间，帝国频繁更换君主，布里哈德罗陀是孔雀王朝的最后一代君主。

在孔雀王朝的末代君主布里哈德罗陀统治期间，孔雀王朝就已经失去了权威，包括克什米尔、犍陀罗、比哈尔、兴都库什山以南的许多地区都脱离了帝国统治而独立。大夏希腊人越过兴都库什山侵入西北印度更是雪上加霜，使得孔雀王朝的统治摇摇欲坠。公元前185年，布里哈德罗陀被自己的婆罗门将军杀死，孔雀王朝就此覆灭，次大陆也随之回复到了以前诸国割据的局面。

阿育王与佛教的传播

孔雀王朝包括阿育王在内的历代君主们，最初都信奉婆罗门教。阿育王第13号铭文提到，羯陵伽之战给百姓造成的深重灾难使得阿育王备感痛苦、悔恨。在佛教经典中，阿育王找到了抚慰心灵的最佳方法，于是他决定放弃暴力、皈依佛教。据阿育王铭文记载，阿育王皈依佛教的时间大约在其灌顶后的第八或第九年，正是羯陵伽战争之后。

阿育王皈依佛教后，建造了大量的佛塔、精舍，对佛教寺院慷慨馈赠，还亲自到蓝毗尼园、野鹿苑等"佛所游方行住之处"巡礼佛迹。在阿育王的赞助下，佛教的第三次集结在孔雀王朝的首都华氏城举行。此次集结的一个重要决定就是向孔雀王朝的边区和国外派遣传教团，以弘扬佛法。此举也是在阿育王的支持下才得以进行的。传教团分别去向帝国的边区和希腊化国家、缅甸和锡兰等地传播佛教。阿育王的儿子摩哂陀和女儿僧伽蜜多皆出家修行，他们被派往锡兰，也就是今天的斯里兰卡传教，受到了该国国王的热烈欢迎，锡兰也成了一个佛教国家。

在阿育王治下，佛教取得了很大程度的发展，并开始向印度次大陆以外的地区传播。阿育王虽然是佛教信徒，但他并没有将佛教确立为国教，而是秉持兼容并蓄的宗教政策，仍以种种布施和礼遇对待其他宗教的僧团。在今天的巴基斯坦，佛教已难觅踪迹，但距其首都伊斯兰堡西北仅50

公里的塔克西拉[①]作为曾经的佛教中心,其周边发掘出的大量佛教遗迹都记载着那个时代,在今天巴基斯坦这片土地上佛教曾经的辉煌。

第三节 重回割据

孔雀王朝灭亡后,统一的印度次大陆又重新回到了割据局面。此时在次大陆的北方和南方都出现了一批雄踞一方的国家。而在印度次大陆的西北方向,也就是今天巴基斯坦所处的地区,刚刚从孔雀王朝独立出来的小国便又接二连三地遭遇了来自北方的外族入侵。

希腊人的国家

公元前2世纪初,巴克特里亚国王德米特里厄斯率军越过兴都库什山,占领了包括旁遮普和信德在内的兴都库什山以南领土。

巴克特里亚是古希腊人对中亚阿姆河以南、兴都库什山以北的今阿富汗东北地区的称呼。我国史书上提到的"大夏"和西方人所说的"吐火罗斯坦"指的均是这片区域。早在公元前329年,这一地区就已被亚历山大大帝所征服,并将此地作为马其顿东方领地的统治中心。塞琉古王朝统治时期将大批希腊人和马其顿人迁居此地。公元前256年,巴克特里亚总督狄奥多图斯一世宣告脱离塞琉古王朝独立,建立了巴克特里亚国。

公元前175年左右,巴克特里亚国内发生政变,德米特里厄斯国王被推翻,另一位希腊首领欧克拉蒂德斯在巴克特里亚称王。从此以后,巴克特里亚王国便以兴都库什山为界,分裂成了南北两朝,两朝间互相争战不休。到了公元前2世纪后半期,南朝后裔米南德一世[②]将巴克特里亚国北朝

[①] 塔克西拉,Taxila,旧称"呾叉始罗"。
[②] 即弥兰陀。

势力逐渐逐出印度,并以奢羯罗①为都建立了希腊人在西北印度的王国。他统治的地区包括今巴基斯坦的开伯尔-普什图省、旁遮普省、信德省,和印度的旁遮普邦、哈利亚纳邦、喜马偕尔邦的部分地区以及查谟地区,鼎盛时期,其国家的疆域甚至到达了今阿富汗首都喀布尔。据说弥兰陀王是一位年轻、博学、聪明、善辩的国王,他精通法律、哲学、算数、历史等种种世间学问。由于博学善辩,弥兰陀王经常与天下名士进行议论。当他听闻圣僧那先比丘正游方至奢羯罗时,便立即派人将其请到宫中,共论经法。那先比丘与弥兰陀王的这次议论被收录于佛教经典《弥兰陀王问经》②中。据《弥兰陀王问经》记载,这次论辩进行了三天,共辩论了304个问题,但只有其中的262个问题被记录了下来。通过三天的辩论,那先比丘使得弥兰陀王接受了佛教真理,皈依佛教。他的改宗也使得王国的都城奢羯罗成为当时的佛教中心和被迫害的佛教徒们的避难所。他还修建了一座名为"弥兰陀精舍"的寺院来供养那先比丘。弥兰陀王皈依后,本着佛教慈悲平等的思想治理国家,深受人民爱戴,也使得希腊人纷纷改宗佛教。传说,弥兰陀王在晚年将王位禅让给了儿子,自己出家为僧。

塞种人的国家

弥兰陀王死后,希腊人在西北印度的国家日渐衰落。印度河流域再次沦为外族入侵的对象。公元前1世纪,久居我国新疆伊犁河流域的游牧民族塞种人被大月氏人驱逐,不得不向南迁徙。塞种人在南迁过程中占领了巴克特里亚,但后来被人从巴克特里亚驱逐。于是塞种人进入伊朗,在从伊朗被赶出后,一部分塞种人继续向南迁徙进入了次大陆的西北部,并在那里建立了自己的国家。塞种人国家的第一个国王名为毛依斯,他在犍陀罗建国,之后不断将领土向南扩张直到马土腊。毛依斯的统治时期约在公元前1世纪末,他将国家划分为省,各省由军事总督管辖,有很大的独立性。后来塞种人国家里所设的各省也就都成为事实上独立的国家。

---

① 今巴基斯坦锡亚尔科特。
② 汉译名《那先比丘经》。

在这一时期，印度次大陆的西北部地区，也就是今天的巴基斯坦所在的地区还存在着一些安息人（帕提亚人）和希腊人的国家。

塞种人、安息人和希腊人的国家交错并存的情况一直持续到公元1世纪下半叶贵霜帝国的出现。

第四节 贵霜帝国

贵霜帝国的建立者是大月氏人。月氏人原生活在我国河西走廊西部张掖至敦煌一带，以游牧为生。大约在公元前165年左右，月氏人被匈奴人驱赶，其中一部分西迁的月氏人被称为大月氏。西迁的大月氏人先是来到了新疆的伊犁河流域，赶走了久居该地的塞种人，占领了他们的领地。此后不久，乌孙人又将大月氏人驱逐出了伊犁河领域，于是他们不得不再次向南迁徙，一直到阿姆河，赶走了迁徙到那里的塞种人，并占领了巴克特里亚。大月氏人国内分为了休密、双靡、贵霜、胖顿和都密五部翕侯。

公元1世纪初，贵霜打败了其他四部，建立了贵霜帝国。此时的贵霜翕侯名为丘就却。1世纪中期，丘就却率军南下入侵次大陆，征服了印度西北部的希腊人国家，其统治势力扩大到了印度河上游地区。丘就却之后，贵霜帝国继续扩大在次大陆的征服，其子统治时期，又征服了塞种——安息人的国家，将贵霜帝国的控制范围扩大到了恒河流域上游地区。公元1世纪末至2世纪初，在迦腻色伽统治时期，贵霜帝国达到了鼎盛时期，成为了地跨中亚、阿富汗和次大陆西北部、北部的大帝国。今天巴基斯坦的大部分地区都包括在贵霜帝国的疆域之内。帝国的首都也由中亚迁到了富楼沙①。贵霜帝国的建立将中亚地区和北印度统一了起来，使这一地区的城市经济和对外贸易均有所发展。帝国的都城富楼沙和呾叉始罗

---

①今巴基斯坦白沙瓦附近。

成了重要的商贸中心。

迦腻色伽战死沙场后，贵霜帝国开始走向衰落，其统治的印度次大陆的一些地区开始纷纷独立。到了公元前3世纪中期，贵霜帝国西部地区被萨珊帝国占领。贵霜帝国成为其附庸，其统治的区域也就只剩下以首都富楼沙为中心的一小块地区，这片地区后来也被兴起的笈多帝国吞并。

犍陀罗艺术

进入次大陆西北部地区的外来统治者们大都选择支持正在流行的佛教作为巩固其统治的工具，贵霜帝国的统治者们也不例外。自帝国的缔造者丘就却开始，贵霜帝王们就开始支持佛教。到了迦腻色伽统治时，他放弃了原来的婆罗门教信仰，改信佛教。皈依佛教后的迦腻色伽开始大规模兴建佛塔、寺院、石窟、石雕等佛教建筑，传说佛教的第四次集结也正是在他的支持下于克什米尔地区举行的。统治者们的大力支持，使得佛教在这一时期取得了巨大的发展，盛极一时。

公元前6世纪末佛教兴起后的数百年间都没有佛的形象出现，在刻画佛的形象时，都是以脚印、宝座或是菩提树等形象代替。直到公元1世纪左右，大乘佛教开始在印度流行起来。在大乘佛教主张的人人修行得道、人人皆能成佛的思想支配下，建造佛殿，制作佛像以供膜拜，成为当时宗教修行的必修功课。这一时期，不仅出现了佛像，还产生了许多佛像论著。

受贵霜帝国君王对佛教的大力支持以及大乘佛教兴起后佛像出现的影响，一种被后世称为"犍陀罗艺术"的佛教艺术也开始兴起了。

犍陀罗是指以今巴基斯坦的塔克西拉和白沙瓦为中心的，包括白沙瓦谷地、斯瓦特、布内尔和巴焦尔在内的一大片地区。玄奘的《大唐西域记》中记载，犍陀罗"东西千余里，南北八百余里"。犍陀罗也曾是列国时期的16大国之一，公元前6世纪中叶建都呾叉始罗，也就是今巴基斯坦的拉瓦尔品第附近。这里曾先后被波斯的阿契美尼德王朝、马其顿帝国的亚历山大大帝、孔雀王朝、巴克特里亚王朝所统治。到了贵霜王朝的迦腻色伽统治时期，犍陀罗成为帝国的中心。

从公元前4世纪中期马其顿帝国的亚历山大大帝入侵开始，一直到巴克特里亚王朝统治时期，希腊人对犍陀罗地区维持了相当长时间的统治。伴随着希腊人来到这一地区的还有希腊的文化艺术，特别是古希腊的塑像艺术和审美情趣都对印度的人物造像产了极大的影响。孔雀王朝统治期间，佛教开始传入犍陀罗地区。公元前3世纪末，皈依佛教后的阿育王曾派遣僧侣团到各地传播佛教，其中一支就来到了犍陀罗地区。公元前1世纪，犍陀罗佛教艺术开始在该地区萌芽。

公元1世纪中叶到2世纪初，笃信佛教的贵霜国王迦腻色伽在当时帝国的首都富楼沙和其他许多地区兴修了大量规模宏大的佛教建筑，其中包括佛塔、寺院和佛像等。现存最早的犍陀罗佛像大约创作于公元1世纪中叶，是一副名为《给孤独长者奉献祇园图》的浮雕作品。作品表现了释迦牟尼接受商人赠予的花园的场面，其中佛、商人和信徒的形象皆采用了当地流行的希腊风格，人物形象带有希腊人的特点，着装也是希腊式的。佛的头部则雕有光环，以示神圣。这也反映出犍陀罗艺术初创时期的佛像的特点，即以希腊神像为范本。因此释迦牟尼塑像的面容、衣着和姿态都带有鲜明的希腊特色。在贵霜帝国统治期间，犍陀罗艺术日臻成熟，趋于鼎盛，并呈现出了印度本土与希腊风格相互融合的独特风格。佛像面容端庄，鼻梁高且长，头发呈波浪形有顶髻，身着希腊式大褂。今巴基斯坦的白沙瓦附近出土的青灰色片岩雕塑《佛陀立像》和《佛陀坐像》都是犍陀罗佛像的代表作。除了佛像创作外，犍陀罗地区的佛塔建筑风格也发生了变化，对印度原有的窣堵婆的形制进行了较大改动，覆钵部分显著增高并渐趋缩小，伞盖则增至7或13层。在今巴基斯坦白沙瓦附近的迦腻色伽大塔就是这样的代表。虽然现在大塔早已倾塌，仅剩几块基石，但据记载，这座大塔的台基直径约91米，塔顶冠13层鎏金伞盖，高达213米，周围还有数以百计的奉献小塔。

犍陀罗艺术在发展的过程中，受社会环境的影响，其形式和风格也在发生着变化。到了公元4世纪，犍陀罗艺术开始逐渐向印度本土化发展。

犍陀罗艺术是巴基斯坦历史上的艺术珍宝，从公元1世纪到公元5世纪，犍陀罗艺术持续繁荣了500年的时间。除了在本土大放异彩外，犍陀罗艺术还随着贵霜王朝的商队沿丝绸之路进入了我国，给我国的绘画、雕刻和建筑带来了希腊风韵。从今天山西大同的云冈石窟、甘肃的麦积山石窟和河南的龙门石窟等地的佛像中，我们仍可一睹犍陀罗艺术的风采。此外，犍陀罗艺术的影响还传播到了阿富汗地区，已被阿富汗塔利班炸毁的两尊巴米扬大佛就被认为是后期犍陀罗艺术的巨作。但犍陀罗艺术并未能够得到持续的发展，随着贵霜王朝的衰落和白匈奴人的入侵，犍陀罗艺术遭到了破坏。直到19世纪前半叶，西方人的考古发掘才使得犍陀罗艺术重见天日。

第五节 波斯萨珊入侵和笈多帝国

萨珊王朝入侵

公元3世纪，波斯萨珊王朝兴起，并开始走向对外扩张的征途。到沙普尔一世为王时，他将萨珊王朝的势力扩张到了印度次大陆西北部，占领了犍陀罗、旁遮普等地，并以呾叉始罗为首府。贵霜帝国退出了西北印度，并承认了萨珊王朝的宗主地位。在萨珊王朝统治期间，波斯与印度西北部地区的文化、政治往来频繁。萨珊王朝的一些习俗也传播到了贵霜地区。此外，印度的书籍也被带到波斯，并被翻译成当时萨珊王朝所用的巴列维语。

笈多帝国

公元4世纪初，以恒河中游地区为中心建立的笈多帝国打破了当时印度次大陆的混乱局面，统一了印度大部分地区。

笈多帝国的建立旃多罗·笈多一世原是比哈尔一小君主，于公元319年继位，他的国家最初可能臣属贵霜帝国，在贵霜帝国瓦解后成为一个独立的国家。旃多罗·笈多一世继位后开始通过对外征战、与他国联姻等手段扩张自己的势力。在他统治期间,疆域包括了比哈尔、今印度北方邦和孟加拉的部分地区,这片区域也是后来笈多帝国的核心区域。旃多罗·笈多一世的儿子沙摩多罗·笈多即位后,继续拓展对外征服的步伐。从刻在阿育王石柱上的颂扬他的铭文可知,他在征服了德里和今印度北方邦西部的4个王国后,又征服了恒河流域西部的9个王国,此外,次大陆北部、东北部一些边远地区国家和次大陆西北部包括旁遮普地区尚存的一些小国及贵霜帝国的残余势力也都被他征服。他在位期间,笈多帝国的疆域得到了迅速扩张,因此他也被称为"征服者国王",沙摩多罗·笈多的儿子旃多罗·笈多二世继位后,笈多帝国进一步向南扩张,并直接控制了次大陆西海岸的港口。旃多罗·笈多二世统治期间,笈多帝国的国势鼎盛,其统治疆域包括了除克什米尔地区之外的整个北印度和南印度的部分地区。今天巴基斯坦的大部分地区也都在当时笈多帝国的范围之内。

笈多帝国实行中央集权制,君主集立法、行政、司法和军事等最高权力于一身。但与同样是中央集权制的孔雀王朝相比,笈多帝国的中央集权较弱,权力也相对分散。中央直接统治的地区仅限于帝国的核心区域,对于大部分被征服地区,仍旧保留原来的王公,采取藩属国制度。

笈多帝国统治下的次大陆大部分地区经历了大约100余年的和平与稳定,这为当地社会经济的发展创造了十分有利的条件。当时的手工业和农业都取得相当程度的发展。此外,笈多帝国时期国内外贸易也都十分活跃。因为帝国控制着次大陆西海岸的出海口,因而可以与当时的罗马帝国、希腊、埃及、阿拉伯地区,以及东南亚国家和中国直接进行海上贸易。印度商人也成为当时亚洲最活跃的商业势力之一。我国东晋时期的高僧法显正是在笈多二世统治时期赴印度求法的,他亲眼见证了帝国的繁荣景象,在其撰写的《佛国记》中称赞笈多帝国统治者施仁政,经济繁荣,人民殷乐。

笈多帝国时期,婆罗门教通过自身改革,逐渐演化成了印度教,并且出现了印度教发展势头盛于佛教的局面。佛教在当时的次大陆北部和西北部地区仍然相当流行,这一点在法显的《佛国记》中亦有记载。笈多帝王鸠摩罗·笈多也曾在5世纪时扩建了佛教寺院那烂陀寺[①]。此外，笈多帝国时期还留下了包括阿旃陀石窟在内的大量佛像和佛教建筑，这些都能说明佛教在当时仍旧昌盛。但与贵霜帝国时期相比，佛教的发展势头已有所减弱，不复当年盛况。与此同时，这一时期的婆罗门教也发生了变化，逐渐转变为印度教，在人民中重获认可，并且得到了笈多帝国及南印度许多国家君主们的推崇和信奉。

和平安定的社会和繁荣的经济，也为笈多帝国的文化艺术繁荣创造了良好的氛围。笈多帝国时期也被认为是印度教文学艺术的黄金时代。印度两大史诗《摩诃婆罗多》和《罗摩衍那》的定本都是在这一时期形成的。此外，犍陀罗佛教艺术也在这一时期开始逐渐向印度本土风格演变，希腊式的审美标准逐渐被本土美学所替代。

笈多帝国的繁荣大约维持了一个多世纪的时间，公元5世纪后半叶开始走向衰落。帝国内部经济发展不平衡，经济联系羸弱，使得帝国的统一缺少了牢固的经济基础。加之笈多帝国的藩属国制度，使得权力分散，内部本就潜藏着分裂的危险。笈多帝国由盛转衰，最终瓦解，除了上述的内因外，白匈奴入侵的外因也进一步促使了帝国的瓦解。

白匈奴，也称"嚈哒"，是古代生活在欧亚大陆的游牧民族。公元5世纪末6世纪初，白匈奴人在其首领头罗曼的带领下，越过兴都库什山，自旁遮普南下，征服了北印度的大部分地区，建立了自己的统治。头罗曼去世后，其子米希尔库拉继位，以奢羯罗为都城，继续向恒河流域中下游地区扩张，还曾一度攻打至摩羯罗边境。今天巴基斯坦的全部地区，当时都处于白匈奴人的统治范围之内。公元528年，笈多帝国的君主纳拉辛加·笈多联合帝国藩属国王公马尔瓦的耶输达曼打败了米希尔库拉，白匈奴人的国家也随之瓦解。留在北印度的白匈奴人逐渐被当地人同化，成为拉其普特人的一支。

耶输达曼在赶走白匈奴人后也反叛了笈多帝国，并开始对周边地区进行征服。此后，除了藩属国纷纷独立外，就连笈多帝国直辖地区的省督也

[①] 也作那兰陀寺或阿兰陀寺。

都开始自立为王。大约到了公元6世纪中期以后,笈多帝国彻底衰亡。

笈多帝国的灭亡,使得统一的北印度再次陷入分裂,并开始了很长一段时间的诸侯割据局面。从公元6世纪中叶到7世纪初,北印度邦国林立,十分混乱。7世纪中叶出现了一个国势稍盛、版图较广的戒日帝国,但其统治范围并不包括今天的巴基斯坦。从公元8世纪到10世纪,在北印度诸多的小国中涌现出了三个较大的国家,他们分别是普罗蒂诃罗王朝、帕拉王朝和拉喜特拉库特王朝。这三国间为征服领土、掠夺财富、建立霸权而争战不休。直至10世纪末,三国因长期争战而纷纷耗尽国力,走向了衰落。这样一个分崩离析的北印度,给了信仰伊斯兰教的穆斯林入侵次大陆以可乘之机。此后,印度次大陆上将开启穆斯林统治的新历史时期。

第三章 伊斯兰教传入及德里苏丹国

　　伊斯兰教的传入在很大程度上改变了南亚次大陆政治发展历程，阿拉伯人、中亚突厥人等穆斯林高举伊斯兰教的旗帜以和平或战争的方式不断进入次大陆，并且导致了包括巴基斯坦所在地在内的次大陆诸多地区开启并最终完成了伊斯兰化进程。

第三章　伊斯兰教传入及德里苏丹国

第一节　伊斯兰教传入早期

伊斯兰教兴起

公元7世纪初，正当印度次大陆上邦国林立、争战不休之时，在遥远的阿拉伯半岛上，一种带来社会变革和改变阿拉伯人生活方式的宗教——伊斯兰教正在兴起。

公元571年，穆罕默德出生于麦加的古来氏部落。他的父亲阿卜杜拉在他出生前就已经去世，母亲阿米娜也在他6岁那年与世长辞。因此，穆罕默德是先后由其祖父和伯父抚养成人的。穆罕默德的童年并不幸福，他未曾接受过教育，还要承担牧羊等体力劳动。传说，他在12岁那年曾跟随一支商队前往叙利亚，在返回麦加的途中，他遇到的一位基督教隐士预言了他的未来。

穆罕默德在25岁那年受雇于孀居的赫蒂彻，并在后来受到她的青睐与之成婚。与赫蒂彻的婚姻给穆罕默德的生活带来了重大的改变。他在麦加拥有了一定的财富和地位后，便有了闲暇时间去思考自己感兴趣的问题。据说，穆罕默德在年近不惑时，常常到麦加城北的希拉山的一个山洞中去隐修，昼夜沉思。公元610年的一天夜里，他在希拉山洞中蒙召得到了启示。此后，经过三年的准备和酝酿，穆罕默德开始公开传道。他所宣讲的宗教称为伊斯兰教，意指一切听从安拉的意志。他的信徒则被称为穆斯林。穆罕默德所得到的启示都一一记录在了伊斯兰教经典《古兰经》里。信仰安拉独一和主张信仰者都应情同手足、结为一体的伊斯兰教触及了当时麦加阿拉伯贵族的利益，因而遭到了他们的抵制，甚至迫害。公元622年9月，穆斯林陆续离开麦加迁徙至麦地那。这一年也在后来被确定为伊斯兰教新纪元的起点。

迁徙至麦地那的穆罕默德继续坚持不懈地从事传教活动，并最终在麦地那树立起了权威。公元630年,在穆罕默德的号召下,穆斯林复克麦加,使这个曾经的拜物教中心变为了伊斯兰教的圣地。随着麦加和邻近部落的归顺,伊斯兰教基本确立了在阿拉伯半岛的支配地位。

公元632年,穆罕默德因病在麦地那溘然辞世。从在希拉山洞得到启示,到去世的这短短几十年间,他通过对部落宗教的改革,建立起了伊斯兰教和以宗教为基础的社会组织,从而突破了氏族的限制,奠定了统一的民族国家的基础。

穆罕默德去世后,他的四位继承者阿布·伯克尔、欧麦尔、奥斯曼和阿里被称为四大哈里发。在四大哈里发统治时期(正统哈里发时期),阿拉伯部落纷纷归附,统一在了伊斯兰教的旗帜之下,并开始了对外征服。穆罕默德逝世后的二十年间,阿拉伯人征服了叙利亚、巴勒斯坦、埃及和伊拉克。

公元656年,阿里就任哈里发后,叙利亚总督穆阿维叶蔑视其权威,盘踞叙利亚,以武力与阿里分庭抗礼。公元661年,阿里在库里遇刺身亡。同年,穆阿维叶在大马士革建立了倭马亚王朝[①]。倭马亚王朝的统治自公元661年开始,至公元750年终结,是阿拉伯伊斯兰帝国的第一个世袭制王朝。在倭马亚王朝诸位哈里发的统治下,阿拉伯国家的疆域得到了极大扩张。在瓦立德一世统治时期,伊斯兰教历史上第二次大规模征服战争完成,中亚细亚、北非和西班牙都并入了其版图。正是在这一时期,信德也被阿拉伯人征服了。

阿拉伯人征服信德

公元6至7世纪,阿拉伯人入侵之前,信德是一个独立的印度教国家,被穆斯林称为沙希国。国王捷基虽是位婆罗门,但他却奉行宽容的宗教政策,沙希国的居民大都信奉佛教。捷基在统治了沙希国40年后去世,由他的兄弟钱达尔继承王位。钱达尔即位后开始大力扶持印度教,从而引起了佛教徒的不满。钱达尔在即位7年后去世,他的儿子拉吉和捷基的长子达

[①] 又译伍麦叶王朝,我国史称"白衣大食"。

希尔将沙希国一分为二，各霸一方。拉吉建都婆罗门阿巴德，而达希尔则以阿洛尔为首都。这样割据的局面并未维持太久，一年后，捷基的次子特尔·希纳打败拉吉，获得了婆罗门阿巴德的统治权。公元700年，特尔·希纳去世后，他的兄长达希尔接管了婆罗门阿巴德的政权，成为整个信德地区的统治者。阿拉伯人入侵信德时，沙希国的统治者正是达希尔。

另一边，公元661年建立的倭马亚王朝其时正国力强盛、政权稳定，并开始东征西讨，不断对外扩张。倭马亚王朝东部省的省督哈加吉一直觊觎信德，伺机而动，意图侵略信德。公元711年，哈加吉以货船被信德海盗劫持为借口，派遣当时驻扎波斯设拉子的穆罕默德·宾·卡西姆率军讨伐信德。卡西姆大军抵达莫克兰后，得到了休整和补充，军队人数扩大到5万人。获得补给后，卡西姆大军继续东进，先后占领了潘吉古尔和比拉。第二年，穆罕默德·宾·卡西姆成功攻占德比尔港。713年，卡西姆的军队渡过了印度河，在向拉瓦尔进发的途中受到了沙希国国王达希尔集结的信德军队的阻截，双方战况激烈，但信德军队并未能拦截住阿拉伯人继续北上的脚步，就连国王达希尔本人也都战死疆场。沙希国首都阿洛尔被占领。713年，阿拉伯军队渡过拉维河入侵木尔坦。当时的木尔坦统治者郭尔斯亚也亲自率军抵抗，在抵抗了两个月后，因兵力相差悬殊，当地军队战败，统治者郭尔斯亚逃亡克什米尔，木尔坦也被阿拉伯人征服。从此，整个信德成为了倭马亚王朝在东方的一个省。

事实上，在阿拉伯人入侵信德之前，他们对次大陆这片土地已不陌生。阿拉伯人很早就开始了与印度次大陆的贸易往来，其时间之久远甚至可以追溯到远古时期。公元5到7世纪，随着次大陆生产力的提高，封建制度的确立，在一些城市和沿海地区，商品经济开始有了一定程度的发展。南印度的商人开始到缅甸、南洋和中国经商，与海湾地区也建立起了商业联系。而阿拉伯人则垄断了次大陆与西方之间的海上贸易，他们运去马匹，再将印度的棉织品、香料、稻米、工艺品等货物运回。通过贸易，阿拉伯商人开始了解富饶的东方，并在印度沿海地区建立了一些定居点。

早在公元636年，第二任哈里发欧麦尔统治时期，巴林和阿曼省督乌斯曼就曾尝试通过海路进攻印度西海岸的塔纳①，但并未能成功，就连他本人也战死沙场。奥斯曼任哈里发期间，曾派人到印度和信德刺探情况，在得知该地区难以征服后，便放弃了对次大陆的征战。最后一任哈里发阿里统治时期曾派军队试图通过陆路穿过莫克兰海岸，进攻信德，但也遭遇了失败。直到倭马亚王朝统治时期信德被征服之前，阿拉伯人还曾多次尝试通过海路和陆路进攻印度次大陆，但都未能得逞。

与前人的失败尝试不同，穆罕默德·宾·卡西姆成功地征服了信德，这既有阿拉伯人兵力充足，武器、战术先进的原因，也有信德自身存在的问题。在印度北路贸易商路衰落后，信德经济凋敝，军事软弱。在捷基之后的沙希国统治者大力推崇印度教，使国内众多的佛教徒和耆那教徒感到不满，他们与统治者间的矛盾日益加深，在阿拉伯人到来之时，他们中许多人非但不支持达希尔，反而去帮助阿拉伯人。

阿拉伯人初入信德时，横征暴敛、掠夺财富，还将所到之处的印度教、佛教寺庙拆除，逼迫当地居民改宗伊斯兰教。随着侵略的深入，他们的政策也变得相对缓和，允许保留当地的宗教信仰，对于不皈依伊斯兰教的人则允许其缴纳人头税代替。阿拉伯人还在信德建立了一套军事行政体制，将征服来的土地分封给阿拉伯官兵，作为军事采邑②。采邑上的农民需要向土地领有者③缴纳地税。行政管理机构中，除穆斯林外，也有些印度教上层人士的加入，这种做法能够巩固和扩大穆斯林政权在当地的统治基础。

在征服了信德和木尔坦后，阿拉伯人还曾试图继续扩大征服。他们曾对卡提阿瓦、古吉拉特和拉其普他拿发起过进攻，但都被北印度的普罗蒂诃罗王朝和拉喜特拉库特等国击退。而倭马亚王朝的内部政治变动，也使得阿拉伯人不得不搁置扩张计划。因此，阿拉伯人在印度次大陆上的统治范围仅限于信德和木尔坦，并维持了3个世纪之久。他们的政权是被后来

---

① 今印度孟买以北。
② 称为"伊克塔"。
③ 称为"伊克塔达尔"。

从阿富汗入侵印度的突厥人所灭亡的。

与此前进入次大陆的其他民族不同，阿拉伯人并没有并同化，反而始终恪守着自己的宗教信仰，保持自己的文化特点和生活习俗。阿拉伯人的入侵也把伊斯兰教带入了印度次大陆。主张信众皆兄弟、团结、平等的伊斯兰教给了印度教的种姓制度以强有力的冲击，在非印度教徒中很受欢迎。后来所采取的宽容的宗教政策，更是吸引了不少人改宗伊斯兰教。信德和木尔坦也成为印度次大陆上最早接受伊斯兰信仰的地区。

阿拉伯人的这次征服也为印度文化与伊斯兰文化的碰撞与融合开辟了道路。阿拉伯人最大的收获是学会了使用印度人发明的十进位数字，这种数字被阿拉伯人带入欧洲，被世人称为"阿拉伯数字"，而在阿拉伯这种数字仍旧被称为"印度数字"。印度的天文学书籍、医药典籍被翻译为阿拉伯语，以丰富阿拉伯人的知识。此外，阿拉伯人还从印度学习了棋艺，而信德对阿拉伯音乐也产生了一定影响。文学方面，阿拉伯人所著的《卡里来和迪木乃》寓言集中也有许多素材来自印度。

阿拉伯人对信德的征服无论在伊斯兰教历史上，还是次大陆的历史上都具有重要的意义。但此次征服仅限于信德和木尔坦地区，因此伊斯兰教并未能传播到整个次大陆，对当时整个印度的影响也有限。直到突厥人的到来，才使得伊斯兰教在次大陆上的影响进一步扩大。

伽兹尼王朝建立

9世纪中期，阿巴斯王朝的伊朗和呼罗珊总督在中亚地区建立了萨曼王朝，定都布哈拉。10世纪下半叶，萨曼王朝的国势开始衰落。王朝任命的呼罗珊总督、突厥奴隶阿尔普提金趁机篡位，失败后率军东迁，于公元962年在阿富汗的伽兹尼自立为王，建立了伽兹尼国家。突厥人建立的伽兹尼国家也信奉伊斯兰教，并成为伊斯兰教进一步向印度次大陆扩张的急先锋。阿尔普提金死后，他所宠信的一个奴隶、也是他的女婿苏布克特勤继承了他的事业。苏布克特勤继位后，立即着手对外扩张。

伽兹尼王国兴起时，今天的巴基斯坦西北部地区正处于印度沙希王朝（Shahi）的统治之下，王国的首都在今天巴基斯坦旁遮普省西北部的阿塔克附近。当苏布克特勤的征服已逼近次大陆的西北边境时，沙希国王贾帕尔决定先发制人，并于979年向苏布克特勤发起了进攻。在今阿富汗的贾拉拉巴德和伽兹尼之间的一次战斗中，贾帕尔败北，不得不向伽兹尼王朝纳贡以换取和平。但这次的纳贡称臣不过是沙希国王的权宜之计。当他回到自己的领土后，不仅没有履行自己缴纳贡赋的诺言，反而在991年前后联合印度诸王组成了攻打伽兹尼的联盟。贾帕尔的这次挑战最后也以失败告终，并且让他付出了割让包括白沙瓦在内的部分领土和向伽兹尼王朝缴纳沉重贡赋的代价。苏布克特勤对次大陆的这次征服为后来突厥人进入次大陆开辟了道路。997年，苏布克特勤的儿子马茂德继任伽兹尼国王。

公元998年，马茂德从萨曼王朝手中夺得了呼罗珊的控制权，并向阿巴斯王朝的哈里发称臣，为此他还获得了哈里发授予的"国家的右臂"和"信仰的护卫者"的称号。巩固了对伽兹尼和呼罗珊的统治后，在继位后的第三年，也就是从公元1000年开始，马茂德开启了大举进攻印度次大陆的征途。

曾经抵抗过苏布克特勤的贾帕尔面对马茂德的侵略也进行了顽强的抵抗。他集结了一支由12000骑兵、3万步兵和300头大象组成的军队试图拦截住突厥人的进攻。但在白沙瓦附近的一场激战中，贾帕尔不幸战败被俘。在用巨款赎身后，贾帕尔才得以重获自由。但此时的他在臣民心目中的威望已大不如前，最终不得不以死谢罪。贾帕尔死后，他的儿子阿南德帕尔继位，虽然他也一直奋力抵抗，还曾一度获得过拉其普特一些王公的支持，但终究不敌马茂德的攻势。此时，曾经争霸北印度的普罗蒂诃罗王朝等三国均已瓦解，后来出现的一些小国也都忙于互相争战之中，因此面对马茂德的入侵，他们几乎毫无招架之力，所有的抵抗也都以失败告终。除征服了次大陆西北部和北部的沙希国家外，马茂德还兼并了阿拉伯人占领的木尔坦和信德，并把这些地方作为了继续深入掠夺的基地。

马茂德征服印度次大陆主要为的是掠夺财富，而不是扩张领土。1000年到1027年间，据说马茂德曾17次征伐次大陆，最远曾到达今天印度的卡瑙季、瓜廖尔、卡提阿瓦。马茂德的掠夺极具破坏性，他所到之处，金银珠宝都被抢夺一空，不能带走的财富往往都被付之一炬。马茂德曾对佛教和印度教圣地马土腊进行了长达20天的洗劫,无数金银神像和珠宝都被运回了伽兹尼。马茂德掠夺过的索姆纳特神庙是印度圣庙中最神圣的一所,也是当时最富有的庙宇。神庙当时拥有1000位婆罗门和500名舞女,每天都有数十万香客前来朝拜。除此之外,神庙还拥有数以千计的村庄收入。据说,庙里的大钟都是以黄金做链子,柱子上镶满了宝石,帷幔上还绣有珍珠,庙内供奉的佛像里都装满了香客奉献的宝石。1025年,马茂德入侵之时,屠杀了5万多名顽强抵抗的印度教徒,并将庙内的财富洗劫一空。据说,马茂德的这次劫掠的收获超过了以往每次的收获,所得的财宝也都被运回了伽兹尼。

马茂德的劫掠和屠杀给次大陆带来了沉重的灾难,原本繁荣的城市被他的铁骑夷为了平地,富丽堂皇的庙宇也都繁华散尽成为一片废墟。马茂德无疑是一个残酷的征服者,但他同时也是一位伟大的君主。在他执政伽兹尼王朝期间,提倡艺术和学术活动,并采取了开明的奖励方针。由于他的慷慨资助,当时包括印度在内的亚洲各地的许多著名诗人、学者都被吸引到了伽兹尼宫廷中。伽兹尼王朝在他的治下享受着和平和安宁,商队可以在呼罗珊和拉合尔之间畅行无阻。也正是在他执政时期,今天巴基斯坦的西北部地区第一次为穆斯林所统治,而拉合尔也发展为穆斯林文化中心。

马茂德于1030年在伽兹尼去世。伽兹尼王朝对白沙瓦地区、旁遮普、信德和木尔坦(今巴基斯坦的大部分地区)的统治大约持续了200年的时间,在此期间,许多印度教徒被迫改宗伊斯兰教,并与在此定居的突厥人、阿富汗人混居融合,成为了印度穆斯林社团的主体。

古尔王朝兴起

古尔是位于伽兹尼和卡拉特之间的一个小山国。公元11世纪,古尔曾被伽兹尼王朝征服,成为其藩属国并皈依了伊斯兰教。古尔王公家族也是突厥人,在马茂德死后王公开始崛起。

在巴拉姆统治伽兹尼期间,他杀害了自己的女婿、古尔王子库特卜-乌德·丁·哈桑。哈桑之死激起了古尔王族的仇恨,他的兄弟塞弗-乌德·丁为替哈桑复仇攻打了伽兹尼,并把巴拉姆驱逐出去。待巴拉姆重返伽兹尼后,又将叛乱的塞弗-乌德·丁处以极刑。这更加深了古尔王族对伽兹尼王朝的怨恨,哈桑的另一个兄弟,阿拉-乌德·丁·侯赛因继续为兄弟报仇,大举进攻伽兹尼,并进行了毁灭性的报复。马茂德时期营造的东方最有吸引力的美丽城市在古尔人复仇的火焰中燃烧了七日之久。古尔人还对伽兹尼的居民进行了无区别的屠杀,甚至连伽兹尼王朝已经逝去的统治者们也都被挖坟掘墓、挫骨扬灰。因此,阿拉-乌德·丁·侯赛因也被称为"世界焚毁者"。此后,伽兹尼又落入了古兹突厥人之手。伽兹尼王朝的继承者、巴拉姆的儿子霍斯陆·沙也在古兹突厥人占领了伽兹尼后退居拉合尔,并在那里延续着伽兹尼王朝的统治。

1163年,"世界焚毁者"阿拉-乌德·丁去世,他的侄子吉亚斯-乌德·丁·穆罕默德成为他的继承人。吉亚斯打败了占据伽兹尼的古兹人,于1173年至1174年征服了伽兹尼,建立了古尔王朝,定都古尔。吉亚斯的弟弟穆伊兹-乌德·丁·穆罕默德(通常被称为穆罕默德·古尔)被任命为伽兹尼省省督。古尔王朝建立后,两兄弟积极对外扩张,吉亚斯将领土扩张到了呼罗珊,而穆罕默德·古尔则将目光投向了次大陆。

古尔人进入次大陆之前,伽兹尼王朝对次大陆的统治仅维持在了白沙瓦和旁遮普的范围内。木尔坦则在马茂德死后重新被伊斯迈尔派所统治,信德则由苏姆腊王朝统治。拉其普特人在北印度建立起了诸多国家,其中比较重要的有加哈达瓦纳人统治的曲女城[1]、统治德里和阿杰梅尔的乔汉王国以及统治古吉拉特的遮鲁其人。

穆罕默德·古尔首先征伐的对象是重新在木尔坦掌权的伊斯迈尔派。他自伽兹尼出发,率军越过戈马尔山口,于1175年战胜伊斯迈尔派,夺得了木尔坦和信德南部的乌奇。

1178年,穆罕默德·古尔率军远征古吉拉特,试图从西部进入次大陆。但由于他的军队在沙漠中长途行军过于疲惫,结果被古吉拉特的遮其鲁王击退。进攻古吉拉特失利后,穆罕默德·古尔不得不重新思考进攻的

---

[1] 即卡瑙季。

第三章　伊斯兰教传入及德里苏丹国

路线。他决定按照传统线路，取道旁遮普向次大陆进攻。当时统治旁遮普的是伽兹尼王朝的末代统治者霍斯陆·马利克。1179年，穆罕默德·古尔首先攻克了白沙瓦，并以此为基地继续向次大陆其他地区展开进攻。1186年，他率军攻打拉合尔，俘虏了霍斯陆·马利克，终结了伽兹尼王朝在旁遮普的统治，同时也为征服北印度打开了通道。在此期间，穆罕默德·古尔还于1182年征服了信德。

在巩固了对旁遮普的征服之后，北印度的拉其普特国家成为穆罕默德·古尔的下一个征服目标。他轻取旁遮普南部重镇巴廷达的举动引起了德里和阿杰梅尔的乔汉王国统治者普里色毗罗阇的警觉，他率领了一支拥有20万匹战马和3000头大象的大军来与穆罕默德·古尔交锋，两军决战于塔莱，许多拉其普特王公都来助战普里色毗罗阇。这次战役中，乔汉王取得了胜利，穆罕默德·古尔的军队在惊慌中纷纷溃散，他本人也在这次战斗中负伤，幸得一位年轻的哈拉吉士兵相救才得以逃出。战败的古尔军队在拉合尔地区聚集后，一起回到了伽兹尼。

1192年，战败后的第二年，穆罕默德·古尔做好了充分的准备，率领装备完善的12万骑兵前来征伐。普里色毗罗阇号召拉其普特王公们参战，共同应对古尔人的入侵。有120位王公响应了他的号召，率军参战，这一次他的军队达到了30万人。而穆罕默德·古尔则兵分五路，其中四路由四面八方向敌人发起猛攻，他则亲率第五路精兵直接向乔汉军营冲杀，乔汉军总司令阵亡，乔汉王普里色毗罗阇在企图逃跑时被俘，后被处死。就这样穆罕默德·古尔取得了第二次塔莱战役的胜利，占领了德里。

乔汉国被打败后，加哈达瓦纳王朝成为古尔人的下一个征服目标。阇耶旃陀罗在乔汉王与古尔人的战争中并没有施以援手，反而是希望普里色毗罗阇能被古尔人打败，自己则坐收渔翁之利成为印度的主人。不过他的如意算盘很快落空。1194年，穆罕默德·古尔率领了5万骑兵从伽兹尼前来讨伐加哈达瓦纳。面对穆罕默德的大军，阇耶旃陀罗得不到援兵，不得不孤军奋战，最终战败被杀。而穆罕默德·古尔则满载大批战利品凯旋。加哈达瓦纳战败后，穆罕默德·古尔乘胜追击，占领了贝拿勒斯，拆毁了城内大量的印度教、佛教庙宇，掠夺了大批财宝，据说为将这些财宝运回伽兹尼，光是骆驼就用了14000头。这之后，北印度已没有任何国家能够与穆罕默德·古尔抗衡了。

征服次大陆期间，穆罕默德·古尔经常往返于伽兹尼和次大陆之间。第二次塔莱战役后，他委派他的忠实将领顾突卜丁·艾伯克管理次大陆的事务。顾突卜丁·艾伯克没有辜负穆罕默德·古尔的信任，帮助他征服了曲女城、瓜廖尔和阿杰梅尔等地。他的部下、驻奥德的一个军官穆罕默德·宾·巴赫提亚尔在他忙于巩固和扩大古尔人在北印度的征服时，征服了比哈尔和孟加拉，进一步扩大了突厥穆斯林在次大陆的统治范围。巴赫提亚尔在征伐过程中毁坏了飞行寺、那烂陀寺和超戒寺等著名的佛教寺院，杀害了众多佛教僧侣，许多幸免于难的僧侣不得不逃亡它地。东印度是印度佛教最后残留的阵地，巴赫提亚尔的入侵使得佛教在印度次大陆上消亡，伊斯兰的旗帜也被插到了东印度的土地上。为表彰穆罕默德·宾·巴赫提亚尔的功绩，艾伯克任命他为孟加拉总督，还授予了他一件特别的荣誉之袍。战功赫赫的巴赫提亚尔得意忘形，试图入侵西藏。他率军深入阿萨姆，探索入侵西藏的可能性，因军队不堪长途奔波，不得不中途折返。回程路上，巴赫提亚尔的军队遭到阿萨姆军队追击，损失惨重，他本人也被部下刺杀。

穆罕默德·古尔征服次大陆的同时，他的兄长、古尔国王吉亚斯-乌德·丁·穆罕默德正忙于抵抗西面的花剌子模。1202年，吉亚斯去世，穆罕默德·古尔继承王位。1204年，他率领大军入侵花剌子模。这次征伐并未能取得胜利，甚至在被花剌子模击溃的古尔军中还流传出了默罕默德·古尔阵亡的消息。这次战败加剧了古尔帝国内的叛乱，消息传到次大陆后，旁遮普的科卡尔人也开始骚动起来，纷纷反叛。穆罕默德·古尔闻讯后，亲率大军前来镇压叛乱。1206年，挫败了科卡尔人的反叛后，穆罕默德·古尔在从拉合尔返回伽兹尼的途中，于印度河岸停留做礼拜时遇刺身亡。他死后，伽兹尼和古尔都落入了花剌子模的统治者手中。

穆罕默德·古人对次大陆的武力侵略无疑也给这片土地和生活在这片土地上的人民带来了沉重的灾难。征伐过程中，残酷的屠杀和肆意劫掠，使得大片土地荒芜、无数城镇被毁、生产力遭到了严重的破坏。但与同是侵略者的马茂德不同，穆罕默德·古尔的侵略意在占有领地，而不仅仅是掠夺财富。他对北印度的征服，也为后来建立的德里苏丹国打下了基础。此外，穆罕默德·古尔在征服次大陆的过程中还表现出了极高的传教热情，推动了伊斯兰教在次大陆的传播。在攻打阿杰梅尔时，他令人拆毁了城里的印度教神庙，并在神庙的基础上修建清真寺和宗教学校，强迫被俘虏的印度人改信伊斯兰教，并试图通过武力征战使印度全面伊斯兰化。

第二节　德里苏丹国时期

1206年，穆罕默德·古尔在印度河岸遇刺身亡。他去世后，因没有子嗣继承王位，所以其属下的将领在各自控制的地区纷纷自立为王。穆罕默德·古尔去世时，掌管北印度被征服地区的仍是他亲自委任的顾突卜丁·艾伯克。在拉合尔一批军事贵族的支持下，顾突卜丁·艾伯克被推选为印度领地的苏丹。穆罕默德·古尔逝世的这一年，突厥穆斯林在印度次大陆正式建立了由其统治的国家。伊勒图特米什苏丹统治时期，迁都德里，德里苏丹国由此得名。德里苏丹国统治了印度320年之久，共经历了5个王朝。

奴隶王朝（1206-1290）

顾突卜丁·艾伯克出生于中亚的一个突厥家庭，幼年时被拐卖到伽兹尼，后又几经转手，最终成了穆罕默德·古尔的奴隶。艾伯克凭借自己的聪明才智得到了主人的赏识，他跟随穆罕默德·古尔入侵次大陆。在第二次塔莱战争中，艾伯克立下了赫赫战功，受到重用，还被赐予了"马利克"的封号。穆罕默德·古尔死后，负责掌管次大陆事务的艾伯克受拥立成为印度苏丹。因为他本人曾为奴隶，其继任者也是奴隶出身，所以他所创立的王朝被称为奴隶王朝。

奴隶王朝的统治自1206年开始，到1290年结束，达84年之久。顾突卜丁·艾伯克是奴隶王朝的第一任苏丹，其后奴隶王朝又经历了10位苏丹。

顾突卜丁·艾伯克作为独立的穆斯林君主，仅统治了次大陆4年零4个月的时间。1210年11月，他在打马球时不慎坠马摔伤，最终不治身亡。艾伯克去世后，拉合尔和德里的军事贵族对苏丹的继承人人选产生了分歧，前者拥护顾突卜丁·艾伯克的儿子阿拉姆·巴赫什为新苏丹，而德里的军事贵族则属意顾突卜丁·艾伯克的女婿伊勒图特米什。最终，伊勒图特米什击败了前来攻打德里的阿拉姆军。战败的阿拉姆最终不知所踪。伊勒图特米什于1211年正式登基，成为奴隶王朝的第二任苏丹，并将首都迁到了德里。

与顾突卜丁·艾伯克一样，伊勒图特米什也是奴隶出身。他出生于一个突厥贵族家庭。据说在他年幼时，因为他的兄弟们嫉妒他过人的智慧和出众的仪表，所以将他卖给了一个奴隶贩子。他在布哈拉的法官处为奴时接受了教育。后来他又被带到德里，并在那里成为艾伯克的奴隶。伊勒图特米什颇得艾伯克的宠信。他凭借着自己的能力一路从卫队长被提拔为巴道恩的总督，艾伯克还将自己的女儿嫁给了他。在镇压科卡尔人的叛乱时，伊勒图特米什所表现出的勇猛气势更是得到了穆罕默德·古尔的嘉许。

伊勒图特米什继位后面临着内忧外患的复杂局面。国家内部，突厥贵族内部的反叛势力蠢蠢欲动，想要伺机推翻他的统治；孟加拉、比哈尔等地的穆斯林王公先后独立，自立为王；被征服的拉其普特王公也都接连反叛，重新夺回了被征服的领地。外部，成吉思汗率领的蒙古大军已兵临印度河岸，威胁着德里苏丹国的存亡。

面对如此复杂和严峻的局面，伊勒图特米什展现出了过人的勇气和智慧，他沉着地使用武力征伐和灵活的外交手段稳定了局势。伊勒图特米什先是镇压了德里附近的叛乱，取得了巴达翁、奥德和贝拿勒斯等地的控制权，继而以武力平息了旁遮普的叛乱，接着他三次出兵孟加拉，平定了突厥王公的叛乱，最后集中兵力，征服了反叛的拉其普特王公，收复失地。面对强大的蒙古军队，伊勒图特米什并没有一味用强，而是以灵活的外交手段，避免了与蒙古军之间的大战。

伊勒图特米什死于1236年4月，在他二十余年的统治里，不仅稳定了刚刚建立的德里苏丹国的政权，更是将马尔瓦和信德也纳入到帝国的统治范围内，使得德里苏丹国的疆土扩展到了除边远地区外的整个次大陆。印度史学界普遍认为伊勒图特米什才是德里苏丹国的真正奠基者。

奴隶王朝最有作为的君主伊勒图特米什去世后，贵族们在苏丹继承人的问题上又产生了分歧。伊勒图特米什原本已经立下遗嘱，将苏丹之位传给自己的女儿拉兹亚。但一些贵族却置苏丹的遗命于不顾，拥立伊勒图特米什的长子鲁克丁·菲鲁兹为新苏丹。但菲鲁兹本就是个浪荡公子，整日沉迷于享乐，无暇顾及国事，致使大权落入了他的母亲沙·土尔干之手。沙·土尔干使用强硬的手腕排除异己的举动激起了贵族们的反抗，木尔坦和拉合尔等地都爆发了公开的叛乱，孟加拉也宣布独立。而沙·土尔干继续倒行逆施，意图杀害拉兹亚。这引起了德里群众的反抗，他们拥护拉兹亚，逮捕了沙·土尔干。此时，德里的突厥官员们也都团结在拉兹亚身边，拥立她为女王。拉兹亚的兄长菲鲁兹登基七个月后就被逮捕入狱，沦为阶下囚。

拉兹亚在伊勒图特米什在世时就显示出了过人的才干。拉兹亚登基后，一些贵族拒绝承认她的王权，不愿被女人统治，因此纷纷反叛。面对严峻的政治局势，女王显示出了过人的胆略和才干，镇压了叛军。包括孟加拉和信德在内的所有王公贵族又都重新向拉兹亚宣誓效忠，愿意接受她的统治。此后，拉兹亚卸下红妆，穿上男服，对国家的大小事务都亲力亲为，逐步树立起了自己的权威。为了打破突厥官员对权力的垄断，她提拔了一位阿比西尼亚人。但此举却招致了突厥贵族的强烈反抗，由伊勒图特米什的前奴隶和亲信组成的"四十人集团"决心要将拉兹亚赶下王位。1239年，旁遮普和巴廷达的王公先后起兵造反。拉兹亚在平定巴廷达的反叛中被俘。被囚禁的拉兹亚仍旧想要夺回王位，但无奈大势已去。反攻失败后，她在逃亡的途中被强盗所害。

拉兹亚被废黜和遇害之后，奴隶王朝又陷入了一段混乱时期。这期间，"四十人集团"掌握着实际的权力，苏丹则成了受他们操纵的傀儡。

1240年，"四十人集团"拥立伊勒图特米什的三儿子巴拉姆为新苏丹。巴拉姆继位后，开始反抗权力无限膨胀的"四十人集团"，这又引起了专权的突厥朝臣的不满。奴隶王朝的内部争斗削弱了王权，给了蒙古人入侵的机会。1241年，蒙古人在他们的首领巴哈杜尔的带领下，从呼罗珊和伽兹尼出发，入侵次大陆，并占领了拉合尔。巴拉姆派军前去救援拉合尔，不料军队发生兵变，非但未去拉合尔救援，反而调转枪头，将苏丹围困在了德里的宫殿之中。巴拉姆在被围困了三个月后遇害。

巴拉姆死后，"四十人集团"又拥立菲鲁兹的儿子阿拉丁·马苏德为苏丹。他于1242年继位，执政三年，因试图遏制"四十人集团"的权力而遭到罢黜。其后继位的是苏丹纳西尔丁·马茂德，他自1246年登基，执政二十年。苏丹马茂德实际上是个傀儡苏丹，在幕后掌握大权的是他的侍卫大臣巴勒班。1266年，马茂德去世后，巴勒班夺取了王位，成为新任苏丹。

巴勒班出生于突厥贵族家庭，早年为蒙古人所俘。1232年，他被带到德里卖给了苏丹伊勒图特米什。在阿拉丁·马苏德在为期间，他逐步升到了侍卫大臣之位。在纳西尔丁·马茂德继任苏丹后，他实际上已经掌握了最高权力。巴勒班在夺取王位后，放弃了奴隶王朝一直以来依靠突厥贵族的政策，不允许"四十人集团"操纵和干涉朝政。他宣称"国王是真主在人间的代理人"以突出和强化苏丹的统治地位。巴勒班为恢复苏丹的威信，要求严格实施的朝廷礼制。他还强化了情报机构，并把这些探子派往各地，向他报告当地官员的一举一动。分散各地的密探使得贵族和官员们人人自危，也正是靠着这套制度，巴勒班才能使自己的权力到达帝国的辽远地区，有效减少了来自地方贵族势力的威胁。此外，巴勒班还是个严明的执法者，他对破坏法纪和叛乱者采取严酷的手段予以镇压。在巴勒班执政期间，他时刻防范蒙古人的入侵，始终将其拒于境外。

伊勒图特米什死后出现了三十年的混乱局面。这三十年间，君王软弱无能，总督、贵族图谋不轨，由此引发了蒙古人的频繁入侵和印度人的暴动。巴勒班继位后终结了这种混乱的局面，使得内忧外患的苏丹国重新稳定。在他的统治下，苏丹国的疆域已经覆盖了除克什米尔、马尔瓦部分地区、古吉拉特和阿萨姆外的整个北印度，版图比穆罕默德·古尔时期有所扩大。

巴勒班于1287年逝世，他的孙子凯库巴德被德里的贵族们拥立为新君。这位新苏丹继位时年仅17岁，面对突然降临的权力和荣华富贵，他丧失了理智，终日寻欢作乐，贪图声色之乐。苏丹无暇顾及朝政，致使大权落入了军队总监法赫尔的女婿马利克·尼扎姆的手中。凯库巴德纵情声色和尼扎姆大权独揽的消息传到了远在孟加拉的、凯库巴德的父亲布格拉汗的耳中，他多次写信给凯库巴德，但却没有引起苏丹的重视。于是，他决定亲自前往德里劝说。在布格拉汗的提醒下，苏丹除掉了尼扎姆，并任命哈尔吉人马利克·贾拉勒丁·菲鲁兹为全国军队总监。不久后，凯库巴德突然瘫痪，他年仅三岁的儿子继承了王位。菲鲁兹在摄政三个月后，杀死了幼主和凯库巴德，自立为苏丹。自此奴隶王朝持续了84年的统治被终结了。

哈尔吉王朝（1290—1320）

1290年6月，马利克·贾拉勒丁·菲鲁兹取代奴隶王朝即位，称号贾拉勒丁·菲鲁兹·沙。菲鲁兹是哈尔吉人，史学界普遍认为，哈尔吉人虽原属于突厥血统，但因长期生活在阿富汗，以致其风俗习惯带有阿富汗人的特点，和突厥人迥然不同。从这个意义上看，突厥人在次大陆的统治也随着奴隶王朝的灭亡而结束了。

菲鲁兹在位6年，是一位平和、仁慈、宽容的君主。巴勒班时期的一些高官在他的朝中仍然担任原职。面对巴勒班的侄子、奴隶王朝唯一的后嗣卡腊-马尼克普尔总督马利克的叛乱，他非但没有以残酷的手段予以惩罚，反而将其释放，并夸奖他们对故主一片忠心。对于其他各地反叛者的叛乱，他也都宽容以待，他表示宁愿舍弃王位，也不愿意以穆斯林的鲜血来维持国家的稳定。

虽然面对国内的反对者，菲鲁兹显得有些过分宽容，甚至是优柔寡断，但在面对蒙古人的入侵时，他却展现出了果敢的一面。1292年，阿卜杜拉率领15万蒙古人入侵次大陆。菲鲁兹闻讯后，立即出发迎击入侵者，挫败了他们的进攻。入侵失败的蒙古人不得不从次大陆撤出，其中成吉思汗后裔所率领的4000余名蒙古人决意留在次大陆，他们改宗伊斯兰教，定居德里郊区，与当地穆斯林通婚，为苏丹供职。

菲鲁兹这种宽容的态度助长了国家内部的不稳定因素，也引起了许多哈尔吉贵族的不满，认为这样一位优柔寡断的苏丹不能保障他们的利益。1296年初，正在瓜廖尔狩猎的苏丹菲鲁兹听闻自己的女婿、全国军队总监阿拉丁在德干立下了战功，并且得到了大量财富。他欣喜万分，表示要亲自迎接凯旋的阿拉丁。有些大臣认为苏丹这样做欠妥当，会将自己置于险地，但苏丹菲鲁兹被阿拉丁满是忠诚誓言的来信所感动，不顾大臣们的劝阻，带着几名亲信由水路前往马尼克普尔，而他的军队则从陆路跟随。到达马尼克普尔后，苏丹菲鲁兹接受了阿拉丁的跪拜，带着他一起返回自己所乘的船上，就在此时，两名刺客突然出现，杀死了苏丹菲鲁兹。

苏丹菲鲁兹被弑后，阿拉丁自立为苏丹，并于1296年7月登基。他执政之初，地位并不稳固。为巩固自己的统治，他杀掉了对自己王位有威胁的人，罢免了旧官僚，任用自己的亲信重组政府。但即使是这样，在他执政初期，还是发生了几次内乱。同时，哈尔吉王朝的统治还面临着蒙古人的威胁。1227年至1229年间，蒙古人屡次入侵次大陆，先后侵入了旁遮普、信德和德里，但都被苏丹国的军队击败，损失惨重。阿拉丁意识到，想要对抗蒙古人频繁的入侵，就必须要建立稳定的政权和强大的国家。为此，他决定采取果断的措施以达到安内攘外的目的。

与以往的穆斯林统治者不同，阿拉丁更加强调突出自己的政治权力，他限制代表宗教正统势力的乌里玛，以防止乌里玛干涉朝政，进而威胁自己的统治和政权的稳定。

阿拉丁开始亲自监管政府工作，并加强了情报系统，以便及时掌握一切大事小情。接着他还颁布了禁酒令，严令禁止酒的酿造、销售和饮用，有违反禁令者将被施以重罚。为推行禁酒令，苏丹本人率先做出了榜样，他打烂酒杯、倒空酒坛，戒掉了饮酒的习惯。除此之外，他还禁止贵族家庭间的社交，贵族间联姻必须由他赐婚，禁止私下结亲。这些手段对贵族起到了一定的震慑作用，防止了贵族间通过婚姻关系结党营私，使他们不得不臣服于苏丹的权威。此后，苏丹国内再也没有发生过大规模的叛乱。

紧接着，苏丹阿拉丁又将改革的目光投到了财政上。他收回了赐予宗教领袖和慈善机构的税收权；规定在所有可以执行的地方，官员俸禄均以现金形式支付；他决定把国家税收份额提高到伊斯兰国家的最高限额，也就是农民收入的一半需要上缴国家；他还实施了度量法，丈量土地，以土地的数量确定税收的额度。阿拉丁所实施的这一系列财政改革，保证了农民所上缴的收入能够直接进入国库，而不会被地方官员中饱私囊。

塔吉尔率领12万蒙古大军趁阿拉丁远征契托尔之机，向德里进发。1303年，蒙古大军在朱木拿河河岸扎营。此时，阿拉丁刚刚结束对契托尔的征服回朝，首都的防卫还很薄弱。蒙古大军就利用这样的机会，在苏丹国援军到达首都之前，将这座城市包围。因为没有足够的兵力与蒙古人抗衡，苏丹阿拉丁只好退守到锡里要塞，蒙古人开始肆无忌惮地劫掠。在围困德里两个月之后，蒙古人撤退了，使得德里逃过一劫。这次蒙古人的入侵，使苏丹意识到进一步加强军队和防御的重要性。他命令在边境上加固和新修堡垒，并派重兵驻守。同时，他还建立了一支庞大的常备军，制定了一系列的新军事条例以保证军队的纪律和效率。

阿拉丁所实施的一系列新政使得国库充盈，军队强大。凭借着雄厚的势力，他征服了古吉拉特和拉贾斯坦一些独立的拉其普特王公，兼并了马尔瓦，基本完成了对北印度的征服。1307年，阿拉丁开始派兵征伐南印度。南印度的耶达婆国首先被征服，承认德里苏丹国的宗主国地位。在耶达婆国国王罗阇的帮助下，南印度较大的特林加纳国和潘地亚国于1310年和1311年先后被阿拉丁征服。这样，德里苏丹国的势力也就扩张到了南印度的大部分地区。

1305年，蒙古人再次来犯，约5万蒙古大军渡过了印度河，绕过穆斯林边界和首都防卫区，攻打河间地区和奥德。有了充分军事准备的阿拉丁派兵抵抗蒙古人，并将他们打败。蒙古军的两名将领和众多蒙古人被俘后处死。次年，蒙古人为报上次惨败之仇，再次入侵次大陆。在这次复仇之战中，蒙古人大败，其将领和大批士兵被俘。这也是阿拉丁执政期间，蒙古人最后一次入侵次大陆。

在阿拉丁执政的二十年间，他展现出了作为统治者的非凡才能。他是次大陆上第一个将穆斯林帝国的统治范围扩展到南印度的统治者。他本人虽然几乎目不识丁，但却给予了文化艺术热情的支持。在他统治期间，德里成为穆斯林文化中心，大诗人阿米尔·霍斯陆就是在他的时代大显才华的。晚年的阿拉丁因病已无力控制局势。1316年初，阿拉丁去世后，他的一个印度奴隶、在征服南印度过程中立下大功的马利克·卡福尔伪造苏丹遗嘱，废黜太子希兹尔汗，改立年仅六岁的幼子希哈卜丁·乌玛尔为苏丹继承人。幼主登基后，由马利克·卡福尔摄政，他成为朝政的实际掌控者。为了铲除威胁，他开始着手对付阿拉丁的子嗣们。阿拉丁的长子和次子都被他派人刺瞎，太后也被打入大牢。之后，他继续派人前去刺瞎阿拉丁的第三子穆巴拉克。这一次，马利克·卡尔福没能得逞，穆巴拉克用大笔财宝贿赂了刺客，幸免于难。收受了贿赂的刺客转头进入马利克·卡尔福的宅院，将他杀死。

马利克·卡尔福死后，刚刚继位两个月的幼主希哈卜丁·乌玛尔被废，阿拉丁的第三子穆巴拉克自立为苏丹，称号顾突卜丁·穆巴拉克·沙。穆巴拉克·沙执政后，废除了阿拉丁时期颁布的严格的法令、释放了政治犯，还退还了当时被没收的封地。但他不过是一个贪图享受、荒淫无度的酒色之徒，没有能力掌管国家大事，因此他将权力下放给了一个出身低微的印度奴隶，并赐给了他霍斯陆·汗的称号。霍斯陆·汗在远征南印度期间立下显赫战功。回到德里后，势力强大的霍斯陆·汗开始密谋除掉苏丹穆巴拉克·沙。1320年4月，霍斯陆·汗和同党杀死了苏丹穆巴拉克·沙，成功篡位。霍斯陆·汗夺权后，提拔重用自己的族人——古吉拉特的帕尔瓦里人。他们是印度教徒，公开侮辱伊斯兰教、亵渎清真寺、以伊斯兰教经典《古兰经》作为印度教崇拜的偶像的坐垫，甚至还经常在宫廷中举行印度教仪式。这些行为引起了穆斯林贵族的不满，他们团结在西北边疆的行军监督加齐·马利克·图格鲁克周围，誓要推翻霍斯陆·汗的统治。图格鲁克向苏丹国各省的阿米尔发出号召，要他们联合起来，共同推翻霍斯陆·汗。他起兵向德里进发，打败了前来阻击的霍斯陆·汗的军队，俘虏了霍斯陆·汗并将他斩首。霍斯陆·汗的篡位已经终结了哈尔吉王朝的统治。在霍斯陆·汗被推翻后，图格鲁克曾试图寻找阿拉丁的后裔，但却没有找到。最终，在突厥贵族们的拥护下，图格鲁克自立为苏丹，称号吉亚斯丁·图格鲁克。

图格鲁克王朝（1320-1414）

1320年，图格鲁克即位苏丹，标志着图格鲁克王朝的建立。吉亚斯丁·图格鲁克曾是苏丹国镇守西北边疆的行军监督。据说他曾在边境与蒙古人交战二十九次，因此他被赐予了加齐[①]·马利克的称号。在阿拉丁统治时期，图格鲁克就已经身居高位。穆巴拉克·沙任苏丹时，图格鲁克仍保留了原来的职位，而他的儿子江纳也得到重用，被任命为皇家司马大臣。

图格鲁克得到的苏丹国是一个国库空虚、地方叛乱接连不断的烂摊子。为重振国纲，他将阿拉丁时期制定的税收额度降低，由原来的一半农产品上缴国库，降低到缴纳五分之一到三分之一，并且规定税收年增量不得超过十分之一到十一分之一，还规定地方征税不得超过国家标准，违者将予以严惩。图格鲁克还重整河道、兴修水利，以改善农业灌溉条件。

在军事方面，图格鲁克沿用了阿拉丁时期的军事制度，建立起了强大的军队。凭借着强大的军事力量，图格鲁克于1321年和1323年两次派其子江纳远征南印度的瓦朗加尔。当远征南印度的庆功会尚未结束之时，蒙古人再次来犯，苏丹图格鲁克派军队连续两次挫败了蒙古人的攻势。之后，又成功地镇压了古吉拉特的叛乱。利用孟加拉内讧的机会，图格鲁克御驾亲征，夺取了孟加拉东部和南部的大片领土。1325年，苏丹凯旋回朝，他的儿子江纳命令皇家建筑师在德里附近建造了一座木亭以欢迎父亲。当苏丹图格鲁克在此处检阅象群时，木亭突然坍塌，他和其他五六个人一起被压死。许多历史学家认为，这是江纳为弑父而有意策划的阴谋。

江纳在其父苏丹图格鲁克死后三天登上王位，称号穆罕默德·宾·图

[①] 加齐（Ghazi），穆斯林宗教战士，特指"对异教徒作战的宗教战士"。有时指"首领"，用作最高称号。

格鲁克。在他统治之初，通过对南印度的征伐，将苏丹国的版图扩大到了除克什米尔、卡提阿瓦部分地区、拉贾斯坦部分地区、奥里萨和半岛西端外的印度大部分地区。为了帝国继续向南扩张和稳固对南印度的统治，苏丹穆罕默德·宾·图格鲁克决定在处于战略要塞的奥吉尔建立第二都城。他在那里修建了新城堡，并将四周辟为穆斯林殖民区，这座新都城被称为道拉塔巴德。1326年，苏丹决定将德里的部分穆斯林居民迁移到道拉塔巴德。他要求一些有名望的乌玛尔和苏菲派信徒去新城定居，此外，还有很多武官、政府官员、士兵和工匠也都被要求迁居新都。虽然苏丹为这些穆斯林居民的迁移提供了种种方便，但他们还是极不情愿。据说不少人死在了迁徙的途中，很多迁到了新都的人也都因为不习惯南方酷热的气候，而纷纷要求返回德里。这次迁移虽然算不上成功，但确实大大增强了穆斯林在德干地区的力量。后来在苏丹国失去了对德干地区的控制后，这里又兴起了一个名为巴曼的穆斯林国家，并定都道拉塔巴德。

　　穆罕默德·宾·图格鲁克还曾计划征服呼罗珊。为此他集结了一支37万人的庞大军队。不过由于当时政治形势的变化，使得远征呼罗珊的计划一直未能实现。但是，为了远征而募集起来的庞大军队却成为国家沉重的负担。由于国库负担过重，已无力负担这支军队，所以当这支军队被遣散后还引发了军人们的不满和叛乱。

　　修建第二都城和接连不断的征战使得国库空虚，白银极为短缺。1330年，苏丹下令发行铜质代用币，使之成为法币以代替银币使用。不过，由于铜币可以和金币、银币一样作为法币使用，伪造成本低廉，因此市面上很快就充斥了大量的伪币。据说，那时每户人家都成了造币厂，每个金匠都在家中打造铜币。伪币的流通严重地扰乱了国家的经济秩序，苏丹的这次颇具创造性的货币改革最终以失败告终，他不得不宣布以金币和银币回收铜币。数不清的代用铜币被送入国库，又有大笔的金银从国库流出用以替换这些堆积如山的铜币。这对原本就已空虚的国库和窘迫的经济形势来说无异于雪上加霜。

　　为了弥补亏空、充实国库，也为了惩罚恒河和朱木拿河之间的河间地区叛乱的人民，苏丹穆罕默德·宾·图格鲁克决定将这个地区的土地税提高百分之五到百分之十。当时河间地区的人民正面临着旱灾和饥荒，突如其来的重税使得他们不堪重负，不得不进行反抗。1335年成为穆罕默德·宾·图格鲁克统治的分水岭。1335年以前，苏丹国相对来说是和平、稳定、繁荣的，虽然也有叛乱，但不过是偶发事件。而1335年以后，全国各地纷纷爆发暴动。征伐、迁都和货币改革失败造成的国家财政入不敷出、赋税加重、旱灾和饥荒，以及苏丹为应对叛乱而变本加厉地实施的高压政策，都使得人民怨声载道，纷纷揭竿而起。1335年到1351年间，苏丹国共发生了15次叛乱。1334年到1335年间，苏丹国最南端的马巴尔①省王公赛义德·哈桑率先发动了叛乱。德里派去收复马巴尔的军队被赛义德·哈桑策反，留在了那里。苏丹穆罕默德·宾·图格鲁克本打算御驾亲征，平定叛乱。但因道拉塔巴德民众不满赋税加重、德里和马尔瓦发生严重的饥荒、特林加纳又爆发霍乱，苏丹不得不放弃远征马巴尔的计划。赛义德·哈桑宣布马巴尔独立。在特林加纳、安得拉、克里希纳河和通加巴德腊河以南的印度教徒发起了独立运动，旨在将这个地区从穆斯林的统治下解放出来。独立运动最先在卡帕亚·纳亚卡的领导下开始，后来又由克里希纳·纳亚卡领导继续。他们联合了南方75个酋长，赶走了穆斯林管理者。苏丹任命的坎皮利总督和副总督哈里哈拉和布卡兄弟二人放弃伊斯兰教，重新皈依印度教，并于1336年在通加巴德腊河畔的毗阇耶那伽罗自立为王。1338年，孟加拉宣告独立。此外，苏丹国的其他地区也相继爆发了叛乱。

1351年，苏丹穆罕默德·宾·图格鲁克在信德平乱的途中因感染热病去世。穆罕默德·宾·图格鲁克在位期间曾把苏丹国的疆域扩张到了最远的边界。他可能算不上是一位伟大的君主，但他的才智和博学却为世人所称道。他精通逻辑学、天文学、数学、哲学和医学，还是一位优秀的书法家。他还能创作优美的波斯语散文和诗歌。他的私生活十分严谨，没有沾染丝毫恶习。他对待穷人、寡妇和孤儿都十分慷慨，经常给他们施舍财物。在宗教方面，他奉行开明的政策，他本人是一位虔诚的穆斯林，但也

---

①今印度科罗曼德尔。

时常与印度教和耆那教的学者们来往。

穆罕默德·宾·图格鲁克死后，群龙无首的军队陷入了一片混乱的状态。苏丹军营中的军官和乌里玛推选穆罕默德·宾·图格鲁克的堂弟菲鲁兹继承王位。1351年，苏丹菲鲁兹在德里正式即位。执政初期，为了缓和人民和政府间的尖锐矛盾，菲鲁兹实施了一系列仁慈、宽容的政策。他减免了一切苛捐杂税，重新制定了土地税的额度。他不仅免除了前任苏丹穆罕默德·宾·图格鲁克借给农民的钱款，还额外拨款以周济穷人。前朝被处死者后嗣也都得到了补偿。这些措施成功地达到了安抚人民的目的，使得因战乱、旱灾和饥荒而苦不堪言的人民得到了休养生息的机会，生产力也大有提高，物价趋稳，国家经济得到了恢复。

1353年开始，苏丹菲鲁兹率领大军先后征服了孟加拉、奥里萨、坎格拉和信德，使这些地区再次承认苏丹国的宗主国地位，并每年向苏丹国纳贡。菲鲁兹并没有继续征服已经脱离苏丹国掌控的南印度大部分地区。与一味注重扩张疆土相比，苏丹更加务实，专心稳固对现有地区的统治、建设和平繁荣的国家。菲鲁兹是一位宽厚仁慈的君主。在他执政期间，兴办大学、医院等公共事业；制定了覆盖范围广泛的济贫制度；兴修水坝、挖凿运河以满足农业灌溉和用水需求。政权稳固后，苏丹菲鲁兹开始采取严苛的宗教政策，他不但迫害印度教徒，认为他们把淳朴的穆斯林引入歧途，还限制伊斯兰教中非正统派的传教活动。在苏丹菲鲁兹执政的最后几年，因年纪老迈，他已无力继续掌管国家事务了，朝廷腐败日益严重，国力衰微，图格鲁克王朝逐渐势衰。

1388年苏丹菲鲁兹去世后，国家陷入了无休止的混乱内战之中，他的子孙为了争夺王位相互厮杀。图格鲁克王朝末期的内战一直延续到1412年最后一位苏丹去世为止。在这二十余年中，战乱不断，王位六易其主。官员和贵族利用王子们作为傀儡，相互倾轧，都想要建立自己的霸权。内战进一步加速了王朝的灭亡。

图格鲁克王朝内战正酣之时，帖木儿也开始对次大陆虎视眈眈。帖木儿出身于蒙古巴鲁剌思氏部落，其祖先曾经做过察哈台汗国的大臣，父亲死后，他继承父业成为一名封建城主。帖木儿是突厥化蒙古人，信仰伊斯兰教。1369年，帖木儿建立了帖木儿帝国，他统治的疆域极其辽阔，包括河外地、阿富汗、波斯、叙利亚及小亚细亚的大部分地区在内的广大地区。他在兴都库什山以北建立了自己的统治后，便开始将注意力转向南方，而当时图格鲁克王朝连续不断的内战正好给了他可乘之机。1397年11月，由帖木儿的孙子、阿富汗总督皮尔·穆罕默德指挥的3万骑兵渡过了印度河，攻占了乌奇和木尔坦。次年，帖木儿亲率92000骑兵渡过印度河，与皮尔·穆罕默德的先锋队会合。两军胜利会师后继续向前推进，帖木儿大军所到之处，战无不胜，攻无不克，最终渡过朱木拿河，在德里附近扎营。图格鲁克王朝最后一任苏丹马茂德率军抵抗帖木儿对德里的进攻，无奈两军实力悬殊，最终苏丹战败逃亡。帖木儿入城之初曾宣布大赦，不过几天后，随着几名帖木儿的士兵在城中被杀，他的态度也发生了巨大转变。帖木儿下令屠城，短短几日，德里城内就被洗劫一空，奋起反抗的人民也多被杀死，曾经辉煌的穆斯林文化中心毁于这场兵祸。洗劫德里后，帖木儿取道北路回朝，途中他也遇到了几次抵抗，但都被其打败。帖木儿在归途中还征服了查谟。

帖木儿的入侵，使得本已风雨飘摇的图格鲁克王朝从此一蹶不振。许多地区借此机会纷纷宣布独立，到了图格鲁克王朝统治末期，其实际控制的地区就仅限于德里及其周边地区了。1412年，苏丹马茂德去世，道拉特·汗受贵族拥立成为新苏丹。两年后，帖木儿任命的木尔坦、拉合尔和迪帕尔普尔总督希兹尔·汗出兵攻打德里，推翻了图格鲁克王朝的统治，建立了赛义德王朝。至此，德里苏丹国时期统治时间最长的一个王朝——图格鲁克王朝（1320—1414）在历经了九任苏丹的统治后最终宣告灭亡。

赛义德王朝（1414-1450）

赛义德王朝的缔造者、首任苏丹希兹尔·汗自称是先知穆罕默德的后裔，但实际上，他的先祖是早期定居印度的阿拉伯人。帖木儿入侵次大陆时，他投靠了帖木儿并被任命为木尔坦、拉合尔和迪帕尔普尔的总督。1414年，他凭借强大的军事力量战胜了图格鲁克王朝的道拉特·汗，建立了赛义德王朝。虽然希兹尔·汗实际上已经成为一名独立自主的统治者，但在他在位期间始终没有自称苏丹，而是以帖木儿和他的继承者沙·鲁克的名义进行统治，并向帖木儿帝国进贡。希兹尔·汗统治期间，苏丹国的范围仅限于信德、旁遮普和恒河上游地区。在苏丹国的周围，还兴起了许多独立的国家。包括拉其普特的印度教诸国、古吉拉特和马尔瓦的穆斯林诸国、南方的巴曼和毗阇耶那伽罗诸国和东方的冈德瓦纳、奥里萨、孟加拉和江普尔等。此时的希兹尔·汗已无力恢复德里苏丹国以前的辽阔疆域了，面对稍远些的独立国家，他也只能鞭长莫及。因此，德里周边的独立小王公就成为他征伐的主要目标。希兹尔·汗在一次远征途中染病，于1421年在回德里的路上去世。在他统治期间，赛义德王朝的统治经过数次征战也仅仅是维持在了德里周围大约二百英里以内的范围内。

希兹尔·汗死后他的儿子穆巴拉克继承了王位。在他统治期间，赛义德王朝发生了一系列的叛乱。为了镇压叛乱，他身先士卒，与反叛者进行了英勇的战斗。1434年2月19日，当穆巴拉克进入朱木拿河畔新建的穆巴拉卡巴德城内的清真寺做主麻日祷告时，被首相所派来的刺客刺杀。在穆巴拉克统治期间，他采用了苏丹的称号。虽然他没能在继承父业的基础上扩张赛义德王朝的领土，但他卓有成效地平定了国内的叛乱、维护了自己统治的权威，并对旁遮普和恒河上游地区实施了有效的管辖。

穆巴拉克去世后由他的侄子穆罕默德·沙继承苏丹之位。新苏丹继位后面对权臣间的权力斗争无计可施，赛义德王朝的政务趋于混乱，各地叛乱蜂起。借此机会，马尔瓦的马茂德·哈拉吉靠着一些朝廷重臣的内应向德里发起了进攻。苏丹穆罕默德无力抵抗，不得不向锡尔欣德（萨尔欣德）的王公布卢勒·洛蒂求援。挫败了哈拉吉的布卢勒·洛蒂，获得了苏丹穆罕默德的大力嘉奖，但他却拥有更大的野心，想要取代穆罕默德自立为王。1443年，他举兵向德里进攻，但却没能成功。失败后的布卢勒·洛蒂不得不退回锡尔欣德（萨尔欣德）。布卢勒·洛蒂进攻德里失败后不久，苏丹穆罕默德就去世了。他的儿子阿拉丁·阿拉姆继承了王位。此时，德里苏丹国的领土已经缩小到了由德里到帕拉姆之间的十英里范围之内。旁遮普则完全被布卢勒·洛蒂掌握在了手中。1447年，他再次尝试攻打德里。虽然这次也是以失败告终，但是面对洛蒂人的威胁，懦弱无能的苏丹阿拉姆惊慌失措，不得不将德里托付给首相哈米德·汗，自己则迁往巴达翁避难。面对国内接连不断的动乱，首相哈米德·汗向布卢勒求援，要求他指挥军队、稳定大局。后来，野心勃勃的布卢勒·洛蒂除掉了首相哈米德·汗，于1451年在德里自立为苏丹。赛义德王朝的最后一任苏丹阿拉姆获得了特别许可，得以保留巴达翁直至1478年去世。

洛蒂王朝（1451—1526）

洛蒂王朝的第一任苏丹布卢勒·洛蒂属于阿富汗的洛蒂部落。阿富汗人或是为了谋生，或是为了寻找新的牧场，或是为了经商，自很久以前就开始向印度河平原迁徙。布卢勒·洛蒂的祖父就是在苏丹菲鲁兹·沙统治之初来到木尔坦定居的。布卢勒·洛蒂的父亲在帖木儿任命的木尔坦总督、赛义德王朝的缔造者希兹尔·汗的手下任职期间表现出色，得到了希兹尔·汗的赏识，被封为锡尔欣德（萨尔欣德）的总督，这成为洛蒂人兴起的开端。布卢勒·洛蒂幼年丧父，由伯父抚养成人，并在他死后继承了锡尔欣德（萨尔欣德）总督的职位。布卢勒·洛蒂是个富有野心的人，他在成为锡尔欣德（萨尔欣德）总督后便开始逐步扩大自己的权力，控制了整个旁遮普地区。当时的赛义德王朝统治者软弱无能，布卢勒有心取而代之，并最终于1451年入主德里，建立了洛蒂王朝。这也是阿富汗统治者第一次登上德里的王位。

布卢勒执政伊始，他的统治范围仅限于从德里到拉合尔的这片地区。当时阿富汗人部族间的纷争和来自赛义德王朝继承人沙尔基人的挑战都威胁着洛蒂王朝政权的稳定。面对混乱的形势，布卢勒并没有退缩。他先是挫败了沙尔基人对德里的进攻，后又征服江普尔并占领了江普尔四周的土地，将洛蒂王朝的疆域拓展到了恒河中游地区。为了对付不满阿富汗人统治的突厥贵族，布卢勒鼓励阿富汗人向印度迁居，并重用阿富汗贵族。据说他在接见阿富汗贵族时，并不是高高在上地端坐王位，而是和他们平起平坐，同坐一张地毯。布卢勒这般以礼相待自然获得了阿富汗贵族的大力支持。

1486年至1487年，布卢勒对瓜廖尔的罗阁进行了一次远征，强迫其向洛蒂王朝称臣纳贡。在完成征服返回德里的途中，苏丹布卢勒不幸身染重病，并于1489年去世。同年，布卢勒·洛蒂指定的继承人、他的次子尼扎姆继位，称号苏丹斯坎德尔·洛蒂。斯坎德尔·洛蒂登上王位之后立即着手制服了曾与其争夺王位的兄弟，之后又平定了拉其普特柴明达尔[①]们的叛乱。面对桀骜不驯、扰乱朝纲的阿富汗贵族们，他一改其父一味讨好的政策，对他们的权力严加限制，防止过分膨胀，并在阿富汗贵族中间重树君主的权威，对不遵从王命的贵族予以严惩。斯坎德尔·洛蒂在位期间完成了对江普尔和比哈尔的征服，扩大了苏丹国的疆域。他是一位勤政的君主，对阿富汗人和各行政部门都予以严密的监视，以保证政权的稳固。他还经常向地方官吏发布诏谕，对他们做出详尽的指示。斯坎德尔·洛蒂还积极鼓励农业、工业和商业的发展，这三者在他的整个统治时期都很发达。自帖木儿入侵次大陆以来，苏丹国在他的治下第一次出现了一个和平和繁荣的时代。

　　斯坎德尔去世后，他的长子易卜拉欣于1517年在阿格拉继位。为避免日后诸王子因王位问题产生纷争，阿富汗贵族们决定让易卜拉欣与他的兄弟贾拉勒平分王权，各治一方，以保障贵族利益不受损害。经决议，易卜拉欣统治德里和阿格拉，以原江普尔王国为界；他的兄弟贾拉勒则获得了江普尔的统治权。一开始易卜拉欣同意了这样的分配方案，但在他继位后不久便又反悔了。他先是将其他的兄弟逮捕入狱，以免旁生枝节。之后，又率大军前去讨伐贾拉勒。贾拉勒为了避免与易卜拉欣正面交战，跑到了瓜廖尔的罗阁处避难。不料罗阁为了讨好易卜拉欣，把前去避难的贾拉勒交给了他。最终，贾拉勒在押送监狱的途中被杀。贾拉勒事件及之后发生的诸多事件，引发了苏丹易卜拉欣与阿富汗贵族间的猜忌和不满。苏丹开始采取严酷的手段对付阿富汗贵族。这些专横的行为激起了大部分贵族的反抗，他们于1519年开始公开叛乱。但很快所有造反者就都被苏丹的

[①] 柴明达尔，波斯语，意为"土地所有者"，穆斯林进入印度后，征服者在某些地区让承认苏丹政权并同意纳贡的封建主保有领地，称之为柴明达尔。

军队击败了。这一胜利使得苏丹更有底气去对付阿富汗贵族们，他加强了惩办措施。这些针对阿富汗贵族的专政措施，使得贵族们提心吊胆，人人自危。为求自保，旁遮普总督道拉特·汗派他的儿子前往喀布尔，请求巴布尔的援助，以推翻洛蒂王朝的统治，与此同时，道拉特·汗的叔父阿拉姆·汗也到达了喀布尔向巴布尔求援。

巴布尔早已有了征服次大陆的打算，1518年至1520年，他对次大陆进行了三次试探性的入侵，但都没有深入。阿富汗人的内部分裂正给了他可乘之机。1524年，他率领一支军队攻打拉合尔，击败了易卜拉欣·洛蒂的军队，占领了拉合尔。之后，巴布尔与阿拉姆·汗达成协议，协助阿拉姆·汗登上德里的王位，作为交换，巴布尔将享有对旁遮普的统治。但是，道拉特·汗和阿拉姆·汗的三四万阿富汗人大军在攻打德里时却被易卜拉欣的军队挫败了。这次失败使得巴布尔意识到，依靠这些失意的阿富汗贵族并不能完成对次大陆的征服。于是，1525年，巴布尔率领了一支12000人的军队由喀布尔出发，渡过印度河，轻而易举地占领了旁遮普。接着，巴布尔继续向德里进发，易卜拉欣率军前往迎战。1526年4月，两军在帕尼帕特相遇并展开激战，因实力悬殊，洛蒂军队全军覆没，易卜拉欣也战死沙场。巴布尔夺取德里，取得了辉煌的胜利，并在印度建立了莫卧儿王朝。至此，随着历经三任苏丹、统治了75年的洛蒂王朝的覆灭，统治印度长达三个多世纪的德里苏丹国也宣告灭亡。

易卜拉欣是一位宽厚仁慈的君主，在他的治下，全国各地出现了一片欣欣向荣的繁华景象。但他对待阿富汗贵族的残酷、不公正的政策引发了国内的混乱，给了莫卧儿人以可乘之机。

德里苏丹国的政治体制

按照伊斯兰教传统，伊斯兰国家应实行政教合一的神权政体。伊斯兰世界的最高领袖是哈里发，各国苏丹作为哈里发的代表对该国进行统治。伊斯兰国家建国的宗旨在于政治统治和传播伊斯兰教，其治国依据是《古兰经》，司法的最高准则是沙里阿，即伊斯兰教法。

德里苏丹国奉伊斯兰教为国教，是伊斯兰教国家，因此其政治体制中自然带有伊斯兰国家的特点。但德里苏丹国的历代穆斯林统治者都出身于不同的民族和国家，波斯文化对他们有极深的影响。德里苏丹国所统治的地区也并不是单一的穆斯林民族地区，而是一个非穆斯林居民占人口多数，且有着自己深厚的文化和历史传统的地区。忽视统治者和被统治地区的特点、完全按照伊斯兰教传统建立统治是不切实际的。因此，德里苏丹国的政治体制和其他各种制度是带有印度特色的伊斯兰教体制，是一种以突厥和波斯因素为主，又吸收了印度原有的因素的混合体。

苏丹是德里苏丹国事实上的最高统治者，但苏丹在名义上仍旧向哈里发宣誓效忠，以哈里发在印度统治的代表自居。但这种对哈里发的效忠仅是"名义上的"，目的是使自己的统治具有合法性。苏丹掌握着国家的最高行政、立法、司法和军事权力。这些权力与以前的印度君主所掌握的权力的区别仅在于立法权。按照伊斯兰教的理论，王权会受到乌里玛的限制。因为伊斯兰教国家立法需遵照沙里阿，而沙里阿的解释权在乌里玛手中，乌里玛所作出的解释，即便是苏丹也要遵从。但德里苏丹国时期，大多数强力的苏丹都将对沙里阿的解释权掌握在自己手中，并根据维护统治的需要自行颁布法令。

苏丹依靠官僚、司法、军队、贵族和乌里玛对国家进行有效的治理。

苏丹本人自穆斯林贵族中挑选出大臣以辅佐自己处理国务。按照苏丹国的行政区划，国内设有省、县、税区，村则是最基层的单位。各省的省督由苏丹亲自任命，省内所设的各个部门由中央的相应部门管理，官员则由朝廷任命。县以上级别的官员为穆斯林贵族垄断。由于税收需要依靠印度原有的税收机构和人员，因此税区官员多为印度教徒。

在德里苏丹国的司法体系中，苏丹是最高权威。苏丹国中央设有审判庭，可审理民事和刑事诉讼；设有申诉庭，负责审理控告官员的案件；还设有惩戒庭，专门负责处理谋反案件。法庭判案的主要依据是沙里阿和苏丹颁布的法令。

军队是维护国家统治所必需的暴力机关。德里苏丹国时期始终保持着一支数量庞大的军队。军中有骑兵、象兵、使用火器的工兵团和步兵。军人既有穆斯林也有印度教徒。苏丹自然是全国军队的最高统帅，战时由其亲自率兵或任命统帅。德里苏丹国时期各个王朝的军事组织有所不同。

贵族集团在德里苏丹国时期始终发挥着重要的作用，高级官员和军官在广义上都被包括在这个集团之内。贵族集团的权势不容小觑，例如奴隶王朝时期，为了自身利益不断更换傀儡苏丹的"四十人集团"；还有洛蒂王朝时期权倾朝野的阿富汗贵族。

乌里玛是宗教的维护者和宗教法实施的监督者。在以伊斯兰教立国的德里苏丹国，这也是一股不可忽视的力量。虽然苏丹并不愿被乌里玛限制，但有时也需要乌里玛帮助稳固政权。按照伊斯兰教传统，在苏丹继承人的选定上乌里玛也有一定的分量，但有些强有力的苏丹会摒弃伊斯兰传统直接指定自己的接班人。而有些苏丹势弱时，则由贵族和乌里玛推举出能代表自己利益的继承人。

德里苏丹国时期的经济发展

穆斯林统治者对印度次大陆最初的征服给这片土地带来了深重的灾难，破坏了当地的社会经济发展。但当他们在这里建立政权、稳固统治后，自然而然地要开始发展经济，以保证国家机器的正常运转。

德里苏丹国时期各个王朝的苏丹都十分重视农业的发展。奴隶王朝的缔造者艾伯克就曾要求他的省督们扩大耕地面积、增加生产、促进经济发展。在奴隶王朝和哈尔吉王朝时期，朝廷还兴修了一系列水利工程以保障农业灌溉用水。图格鲁克王朝时期的苏丹们通过下令开垦荒地、改善农业生产条件、挖建水渠和提倡种植高产作物等措施来鼓励农业发展。菲鲁兹·图格鲁克统治期间，曾开凿了5条运河从朱木拿河和萨特累季河等河流引水。这些运河为大片农田提供了充沛水源，提高了农业产量。他还修建了小水坝、蓄水池、水井等众多水利设施。苏丹重视农业的政策也鼓舞了民间兴修水利和改善农业条件的热情。同时，伴随着农业生产工具的改进，农业生产效率也得到了提高。此外，德里苏丹国时期胡椒、生姜、甘蔗、葡萄等经济作物的种植面积也有所增长。

除农业外，德里苏丹国时期对手工业、商业的发展也都实行鼓励政策。为便利商业运转，奴隶王朝苏丹伊勒图特米什采用纯粹的阿拉伯币制，发行了现代货币卢比的前身银"坦卡"。这一时期还兴起了一批新的城市，德里是最重要、最繁华的商业中心。摩洛哥旅行家伊本·巴图塔曾于14世纪初来到德里。他形容德里为穆斯林世界东方部分最富丽堂皇的城市，这里住着最富裕的商人，有大量的官营手工工场，全国各地的产品在这里都可以买到。这一时期的外贸也有所发展，但主要是海路贸易。

德里苏丹国时期农业、手工业和商业虽然都取得了一定的发展，但持续不断的战乱和愈加沉重的赋税也给经济带来了较大程度的破坏，许多刚刚取得的成果都在随后而来的战乱中消失殆尽。

德里苏丹国时期伊斯兰教的发展

传播伊斯兰教是伊斯兰教国家的建国宗旨，作为以伊斯兰教为国教的德里苏丹国自然也不例外。这一时期的各位苏丹基本上都对非穆斯林采取一种歧视性的宗教政策。例如除妇女、儿童、婆罗门以及担任国家公职的非穆斯林外，其他人都需要缴纳人头税，作为得到国家承认和保护的条件。在土地税、工商税等方面，对于穆斯林和非穆斯林也进行区别对待。非穆斯林如果想要免除人头税和获得其他税收优惠，唯一的办法就是改宗伊斯兰教，而改宗也是担任中、高级官员的必要条件。德里苏丹国时期的土地制度也对穆斯林有很大的倾斜，苏丹们利用各种形式把土地赐给了穆斯林的上层，原来印度教君主的领土直接成了苏丹领有的土地；印度教官吏的食邑被没收转封给了伊斯兰教官吏；原来印度教庙宇的土地也有很大一部分被转赐给了清真寺，这样全国大部分土地就都掌握在了穆斯林封建主的手中。印度教庙宇的修建在德里苏丹国时期也受到了限制。穆斯林征服者到来之初，许多印度教庙宇都被劫掠一空并被改建为清真寺。苏丹国的统治稳定后，拆除印度教庙宇的行为开始逐渐减少，但统治者规定禁止在有清真寺的地方修建印度教庙宇。印度教徒不能在公共场合举行宗教仪式，只能在现有的庙宇和自己家中进行。

这些歧视性的宗教政策，使得一些非穆斯林不得不改宗伊斯兰教。还有些印度教的低种姓受到伊斯兰教主张安拉面前一律平等的理论吸引，为摆脱种姓的压迫而改宗伊斯兰教。这种平等的理论也为大批佛教徒所接受。佛教衰落后,他们也都转而皈依伊斯兰教。还有些印度教上层为了保住自己的地位和利益而选择改宗伊斯兰教,并且希望通过改宗进入穆斯林上层的圈子。不过与外来的穆斯林相比,这些改宗后的印度穆斯林始终不能进入顶层。与次大陆的其他地区相比,信德、旁遮普和孟加拉改宗的人数较多。这三个地方也是后来次大陆印度穆斯林人口最为密集的地区和构成独立之初的巴基斯坦的主要地区。

德里苏丹国时期,伊斯兰教的苏菲派也取得了一定程度的发展。苏菲派随着穆罕默德·古尔对北印度的征服一起传入了次大陆地区。

苏菲派产生于7世纪末的阿拉伯帝国,被视为伊斯兰教正统派的异端,主要流行于下层人民之中。关于苏菲派名称的由来,现有两种说法。一种认为"苏菲"一词出自阿拉伯语"suf",该词的词意是"羊毛"。由于苏菲派信徒都身穿粗羊毛衫,以示简朴,所以人们将他们称为"苏菲派"。另一种说法认为"苏菲"一词来源于阿拉伯语"safaa",这个词的意思是"洁净"。苏菲派信徒主张通过各种活动来净化自己的灵魂和行为,以保持心灵、道德和外在的洁净,因此得名"苏菲派"。

苏菲派主张真主创造了万物,万物皆是真主的一部分。强调对真主的崇敬在于内心信仰而非外部形式。苏菲派还奉行禁欲、守贫的原则,认为欲望是人类的敌人,只有克制欲望才能达到神人一体的境界。苏菲派还主张虔信真主需要师尊[①]的指导和帮助,并认为音乐可以在宗教活动中激发信众的爱心。苏菲派的教义中也有一些神秘主义的信条,这种神秘主义思想的产生和发展受到了《古兰经》本身的神秘性和一些隐晦暗喻的经文影响。伴随着穆斯林的对外扩张,苏菲派也开始传入了不同的地区,并受到了当地思想意识形态的影响。在进入印度后,苏菲派也受到了印度教和佛教的很大影响。例如在修行方式上吸收了瑜伽的因素,但不主张去森林中修行,而是主张在城市附近或是乡村集体活动,影响和教导下层群众。苏菲派还在印度建立了一些教团,每个教团都由一名谢赫主持。德里苏丹国的统治者们大都属于伊斯兰教的逊尼派,苏菲派对苏丹们的一些政策持批

---

① 称为皮尔或谢赫

判态度，对于乌里玛也持反对态度，认为他们屈于世俗诱惑，非但不批判苏丹违背教旨的行为，还为他们做出辩解。因此苏菲派一直远离当政者，专心在下层群众中传教，并主张宗教宽容，与印度教徒友好相处。它强调宽容、普爱众生和真主面前人人平等的教义及活动特点易于被印度教徒，尤其是印度教低种姓和贱民所接受，在客观上促进了印度教徒的改宗，这些都是久居社会上层的乌里玛所起不到的作用。正因如此，德里苏丹国时期的苏丹和贵族们大都对苏菲派的活动持默许态度，有些甚至还给予他们支持，给他们册封土地、捐赠经费。习惯接受来自上层的捐助后，有些苏菲教团的思想也就逐渐发生了变化，不再赞成禁欲主义，也不再认为拥有财富和与上层来往会阻碍修行，甚至有些人还接受了政府指派的职务。不过这些变化仅产生于小范围内，苏菲派整体上仍旧保持着与上层间的距离。

德里苏丹国时期，伊斯兰教在次大陆取得了进一步发展，日益增多的本地改宗者也将其原本的思想意识形态、生活习惯和风俗等元素带入了伊斯兰教。吸收了本地改宗者的伊斯兰教中的阶级、等级制度被更加强化了。本地改宗者中，只有少数原来的上层能够进入贵族圈子，但也不过是二等角色。而改宗的下层人民，仍然无法享有社会、经济权利和地位。虽然伊斯兰教主张平等，但低种姓改宗者仍会受到歧视，种姓的桎梏仍然无法摆脱。虽然改宗的趋势日益增强，但对于苏丹和乌里玛们来说，将次大陆完全伊斯兰化似乎也是不可能的任务。

德里苏丹国时期的文化发展

德里苏丹国的穆斯林统治者们虽然在建立统治之初对印度本土文化造成了极大的冲击与破坏，但他们同时也将伊斯兰文化带入了次大陆，使之与次大陆的本土文化相融合，创造出了独具特色的印度伊斯兰文化。

语言文学

德里苏丹国的统治者们几乎都是受波斯文化影响的突厥人，在其征服次大陆建立政权后，波斯语自然而然地成为官方语言，也成为社会地位的一种象征，专门为统治阶级所用，印度本土的居民对这种语言则是一无所知。波斯语传入的同时也带来了波斯文学，并影响到了印度文学的发展。诗歌成为印度波斯语文学最早的表现形式，专门用来歌颂帝王和统治阶级的颂诗和叙事诗取得了最显著的发展，其艺术水平也最为高超。许多印度古代文献也都被译成了波斯语，丰富了印度波斯语文学的内容。德里苏丹国时期曾涌现出一批优秀的诗人和文学家，其中最耀眼的一颗明星则非阿米尔·霍斯陆莫属了。阿米尔·霍斯陆是德里苏丹国时期杰出的诗人、音乐家、语言学家、史学家，也是苏菲派门人和宫廷御用文人。从奴隶王朝的苏丹巴勒班时代起，他连续在六代苏丹的宫廷中担任了显要的职位。阿米尔·霍斯陆所作的颂诗使得他一举成名，他的律诗也是波斯语文学中的精华之一。阿米尔·霍斯陆诗中所描写的许多事件多为其亲眼所见，是当时历史的见证，也是印度史乃至巴基斯坦史上难得的真实写照。他的《图格鲁克故事》被穆斯林称为诗化的历史著作；以奴隶王朝苏丹凯库巴德与其父布格拉汗在萨尔珠河畔相会为题创作的著名诗篇《双星相会》，既记录了这一真实的历史事件，又反映出了当时德里的面貌和居民的生活。阿米尔·霍斯陆的朋友阿米尔·哈桑·西杰齐也是当时的重要诗人之一，他所著的《尼扎姆-乌德·丁·奥利亚的桌边谈话》也被认为是这个时期的一部经典著作。谢赫·齐亚乌丁·纳赫沙比则擅长创作简练流畅的散文，他根据印度古代文学著作《鹦鹉故事七十则》创作的《鹦鹉书》和《旅途》也是两部名著。

德里苏丹国时期，除印度波斯语文学外，乌尔都语文学也在萌芽后不断地茁壮成长。

乌尔都语是今天巴基斯坦的国语。乌尔都语作为一种独立的语言体系，大约形成于12世纪前后，是当时穆斯林入侵次大陆的产物。自11世纪初，来自中亚的突厥人就开始了对次大陆的征服。这些征服者们由于来自不同的部落，因而其语言也不尽相同，有的说波斯语，有的讲突厥语，还有些使用普什图语。而当时的印度次大陆上，不同地区的居民也都在使用各自的方言。语言的差异成为征服者与被征服者间沟通交流的巨大障碍。随突厥征服者一起来到次大陆的苏菲和商人们在传教和经商的过程中也为语言障碍所苦，他们尝试在自己的母语中夹杂一些当地的语言词汇来与当地人进行交流。但这样的交流对双方来说都十分困难。于是，为了能够顺利交流，他们开始学习以旁遮普五河流域和印度平原流行的克利方言为主的当地方言。印度当地人也在同外来穆斯林的接触过程中开始学习和接受穆斯林征服者的语言。随着时间的推移，征服者和被征服者开始逐渐融合，并产生了乌尔都语这种新的语言。"乌尔都语"一次来源于古突厥语，意为"军队"或"兵营"。这种新的语言在当时主要用于穆斯林征服者的军中，因而得名。1206年，突厥人在次大陆建立了德里苏丹国，乌尔都语也就随着穆斯林政权的建立和印度本土文化与外来的伊斯兰文化的融合而逐渐发展起来。

乌尔都语文学最早的创作群体是苏菲派门人。由于传教需要，苏菲们在印度各地一边通过波斯语诗歌表达其神秘主义思想和传播伊斯兰教，一边学习各地方言，并开始积极尝试使用印度本土方言进行诗歌创作。例如著名的契什提教团苏菲大师法利德丁·甘吉·谢格尔（1173-1266年）创作的波斯语诗歌中就掺杂有印度地方词汇。除了创作诗歌外，这一时期的苏菲们还使用波斯语和印度地方语相互掺杂的"混合语"撰写了一些宣传宗教的小册子。这些小册子多为宣传"神爱"、"神智"和"与主合一"等神秘教义。这些在今天看来不值一提的小册子使得地方语言在当时波斯语一枝独秀的文坛有了一席之地。

德里苏丹国时期的著名波斯语宫廷诗人阿米尔·霍斯陆也能够使用"混合语"创作诗歌，他也是早期乌尔都语文学创作的先锋。阿米尔·霍斯陆是苏菲派门人，他尝试使用半波斯语半乌尔都语的"混合语"按照波斯语诗歌的韵律创作的神秘主义诗歌被称为"莱赫达"，这种诗歌形式也被视为是最早的乌尔都语诗歌，阿米尔·霍斯陆也因此享有"乌尔都语文学之父"的美誉。阿米尔·霍斯陆使用"莱赫达"体裁创作出了许多叙事诗、颂诗、抒情诗、谜语、双行诗和歌谣等。"莱赫达"后来受到了广泛的认可和接受，并为印度诗歌创作带来了新的趋势。

大约在图格鲁克王朝中期开始，乌尔都语文学进入了发展期。巴基斯坦著名乌尔都语文学批评家瓦希德·古莱西把这一时期划定在1351年至

1590年间。他认为"这时期是乌尔都语宗教文学时期,这期间出现的很多宗教小册子和诗歌,目的都是为了宣传宗教和神秘主义"。[①]这一时期的诗歌所使用的语言也是乌尔都语最初的形式——"混合语",其诗体和韵律来自波斯语诗歌。苏菲主要借用民间流传的爱情故事,来抒发对真主的爱。诗歌的体裁除叙事诗、颂诗、抒情诗外,还逐渐吸收了印度各地方言的体裁。除诗歌外,苏菲们还撰写了许多散文作品,主要是宗教宣传小册子、神秘主义著作和苏菲大师的言论集。其中,名为阿什拉夫·杰罕吉尔·萨姆纳尼的苏菲,在1308年写作的一本宗教小册子被认为是乌尔都语最早的散文作品。

建筑艺术

由于伊斯兰教禁止偶像崇拜,所以在伊斯兰艺术中并没有肖像画和塑像门类,而建筑艺术则被认为是伊斯兰艺术的主要形式之一。穆斯林入侵次大陆并建立政权的同时,也将带有伊斯兰风格的多种建筑形式带入了这里。

德里苏丹国时期的建筑艺术曾一度繁荣,但由于频繁的王朝更迭和接连不断的战事,仅有一部分建筑艺术作品得以保存至今。这些建筑艺术作品主要是清真寺和陵寝。此外,印度伊斯兰建筑还包括城堡和宫殿,但这些建筑都没能得到很好的保护,随着时间推移和世事变化大多都已经土崩瓦解。印度伊斯兰建筑的材料多采用红色砂岩和白色大理石。外来的穆斯林带来了中亚穹窿式的建筑形式,在其发展的过程中,又逐渐吸收了印度原有建筑的某些艺术形式,形成了独具特色的印度伊斯兰建筑风格。

穆罕默德·古尔的悍将、德里苏丹国奴隶王朝的首任苏丹顾突卜丁·艾伯克在攻下德里的那一年,也就是1193年,命人在德里的郊区修建一座大清真寺以纪念伊斯兰教在德里取得的具有决定性意义的重大胜利。由于时间紧迫,来不及聘请擅长中亚穹窿式建筑的伊朗建筑师,因此这座

[①]《乌尔都语文学》,第11页,载于《巴基斯坦文学》,[巴基斯坦]瓦希德·古莱西著,1992年。

清真寺的修建是由当地信奉印度教的建筑师负责完成的。为了修建这座清真寺，顾突卜丁·艾伯克还命人拆除了这里的27座印度教和耆那教庙宇，并在其中一座规模最为宏大的印度教神庙的基础上修建了名为"伊斯兰威力"的清真寺。清真寺所用材料也都因便利的关系直接取自被拆毁的异教庙宇。在这座气势恢宏的清真寺的西南角，顾突卜丁·艾伯克还命人修建了一座宣礼塔。顾突卜丁·艾伯克在世时，这座宣礼塔仅修建完成了第一层，他的继任者苏丹伊勒图特米什继续修筑了二至四层。1370年，顾突卜塔的第四层毁于雷击。后来，图格鲁克王朝的苏丹菲鲁兹·图格鲁克修复了这座宣礼塔，并在原有的基础上加盖了一层。因此，今天的顾突卜塔才呈现出了下三层外壁为红砂石贴面，上两层则为白色大理石贴面的样子。这座宣礼塔的塔身由下到上逐渐变细，外观依照伊朗宣礼塔的模式进行设计，在装饰上采用了印度传统建筑常用的装饰风格。顾突卜塔前后经过了数十年的时间才得以竣工，其最终高度为72.59米，是极具代表性的印度伊斯兰建筑，如今已经成为印度古城德里著名的地标性建筑。

图格鲁克王朝时期，印度伊斯兰建筑进入了一个新的阶段。这一时期的建筑带有阿富汗特征，显得庄严、大方。其中吉亚斯丁·图格鲁克的陵寝就是其中的代表。墓室的入口是拱门，上方则以穹顶覆盖。到了洛蒂王朝时期，北印度地区已经出现了25座以石材建成的大清真寺。洛蒂王朝在德里周边修建的伊斯兰陵墓，外有门廊，墓旁配有清真寺。其中拱门、圆顶、穹窿和塔等伊斯兰建筑元素一应俱全。洛蒂王朝的建筑带有厚墙壁、低穹顶的特点，这一特点在洛蒂王朝覆灭后仍在被沿用。

除德里外，德里苏丹国时期各省也都在大兴土木，建设宫殿、清真寺和陵寝，江普尔、孟加拉、马尔瓦、古吉拉特和德干出现的建筑在印度伊斯兰建筑史中占有重要的地位。这些建筑也突出了中亚伊斯兰风格，在装饰上则以印度传统的为主，至今依旧巍然耸立的阿塔拉清真寺就是这种建筑风格的典范之作。在孟加拉，由于石料的短缺，而不得不使用砖来进行建筑。建筑用材的不同也使得孟加拉的建筑产生了一些独特的形式和设计，例如倾斜的半圆形屋顶结构、用琉璃砖镶嵌的华美装饰和精工雕刻的飞檐等。

德里苏丹国时期在次大陆上兴起的建筑热潮,不仅为次大陆增添了许多伊斯兰建筑精品,也为后来莫卧儿王朝时期的伊斯兰建筑发展积累了丰富的经验、培养了大批建筑人才。

音乐

德里苏丹国时期的穆斯林统治者们也提倡音乐的发展。外来的穆斯林为次大陆带来了具有中亚、西亚特点的穆斯林音乐,这种音乐又与本土的各种音乐形式相融合,从而改变了印度音乐原来的面目,形成了印度穆斯林音乐。巴基斯坦音乐就是在印度穆斯林音乐的基础上发展起来的。

最早为次大陆居民所接受的伊斯兰音乐是清真寺里唱诵的《古兰经》、宣礼员在宣礼塔上的召唤和伊斯兰教各种活动前对真主的赞颂。随着德里苏丹国的建立,波斯音乐也开始传入次大陆。苏丹国早期的宫廷歌手主要来自波斯、突厥、阿富汗等地区。他们吟唱的大部分乐曲都是统治者熟悉的波斯乐曲。这些宫廷乐曲传入民间后,经过民间游吟诗人的广泛传播,也开始被本地人所接受。著名的诗人、音乐家阿米尔·霍斯陆则用新的曲调丰富了印度音乐。在尚未融入伊斯兰音乐的影响之前,印度音乐就是用于祈祷、敬神的场合。在伊斯兰音乐的影响下,印度音乐的形式和内容开始发生了改变。苏菲派在印度穆斯林音乐的形成过程中也做出了卓越的贡献。苏菲派认为音乐可以在宗教活动中激发信众的爱心。在巴基斯坦至今仍广为流传、深受人民喜爱的"格瓦利"就是产生于德里苏丹国时期的苏丹派修道堂内,苏菲派门人阿米尔·霍斯陆也在"格瓦利"的发展中起到了重要的作用。

第四章 莫卧儿帝国

随着德里苏丹国的最后一个王朝——洛蒂王朝的瓦解,统治次大陆三个多世纪的德里苏丹国也宣告灭亡。取而代之的是另一个突厥帝国——莫卧儿帝国。莫卧儿帝国与萨法维波斯、奥斯曼土耳其帝国一起被认为是当时伊斯兰世界的三大帝国,但莫卧儿帝国所拥有的领土和资源都远超后两者。"莫卧儿皇帝的土地和臣民只有中国明朝皇帝才可以比拟"[1]。这样一个伟大的帝国,可谓次大陆和巴基斯坦历史上一段金色的岁月。

---

[1]《新编剑桥印度史:莫卧儿帝国》,第3页,[美]约翰·F.查理兹著,王立新译,云南人民出版社,2014年。

第四章 莫卧儿帝国

第一节 莫卧儿帝国的王朝更迭

巴布尔：帝国的初创

莫卧儿王朝的开创者扎希尔·丁·穆罕默德·巴布尔是中亚著名征服者帖木儿的后裔。帖木儿所创建的庞大帝国在他死后便分崩离析了，虽然他第三子的孙子卜撒因曾将河中地区再度统一起来，但其国家的疆域始终没能扩展到帖木儿时代的伊朗西部和西亚各地。卜撒因依旧沿袭帖木儿分封疆土的传统，将国土分封给了各个儿子，卜撒因的第四子、巴布尔的父亲乌马尔·谢赫·米尔扎分得了费尔干纳。巴布尔的母亲是成吉思汗的后裔、察哈台后王优努斯·汗的次女库特卢格·尼格尔·哈努姆。

巴布尔是乌马尔的长子、帖木儿的第五代孙，他生于公元1483年2月14日，费尔干纳是他的故乡。在巴布尔的回忆录中，他将自己的故乡描绘成一处百花争艳、瓜果飘香的乐土。但巴布尔的父亲对费尔干纳的统治并不太平，他与自己的兄长、撒马尔罕的统治者苏丹·阿合马之间的战争接连不断。在巴布尔的外祖父、察哈台后王优努斯·汗的援助下，费尔干纳才不至于被苏丹·阿合马所吞并。

公元1494年6月8日，乌马尔·谢赫·米尔扎在阿黑昔城堡遇事故身亡。他死后，年仅12岁的巴布尔继位，成为费尔干纳的统治者。巴布尔继位之初，他的伯父和舅父们都曾试图攻占他的领地，将巴布尔赶下王位。但"在发生这些重大的事件时，乌尔马·谢赫·米尔扎死后留下的伯克们和战士们都紧密地团结在一起，勇于献身"[1]。再加上敌人内部的相互猜忌和巴布尔本人坚毅、勇敢的品格，使得他能够仍旧稳坐费尔干纳的王位。巴布尔的雄心远不止于此，除了费尔干纳这片领地外，他更希望

---

[1]《巴布尔回忆录》，第30页，[印度]巴布尔著，王治来译，商务印书馆，2010年。

能够成为整个河中地区的统治者。公元1496年，巴布尔首次试图攻占撒马尔罕，但未能成功。第二年5月，他重新集结了部队，自安集延出发，向撒马尔罕进攻。终于在经历了七个月之久的围攻后夺取了撒马尔罕。巴布尔还没来得享受战争胜利的果实，他手下的大伯克①就在安集延发动了叛乱，企图改立巴布尔的弟弟为新君。巴布尔不得不回师平乱，这样他也就立即失去了刚刚占领的撒马尔罕。另一边，在巴布尔的故乡费尔干纳，反叛的势力占据了上峰，直到1498年他才重新夺回了固有的领地。在夺回费尔干纳前的这段日子里，巴布尔就像是无家可归的流浪人，陷入了进退失据的局面。两年后，也就是公元1500年6月，巴布尔带领240人再次前往撒马尔罕攻城，并成功地驱逐了占据该城的乌兹别克人。但几乎同一一时间，巴布尔再次失去了他的领地费尔干纳。攻下撒马尔罕的短短八个月后，他又再次被乌兹别克首领击败，并被驱逐出撒马尔罕，又一次成为了流浪人。这次失败后，巴布尔几经辗转，逃往阿富汗，并于1504年10月占领了喀布尔和伽兹尼王国，以此作为复国的基地。为了收复故国，巴布尔不惜向波斯王称臣并信奉什叶派，以获得萨法维王朝的支持。在波斯军队的支持下，他虽曾于1511年10月占领了撒马尔罕，但他对什叶派波斯称臣的做法却引起了当地人民的反对。不得人心的巴布尔不得不撤出撒马尔罕，返回喀布尔。1514年退回喀布尔后，一直到1525年，巴布尔的主要精力都集中在了巩固他在喀布尔的统治上。收复故国已经变成了遥不可及的梦想，因此他不得不将目光转向南方，试图夺取印度，以建立新的基业。

公元1518年至1520年间，巴布尔向次大陆发起了三次进攻，并攻占了今巴基斯坦的巴焦尔、锡亚尔科特等地区。但这几次进攻都没能让巴布尔在次大陆站稳脚跟，或是由于后方不稳，或是由于外来威胁，他都不得不退回喀布尔。直到1525年，巴布尔终于等到了入主次大陆的机会。

当时次大陆正处于德里苏丹国末代王朝洛蒂王朝的统治之下。洛蒂王朝的苏丹易卜拉欣对阿富汗贵族所采取的残酷政策引起了贵族阶级的不满。当时旁遮普的总督道拉特·汗和他的叔父阿拉姆·汗为免遭苏丹迫

---

①伯克，突厥语音译，意为首领。

害，先后来到喀布尔向巴布尔求援，以推翻易卜拉欣的统治。巴布尔接受了他们的请求，挥师进入旁遮普，于1524年占领了拉合尔，不久以后又占领了迪帕尔普尔。此时，被易卜拉欣击败的道拉特·汗本想请求巴布尔恢复他总督的职位，但这一提议却遭到了巴布尔的拒绝。在巴布尔返回喀布尔后，道拉特·汗趁机占领了巴布尔分封给他的儿子迪拉瓦尔·汗和他的叔父阿拉姆·汗的土地。

1525年12月初，巴布尔第五次向次大陆发起了进攻。他亲自率领一支12000人的军队从喀布尔出发，并于同年12月渡过印度河。次年二月底，巴布尔的长子胡马雍率军击溃了洛蒂苏丹易卜拉欣的一支前锋部队，在经过同阿富汗军队的一次小战斗后，巴布尔的大军于1526年4月抵达了帕尼帕特，并在那里集合扎营。易卜拉欣率领一支约有10万人的大军前来迎战。面对敌众我寡的不利情况，巴布尔通过巧妙的排兵布阵，使得易卜拉欣不敢轻易发动进攻。两军在帕尼帕特对峙了一个多星期的时间。巴布尔不断派遣小股部队突击骚扰易卜拉欣的大军。终于，易卜拉欣被激怒了，他于4月20日清晨向巴布尔精心部署、防卫严密的军队发动了正面进攻。易卜拉欣的进攻正中了巴布尔的圈套，面对装备有大炮、火枪和弓箭的莫卧儿军队，他的军队很快就全部被击溃了。《巴布尔回忆录》中详细地描述了这次战斗的过程，他记述道"战斗进行了一上午。中午时，敌人被打败，遭到镇压，我们的朋友为之兴高采烈。感谢伟大的、至仁至慈的真主，这一艰难之事竟轻易地解决了。数量如此众多的一支军队，竟在半天之内被打垮。仅在易卜拉欣身边的一个地方，就有五六千人被杀；其他地方倒毙者的数目，我们估计，大约近一万五至一万六千人。后来，在我们到达阿格拉后，听印度居民说，在这次战役中，有四五万人被杀"[1]。苏丹易卜拉欣拒绝逃走，最终战死疆场。在帕尼帕特取得了这场具有里程碑式意义的胜利后，巴布尔开始率军向德里进发。进入德里后，巴布尔赦免了易卜拉欣·洛蒂的母亲和其他投降的阿富汗贵族，并答应供养他们。对于他的伯克、旧友、臣民、乃至军中的每一位士兵，他都给予了慷慨大方

---

[1]《巴布尔回忆录》，第466页，[印度]巴布尔著，王治来译，商务印书馆，2010年。

的赏赐,并责令伯克们去恢复法令和秩序。帕尼帕特之战中,不少骁勇善战的阿富汗贵族都战死沙场,阿富汗人的士气也就此一蹶不振,除了投降巴布尔外,另一部分阿富汗人则趁机逃亡去了次大陆东方各省。

巴布尔在德里只稍作停留便拔营向阿格拉前进。他的长子胡马雍已经奉命先行抵达阿格拉,并守住了阿格拉通往城外的道路,将该城围困。当时瓜廖尔的罗阇已死,他留在阿格拉的家眷想要逃离那里,于是他们不得不向围城的胡马雍贡献珍宝以求自由。"其中有一颗著名的钻石……每个估价者都说它的价值等于全世界两天半的粮食消耗。它重达八密斯卡尔"。[①]在巴布尔抵达阿格拉时,胡马雍向他进献了这颗钻石,但最终又被巴布尔回赐给了他。抵达阿格拉后,巴布尔对他的追随者进行了赏赐,并决定驻留这里。通过帕尼帕特战役的胜利,他已经取得了洛蒂王朝原有的领土。与此同时,洛蒂王朝原有的敌人也就顺势将矛头指向了巴布尔,其中就包括想要在北印度重建拉其普特统治的王公们。

占据巴亚纳的阿富汗人尼扎姆·汗受到拉其普特人的围攻,他向巴布尔投诚以求支援。巴布尔立即应允了尼扎姆的请求,率军南下,并于1527年3月16日与拉其普特军队在距离阿格拉二十英里的坎瓦哈相遇。这一战与帕尼帕特战役的情况十分相似,巴布尔仍旧面临敌众我寡的不利局面,此外,他的士兵也因思乡情切斗志不高。于是,巴布尔一方面宣布对拉其普特军队发起"圣战"以鼓舞士气,另一方面则通过巧妙的排兵布阵以应对拉其普特联军。这次交战仅持续了一天,到日落时分装备有8万拉其普特骑兵和500头装甲战象的拉其普特人已经被击败,死伤惨重。经此一役,拉其普特人的同盟瓦解了。此后多年,虽然拉其普特人和莫卧儿人之间仍不时地进行战斗,但都没有这样的规模和坚决的气概。拉其普特人已不再对莫卧儿人的统治构成威胁。

坎瓦哈战役之后,巴布尔开始扫荡拉其普特联盟的余部和逃亡次大陆东部并在那里顽强抵抗的阿富汗人。他首先攻占了一个拉其普特大首领的领地钱德里。1528年初,为镇压比哈尔反叛的阿富汗人,巴布尔率军渡过

[①] 《巴布尔回忆录》第468页,[印度]巴布尔著,王治来译,商务印书馆,2010年。

了恒河并将叛军彻底击溃。他回到阿格拉后，又不得不再次出师讨伐得到了孟加拉王支持的阿富汗人。1529年5月，巴布尔击败了阿富汗人和他们的孟加拉同盟者，并同孟加拉订立了和约。

　　1530年夏天，巴布尔为病危的长子胡马雍祈祷，表示愿用自己的生命换取儿子的健康。奇怪的是，此番祈祷之后，胡马雍痊愈了，可巴布尔却一病不起，终于在1530年12月在德里辞世，享年四十七岁。巴布尔一生的大部分岁月都是在动乱、战争和颠沛流离中度过的。但他留给继承者的，除了可以追溯到中亚征服者帖木儿和经由察合台突厥人回溯到成吉思汗的高贵世系外，还有一个包括中亚领地、喀布尔、旁遮普、德里、比哈尔部分地区和瓜廖尔的庞大帝国。巴布尔虽然还未来得及巩固对印度的统治，但他已经为莫卧儿帝国奠定了基础。巴布尔是一位伟大的、杰出的人物，他依靠诚挚、慷慨和仁慈的品格得到了部下的信任和朋友的爱戴。戎马一生的巴布尔也是位军事能力极高的将领，治军严明。他还是位颇有文学造诣的领袖，除了精通母语突厥语外，还长于用波斯语写诗。除诗歌外，他还擅长写作散文。其著作除了《巴布尔回忆录》外，还有一部诗集和一部用突厥语写作的关于穆斯林法律的论述。

胡马雍：重返次大陆

　　巴布尔去世四天后，他的继承人、长子胡马雍在阿格拉继位。巴布尔虽然已经为他的继承人奠定了帝国的基础，但接过王位的胡马雍想要保持并扩大巴布尔在印度的征服成果却绝非易事。

　　胡马雍在巴布尔征服印度过程中就发挥着重要作用。巴布尔第五次入侵次大陆时，胡马雍随同前往并率军挫败了一支苏丹易卜拉欣的先锋部队，立下了战功。帕尼帕特战役后，胡马雍奉命前往阿格拉，并围守该城直到巴布尔大军抵达。巴布尔抵达阿格拉后，胡马雍曾向他进献了一颗珍贵的钻石。他还曾在坎瓦哈战役中担任大军的右翼指挥。

　　胡马雍继承王位的过程还算顺利，期间只发生过一次支持巴布尔的女婿继位的未遂阴谋。在继位后，他遇到了来自自己兄弟的挑战。按照帖木儿王朝的传统和巴布尔的遗命，胡马雍在继位后立即为自己的四个兄弟封赐了领地，将各个行省分封给他们掌管。其中，在帝国西北部，米尔扎·苏莱曼获得了巴达赫尚；卡姆兰获封喀布尔和坎大哈。在印度，阿斯卡里和辛达尔也都被封赐了很大的管辖区域。分封领地并没能使胡马雍兄弟几人同心协力经营巴布尔留下的庞大帝国，反而引起了同室操戈。仅在短短的一年之内，卡姆兰就在自己兄弟阿斯卡里的支持下强行驱逐了胡马雍的总督，占领了旁遮普。他还强迫胡马雍承认其对旁遮普的占领。胡马雍就这样失去了旁遮普和莫卧儿王朝在中亚的基地。

此时的胡马雍所面临的除了兄弟反目的内忧外，还有阿富汗人和拉其普特人这一外患。虽然阿富汗人和拉其普特人在反对莫卧儿人的战斗中一次次被击败，但他们普遍还是在心理上反对莫卧儿人统治的，把他们视为异族、视为入侵者。胡马雍的注意力也因此更多地集中在镇压他们的反叛上。

曾经为求自保引莫卧儿人进入旁遮普的阿拉姆·汗成为最先向胡马雍发起挑战的人。他因背叛了巴布尔被囚禁于巴达赫尚。越狱逃脱后，阿拉姆·汗立即奔向古吉拉特，向巴哈杜尔·沙求援。获得了巴哈杜尔·沙兵员和金钱资助的阿拉姆·汗最终还是在阿格拉附近被胡马雍击败了。之后，胡马雍转向卡林贾尔，当地的印度教统治者向他投降。接下来被胡马雍征服的是洛蒂王朝末代苏丹易卜拉欣的兄弟马茂德·洛蒂和他的阿富汗贵族首领同伙。

古吉拉特的统治者巴哈杜尔·沙是胡马雍的劲敌之一。他为了将莫卧儿人赶出北印度，而一直忙于争取占据次大陆东北部的阿富汗人的支持，并且组建起了一支装备了最先进大炮的庞大军队。古吉拉特的宫廷也成为众多洛蒂逃亡者的避难所。在一位反叛者投奔古吉拉特后，胡马雍曾致信巴哈杜尔·沙，要求他将叛变的首领逐出古吉拉特宫廷。巴哈杜尔·沙非但没有按胡马雍的要求行动，反而给了他一封傲慢无礼的回信。于是，1535年，胡马雍发动了一场针对巴哈杜尔·沙的战役。在胡马雍进攻古吉拉特时，巴哈杜尔·沙正忙于入侵拉贾斯坦。因此，胡马雍在很短的时间内就打败了古吉拉特军队，攻占了古吉拉特的昌帕尼尔堡。巴哈尔杜尔·沙在战役中侥幸逃脱。攻占昌帕尼尔堡后，胡马雍获得了大量的财富,并按照巴布尔的传统对参加战役的人进行了赏赐。胡马雍并没有继续追击巴哈杜尔·沙,而是在留下驻军后,班师回朝。

在胡马雍征战古吉拉特期间,他的另一位劲敌、一位极有才干的阿富汗贵族舍尔·汗·苏尔正在不断壮大自己的势力,成为公认的能够领导阿富汗人战胜莫卧儿人的唯一领袖。

舍尔·汗·苏尔生于1486年。他早年曾在洛蒂王朝的苏丹易卜拉欣·洛蒂的朝中供职,易卜拉欣在帕尼帕特战役中败亡后,他又前往比哈尔,为比哈尔苏丹穆罕默德效命。据说舍尔还曾在阿格拉见过巴布尔。巴布尔曾令大臣们注意这个阿富汗人,说他有王者之气。比哈尔苏丹穆罕默德死后,舍尔成了苏丹之子的代理人。比哈尔的阿富汗贵族不满舍尔日益增长的权势和财富,他们联合比哈尔名义上的统治者、已故苏丹穆罕默德之子向孟加拉王求援,企图除掉舍尔。1537年,舍尔·汗入侵孟加拉,打败了孟加拉的统治者马茂德·沙,并将其围困在他的都城高尔内。为防止舍尔·汗进一步扩大自己的势力,胡马雍开始采取行动,向比哈尔和孟加拉进军。但他并没有直接向围困高尔的舍尔·汗发动进攻,而是在途中占领了丘纳尔要塞。与此同时,舍尔·汗也成功地攻下了高尔,获得了对孟加拉的控制权。苏丹马茂德仓皇出逃。舍尔·汗预料到夺取了丘纳尔的胡马雍将会向孟加拉开进,于是他开始为自己铺设后路。他先是用计夺取了攻不破的要塞——罗塔斯①,并将自己的家眷和财产都转移到了这里。接着,他又向胡马雍提出想要保留孟加拉,作为交换,他自愿让出比哈尔。胡马雍对这个提议颇为动心,但当孟加拉的苏丹马茂德向他建议将阿富汗人赶出孟加拉时,他便改变了主意,向孟加拉进攻。此时已经铺好后路的舍尔·汗离开了高尔,将一座空城留给了胡马雍。正当不费吹灰之力就占领了高尔的胡马雍忙着按照传统论功行赏、划分封地时,舍尔·汗攻占了孟加拉和卡瑙季之间的地区,对身处孟加拉的胡马雍形成了包围之势。身处险境的胡马雍于1539年6月,试图率军突围,返回阿格拉。但他受到了舍尔·汗的阻击,在丘纳尔战败,险些丧命。

---

① 罗塔斯要塞(Rohtas Fort),位于巴基斯坦境内。

1540年3月，侥幸逃脱的胡马雍率军从阿格拉出发，渡过恒河，准备讨伐舍尔·汗。胡马雍的莫卧儿军队和舍尔·汗的阿富汗军在卡瑙季附近相遇。士气低落的莫卧儿军队惊慌失措，大败于阿富汗军队。战败的胡马雍不得不带着几名随从逃回阿格拉，之后又辗转前往拉合尔。在拉合尔，胡马雍同另外几位兄弟一起商谈行动计划，无奈兄弟几人各有心思，始终未能达成统一的方案。在舍尔兵临拉合尔城下之时，胡马雍不得不率领莫卧儿人拔营而去。舍尔·汗就这样在1540年将莫卧儿人从北印度驱逐出去，成为该地区不可撼动的统治者。

自1540年战败后，胡马雍开始了长达15年的流亡生活。他辗转各方，希望能够恢复其在印度的统治。他先是从拉合尔前往了信德，然后返回拉贾斯坦，最后又折回了信德。这一路上，胡马雍并未能获得地方统治者的强有力的支持。1544年，他前往赫拉特，向伊朗的萨法维王朝统治者寻求避难。在萨法维宫廷，胡马雍迫于形势接受了什叶派信仰，这一举动既保全了他一行人的性命，又赢得了当时伊朗统治者沙·塔赫马斯普的信任。后者最终同意倾力支持胡马雍复位，并拨了13000骑兵供胡马雍调遣。

胡马雍首先率军向坎大哈进发，期间他曾派自己的得力干将赴喀布尔劝降卡姆兰。卡姆兰虽然拒绝了胡马雍，但他的几名部下却被成功策反。胡马雍攻占坎大哈后，继续向喀布尔进军，并于1545年11月攻占了该城，卡姆兰弃城而逃。次年，胡马雍率军讨伐在巴达赫尚独立称王的苏莱曼·米尔扎。正当胡马雍身处巴达赫尚时，卡姆拉利用这一时机重新占领了喀布尔。得到消息的胡马雍立即回师喀布尔，于1547年4月收复了该地。卡姆兰战败被俘，但又得到了宽恕。得到了宽恕的卡姆兰仍不死心，四处寻求援助以反对胡马雍，重夺喀布尔。就这样，二者之间的战争又持续了几年，并最终以卡姆兰的失败告终。1553年，胡马雍成为喀布尔的统治者，他反叛的兄弟卡姆兰则沦为了阶下囚。

巩固了在喀布尔的统治后，胡马雍开始着手准备收复他在次大陆上的失地。他从喀布尔出发，沿着他父亲的足迹开始了对北印度的征伐。此时北印度的形势也已经发生了巨大变化。舍尔·沙仅统治了阿格拉五年的时间，便于1545年去世。在他儿子伊斯拉姆·沙·苏尔执政的八年间，舍尔的基业并没能得到巩固或是扩大。伊斯拉姆·沙于1553年去世后，舍尔·沙打下的疆土依照约定被分为旁遮普、阿格拉、德里、比哈尔和东部地区以及孟加拉。每个地方都由舍尔·沙的儿子或是亲属统治。分散的统治弱化了舍尔·沙所建立的国家的实力。同时期发生的由于干旱所导致的饥荒又使得民众生活愈加困苦，这进一步动摇了阿富汗人的统治。

与意志消沉的阿富汗人正相反，此时的胡马雍士气正盛。他于1544年末进军白沙瓦，渡过了印度河。在一路并未遭遇任何抵抗的情况下，胡马雍于1555年初进入了拉合尔，之后又攻下了迪帕尔普尔。此时，旁遮普的统治者西甘达尔·沙·苏尔在锡尔欣德集合了一支阿富汗大军，对莫卧儿人进行了坚决的抵抗。但这次抵抗最终也被证明是徒劳无功的。莫卧儿人取得了战斗的胜利，旁遮普统治者西甘达尔·沙·苏尔逃走。莫卧儿人的这次胜利宣告次大陆地区不复为阿富汗人所有。1555年中，胡马雍进入德里，恢复了他父亲巴布尔所建立的王国。但此时，胡马雍的生命也开始了倒计时。次年1月，他从德里图书馆的楼梯上摔下，最终不治身亡。胡马雍朝廷的贵族们将他的死讯隐瞒了长达17天之久，直到他们达成协议准许胡马雍的幼子阿克巴继位。

胡马雍品德高尚，博学强记，他通晓文学、占星学、地理等知识。但作为一名帝王却显得过于优柔寡断，在许多重要事件的决策上，他的不果断导致了其丧失政权流亡他乡。

阿克巴：鼎盛帝国（1556—1605年）

阿克巴于1542年10月出生在胡马雍逃亡的路途中。1556年胡马雍在德里逝世时，年仅14岁的阿克巴正和他父亲的忠实部下贝拉姆·汗一起在旁遮普同西甘达尔·沙·苏尔作战。胡马雍朝廷的贵族们在他死后秘而不宣，直到将继位事宜安排妥当。1556年2月，胡马雍的幼子、14岁的阿克巴最终在卡拉瑙尔继位，称号扎拉尔-乌德-丁·穆罕默德·阿克巴。当时尚且年幼的阿克巴无力亲政，胡马雍忠心耿耿的下属、自其流亡时代就一直追随左右的贝拉姆·汗成为摄政王。

胡马雍留给阿克巴的王国根基尚不稳固，更没有什么确定的领土，反而还有许多意图复辟苏尔王朝的敌人正对莫卧儿人虎视眈眈。在阿克巴登基几个月后,曾在苏儿王朝中任职的赫姆率领一支大军向德里发起了挑战。赫姆是印度教徒,属吠舍种姓。他本人出身微贱,但凭借着杰出的个人才能和赫赫战功,最终成为苏尔朝中的一名将领。胡马雍死后,赫姆立即率军经瓜廖尔和阿格拉向德里进发。在图格卢卡巴德,赫姆的军队轻而易举地战胜了莫卧儿人,并成功占据了德里和阿格拉。面对来势汹汹的赫姆大军,当时的德里总督只是稍作抵抗,就弃城逃往阿克巴设在锡尔欣德(萨尔欣德)的军营了。摄政王贝拉姆·汗处死了这位逃跑的总督,这一举动起到了杀一儆百的作用,贝拉姆·汗树立了军威,他的命令从此畅行无阻。另一边,刚刚取得了一些胜利的赫姆便以"超日王"自称,宣称自己具有国王的身份和地位。但赫姆并不是一位称职的"国王",与身处饥荒中的人民相比,他反而更在乎自己的象群,用大量的大米和蔗糖去饲养大象而不是赈济灾民。这位不顾民间疾苦,一心只想继续战争的"超日王"很快便失掉了民心。

贝拉姆·汗和阿克巴并不甘于失败的命运,他们召集了一支军队与赫姆的军队在帕尼帕特相遇。帕尼帕特曾是巴布尔战胜洛蒂王朝苏丹易卜拉欣的战场,如今阿克巴在这片战场上也延续了先祖的辉煌。在与赫姆大军初遭遇时,由于寡不敌众,莫卧儿军队始终处于劣势。但是在战斗中赫姆被一支流矢所伤,昏迷不醒。赫姆的受伤使得战局起了反转,他的军队因失去了首领而士气低落、四处惊慌逃窜,胜利也就拱手让给了莫卧儿人。贝拉姆·汗处死了身受重伤的赫姆,并带领着莫卧儿军队继续向前推进,最终夺回了德里和阿格拉。

在取得了对赫姆的胜利后,贝拉姆·汗和阿克巴开始征讨他们的另一个敌人西甘达尔·苏尔。自胡马雍重返次大陆时将西甘达尔·苏尔打败后,后者就一直四处逃窜,试图恢复苏尔王朝。1557年5月,赫姆战败半年后,西甘达尔·苏尔也对莫卧儿人缴械投降了,并接受了封地。贝拉姆·汗指挥莫卧儿军队占领了旁遮普的拉合尔和木尔坦。1558年,阿杰梅尔的穆斯林统治者逃亡,该地被莫卧儿军队占领。同年,苏尔王朝仅剩的王子易卜拉欣被莫卧儿人打败,江普尔也被占领。莫卧儿人还在这一年攻

第四章 莫卧儿帝国

下了瓜廖尔，驻守该地的阿富汗守军全部投降。

通过这一系列的对阿富汗人的讨伐，贝拉姆·汗和阿克巴控制了拉合尔、德里、阿格拉和江普尔之间人口稠密地区的最重要城市和要塞。此后，在贝拉姆·汗的领导下，莫卧儿人继续南征到了拉贾斯坦和马尔瓦，但随着摄政王的垮台，进一步的征略事业也随之停摆。

作为摄政大臣，贝拉姆·汗对政府和军队都拥有实际控制权。大权在握的他不仅引起了同僚们的不满，也使得年轻气盛的君主阿克巴有所防范。同贝拉姆·汗之间的数次冲突，在加上自己的母亲哈米达·贝加姆、乳母和乳母之子等亲戚的煽动，年轻的阿克巴与贵族中反对贝拉姆·汗的一派结成了同盟。朝中正统的逊尼派穆斯林贵族不喜欢像贝拉姆·汗这样的什叶派信徒，尤其是在他任命了一位公认的什叶派教徒为大法官后，更加激起了这些逊尼派贵族的愤恨和不满。1560年3月，身在德里的阿克巴命令贝拉姆·汗辞去宰相一职，并让他在两条出路中任选其一。一是继续在朝为官，但不得继续摄政；一是以去麦加朝觐的方式流亡。大势已去的贝拉姆·汗选择了后者。在准备前往朝觐的途中，贝拉姆·汗被一伙对他积怨已久的阿富汗人刺杀。

罢免了摄政大臣贝拉姆·汗的阿克巴也没能立即亲政，在摄政王辞职后的两年内，政治和财政大权几乎都落入了阿克巴的乳母马哈姆·阿纳加、乳母之子阿达姆·汗和他担任德里总督的堂兄弟希哈卜-乌德-丁之手。在掌握了权力后，阿达姆·汗和毕尔·穆罕默德·汗很快便指挥了一支莫卧儿野战部队入侵马尔瓦，并战胜了马尔瓦的苏丹。取得胜利后的阿达姆·汗不仅将战利品扣下据为己有，还大肆屠杀投降的守军及其家眷，以及许多穆斯林学者和圣裔。这样贪婪和残暴的行为引起了阿克巴的不满，他亲自来到大军总部，当面斥责阿达姆·汗，并解除了他的军权。与此同时，阿克巴派遣另一主将毕尔·穆罕默德·汗追捕逃亡的马尔瓦苏丹巴兹·巴哈杜尔。不过这次的追捕以莫卧儿人的失败告终，毕尔·穆罕默德·汗也在追捕的途中不幸丧命。巴兹·巴哈杜尔趁机恢复了对马尔瓦的统治，但这次复位只持续了一段时间。第二年，前来继任总督职位的莫卧儿将领再次将巴兹·巴哈杜尔赶出马尔瓦，这里也就成为莫卧儿帝国的一个省份。巴兹·巴哈杜尔在流亡了八、九年后于1570年向阿克巴投诚,并被任命了官职。

1561年末,阿克巴任命了一名来自喀布尔的贵族为宰相。这一举动引起了他的乳母马哈姆·阿纳加和乳母之子阿达姆·汗的不满。次年,奉命管辖马尔瓦的阿达姆·汗因失职被召回。权力的丧失加剧了阿达姆·汗的愤怒。同年5月,他命令两名随从杀死了阿克巴任命的新宰相,自己则手持武器前往阿克巴的寝宫。两人互相揪斗,阿达姆·汗被盛怒之下的阿克巴打翻在地,从露台上抛到了庭院中。之后,阿克巴再次命人将阿达姆·汗从露台上抛下以彻底结束他的性命。阿克巴的乳母马哈姆·阿纳加因承受不住丧子之痛,在四十天后撒手人寰,她这一党的势力也就随之瓦解了。

清除了马哈姆·阿纳加一党的势力后,阿克巴立即将所有统治权收回到自己手中。他取消了宰相的职位,创设了分管财政、军事、宗室和宗教事务的四个专职大臣职位。此后,莫卧儿贵族中再也没有人能够独揽大权、结党营私了。

在解除了阿富汗人的威胁后,阿克巴将目光投向了拉其普特王公。拉其普特王公们是根基尚不稳固的莫卧儿帝国的严重威胁之一。但与之前的穆斯林统治者不同,阿克巴并没有选择以武力对其进行征服,而是通过在朝中为拉其普特王公提供高阶职位和与拉其普特公主们联姻来同拉其普特人建立同盟。通过这种方式,阿克巴获得了拉其普特王公们的忠诚和有力的支持。

阿克巴接下来要面对的是来自乌兹别克人的叛变。乌兹别克人曾在阿克巴开疆拓土、树立权威的过程中立下了汗马功劳。来自中亚地区的他们习惯了平等的政治传统,并持有坚定的逊尼派信仰。正因如此,他们对阿克巴帝国的统治风格和莫卧儿军中信仰什叶派的波斯权贵的不满之情与日俱增,最终走上了反叛的道路。

1564年,马尔瓦总督阿卜杜拉·汗公开反叛。阿克巴亲自率军出征,将叛变的总督和他的追随者们赶到了当时尚处于独立状态的古吉拉特苏丹国。几乎与阿卜杜拉·汗在同一时间,汗·扎曼和他的兄弟巴哈杜尔·汗也举起了反叛的旗帜。阿克巴亲自督师南下,将这股叛乱的势力赶向了东方。在经过了一系列的战争和谈判后,阿克巴于1566年初撤回了阿格拉,而叛军们则继续控制着东部各省。

此时的阿克巴除了面对乌兹别克人的反叛外,还受到了喀布尔的统治者、他同父异母的兄弟米尔扎·穆罕默德·哈希姆的挑战。心有不甘的乌兹别克贵族利用阿克巴兄弟间的嫌隙,宣布穆罕默德·哈希姆为合法的莫卧儿统治者。受乌兹别克人的鼓舞,穆罕默德·哈希姆率军入侵旁遮普,包围了拉合尔。与此同时,一群拥有"米尔扎"称号的帖木儿贵族在穆罕默德·苏丹·米尔扎的领导下起兵造反。但这群米尔扎的叛乱很快就被阿克巴忠诚的将领挫败了,使得阿克巴能够腾出手来,全力对付他的兄弟穆罕默德·哈希姆。最终穆罕默德·哈希姆被赶回了喀布尔。在此后的十年里,他都是喀布尔的独立统治者,并始终威胁着阿克巴在印度的统治。

在解决了自己兄弟的反叛后,阿克巴挥师东进,讨伐盘踞在那里的乌兹别克人。1566年6月,阿克巴率军抵达恒河岸边的马尼格布尔[①]。阿克巴指挥军队在夜间渡过恒河,并于佛晓时分对驻扎在河对岸的乌兹别克叛军发起进攻。在接下来的混战中,汗·扎曼阵亡,他的兄弟巴哈杜尔·汗被俘斩首,其他的叛军首领也都被处决了。之后,阿克巴继续率军东进直至贝拿勒斯和江普尔,建立了他在叛乱地区的统治。残余的反叛势力则不得不南下古吉拉特寻求庇护。

虽然阿克巴成功地平定了乌兹别克人的叛乱,但经过这一役他也认识到与贵族们相比,自己的力量还十分薄弱。阿克巴朝中有权势的贵族们几乎都是出生于国外的穆斯林,他们跟随胡马雍一起返回次大陆。这些贵族中又有超过一半的人来自中亚,是出身于察合台突厥人或乌兹别克中亚人世系的身份高贵的酋长。为了削减中亚贵族的相对数量和影响力,阿克巴开始招募新贵族。除了征召大量的波斯人进入莫卧儿军队外,阿克巴还从具有印度种族和宗教背景的人中招募新贵族,即使是信仰印度教的拉其普特首领也成为阿克巴招募的对象。1562年,卡赤瓦哈的拉贾在阿克巴抵近

---

① Manikpur

斋浦尔时献上了他的长女，与这位年仅20岁的年轻君主结为秦晋之好。通过这桩婚姻，卡赤瓦哈的拉贾和他的子孙们也都被赏赐了埃米尔的称号，进入了莫卧儿帝国的军队。联姻也成为阿克巴后来与拉其普特王公结盟的常用策略。在当时，阿克巴希望利用拉其普特人的势力来平衡朝中的穆斯林官员的势力。为了获得拉其普特人的效忠，他决定征讨拉贾斯坦。通过多年征战，阿克巴完成了对拉贾斯坦的征服，当地的王公们也都承认了莫卧儿帝国的统治和阿克巴王权的合法性。这片被征服的地区，并没有演变为只向中央纳贡的自治王国，而是同莫卧儿帝国的其他行省一样，由一名莫卧儿总督驻守，受中央政府的直接管辖。这样的联盟既使莫卧儿帝国赢得了拉其普特武士的世代忠诚，也为拉其普特王公们提供了更广阔的政治舞台，使他们不再陷于无休止的地方冲突之中，而是变成了整个帝国的将军、政治家或是高级别的行政官员。由阿克巴所缔造的联结莫卧儿人和拉其普特人的这条纽带一直延续了近两个世纪之久。

在向次大陆西南方向扩张的过程中，阿克巴将目光转向了古吉拉特。古吉拉特位于次大陆的西南海岸、濒临阿拉伯海，这里有肥沃的土壤和发达的农业，盛产纺织品和其他工业制品。地处沿海的古吉拉特还拥有次大陆上最繁忙的港口。胡马雍曾短暂地征服过这片富庶的地区。对阿克巴来说，如果能够将古吉拉特纳入莫卧儿帝国的控制之下，那么势必会大大增强帝国的实力。1572年，阿克巴利用古吉拉特内部四分五裂的政治形势，占领了都城艾哈迈达巴德。傀儡国王穆扎法尔·沙甘愿向阿克巴称臣。次年年初，完成了对古吉拉特的征服后，阿克巴留下了一名总督驻守这个新征服的行省，自己则启程返回了据阿格拉26英里的新都城法塔赫布尔西格里。

就在阿克巴返回后不久，被排除在帝国军队之外的古吉拉特贵族们联合起来反叛莫卧儿帝国，并试图将阿克巴任命的总督驱逐出古吉拉特。阿克巴在收到叛乱的消息后，立即做出反应，他召集了一支3000人的轻装野战部队，乘着最快的母骆驼，仅用了十一天时间就越过了拉贾斯坦，抵达艾哈迈达巴德附近。阿克巴的神速大大出乎敌人的意料，因为这条路一支商队通常需要两个月的时间才能走完。面对数倍于己的叛军，阿克巴力排众议组织3000人的部队渡河对叛军发起猛攻,最终成功地平息了这场叛乱,再次征服了古吉拉特。大约十年后,越狱出逃的前傀儡国王穆扎法尔·沙又一次发起了叛乱。1585年,穆扎法尔·沙在艾哈迈达巴德附近被莫卧儿军队击败,逃往卡拉奇。他在那里又作乱六年,终于1592年被俘后自尽。

除古吉拉特外,阿克巴的另一个主要征服目标是比哈尔和孟加拉。比哈尔和孟加拉一直处于阿富汗贵族的统治之下。1564年,舍尔·沙的阿富汗总督苏莱曼·汗·卡拉尼占领了高尔,并建立了一个王朝。苏莱曼在位时期,并没有公开地反叛阿克巴,反而向他纳贡称臣。在他死后,他的儿子达乌德·卡拉尼最终成为孟加拉的统治者。他仰仗着从父亲那里继承来的大笔财富和庞大军队公开对阿克巴的权威发起挑战,入侵了莫卧儿帝国的领地。1574年,完成了对古吉拉特二次征服的阿克巴亲率大军征伐孟加拉。在莫卧儿人的进攻面前,阿富汗人节节败退。阿克巴在指派他的心腹托达·马尔指挥军队继续深入孟加拉后,便返回了法塔赫布尔西格里。莫卧儿军队在托达·马尔的指挥下,继续追击达乌德,并在图卡洛里战胜了阿富汗军队,使孟加拉、比哈尔和奥里萨并入了莫卧儿帝国。战败的达乌德并没有死心,在驻扎孟加拉的莫卧儿军队因瘟疫撤离后,他又重新恢复了在该地区的统治。1576年,旁遮普总督派军挫败了阿富汗人,擒获并斩杀了达乌德。这次胜利后,莫卧儿人对孟加拉的战争仍在继续,这一地区依旧处于阿富汗贵族和印度教王公的控制之下。直到16世纪80年代末,随着反抗的阿富汗将领人数的逐渐减少,公开的反叛也就随之慢慢停止了,阿克巴为帝国设计的行政体系才得以在孟加拉地区正式建立。

曾受乌兹别克人鼓动作乱的阿克巴同父异母的兄弟米尔扎·穆罕默德·哈希姆再次由喀布尔出兵入侵旁遮普。1581年年初,已做好准备工作的阿克巴率领由500头大象、5万名骑兵和无数步兵组成的大军迎战穆罕默德·哈希姆。大军渡过印度河、通过开伯尔山口,一举攻下了贾拉拉巴德和喀布尔。哈希姆逃进山中避难,于四年后去世。经过这一役,阿克巴解除了来自喀布尔的威胁。1584年,乌兹别克统治者阿卜杜拉·汗占领了巴达赫尚。为解除乌兹别克人的威胁、保住喀布尔,阿克巴立即派人占领喀布尔,并将该地及其周边地区纳入到帝国的直接治理之下。1586年,阿克巴同阿卜杜拉·汗达成协议,同意在其入侵呼罗珊时保持中立态度,作为回报乌兹别克统治者则不再为反对莫卧儿帝国的阿富汗人提供支持和庇护。这一协议的达成使得阿克巴有了更多的精力去对付盘踞在经由开伯尔山口的商路上的阿富汗优素福扎伊部落和当时尚未纳入帝国版图的两个独立王国——克什米尔和信德。

当时经由开伯尔山口的陆上商路十分繁荣,通过这条线路,商人们带来了来自中亚的马匹、来自中国的丝绸和瓷器,带走了产自印度的香料、纺织品和其他货物。阿富汗优素福扎伊部落在当时十分强大,他们不仅控制了斯瓦特和巴焦尔地区,还经常阻截经开伯尔山口的山路,抢劫商队。为保护国家的安全和商队贸易的顺利开展,阿克巴于1585年前往阿托克要塞,并从那里派出一支大军征伐优素福贾伊部落。在莫卧儿大军的压力下,部落的酋长们纷纷俯首称臣。莫卧儿军队在这一地区的行动持续了六年的时间,期间他们在该地区占领和修建了多处要塞以保障商队能够畅行无阻。

1585年,阿克巴派军北上入侵克什米尔。当时克什米尔查克王朝的统治者阿里·沙很快就向莫卧儿军投降了,但他的儿子雅库布却不认可父亲的做法。他自立为王,组织军队与莫卧儿人进行了殊死的抵抗。但雅库布的这支军队最终也没能逃过失败的命运。1589年6月,阿克巴亲自从拉合尔前往斯利那加,接受雅库布的投降。

派军入侵克什米尔的第二年,即1586年,阿克巴开始将注意力转向了印度河下游地区。由于木尔坦总督未能使塔塔的统治者归顺莫卧儿帝国,因此阿克巴派遣了一支庞大的军队向塔塔发起进攻。信德军队虽在人数上占有优势,但终究不敌强大的莫卧儿军队,塔塔统治者投降,并于1593年亲自赴拉合尔宫廷朝拜阿克巴。征服信德后的阿克巴信心大增,开始着手准备收复被萨法维王朝占据的坎大哈。1595年,坎大哈的波斯守将投诚,并向莫卧儿人献上了这座城池。

巩固了在北方的统治后,阿克巴于1591年派遣了四位使节分别前往康德什、比贾布尔、戈尔康达和艾哈迈德讷格尔,要求那里的苏丹臣服于莫卧儿帝国。自德里苏丹国灭亡后的两百年的时间里，德干地区已经发展出了一种独特的德干穆斯林政治文化。该地区的局势并不利于莫卧儿人入侵。阿克巴使节前往的四个国家里，除了康德什的统治者愿意让自己的女儿与阿克巴的儿子萨利姆王子结亲、承认阿克巴的宗主权外，其他三国对阿克巴的旨意并不买账。艾哈迈德讷格尔的统治者甚至还羞辱了阿克巴的使臣。于是，阿克巴决定派遣大军征讨艾哈迈德讷格尔。军队由阿克巴的次子穆拉德王子和巴伊拉姆·汗之子汗·卡南联合指挥。当时，艾哈迈德讷格尔的统治者布尔罕·尼扎姆·沙二世新死，该国正面临着继位的危机。已故苏丹的妹妹、幼主的监护人昌德公主指挥艾哈迈德讷格尔军队坚守要塞，一直坚持到比贾布尔和戈尔康达的援军到来。莫卧儿军队并没有一味地强攻艾哈迈德讷格尔，而是与该国进行了谈判，并达成了一项协议。艾哈迈德讷格尔割让贝拉尔省给莫卧儿帝国，作为交换，莫卧儿军队则撤出了艾哈迈德讷格尔。于是，1596年，贝拉尔省成为德干地区第一个受莫卧儿帝国直接治理的省份。这样的和平并没有维持太久，艾哈迈德讷格尔开始了内斗，昌德公主遇害，有人试图破坏她与莫卧儿人达成的协议，收复被割让的贝拉尔省。这就再次挑起了战火，并使战争一直持续了数年之久。1598年，阿卜杜拉·汗去世，解除了来自乌兹别克人的威胁。阿克巴也因此得以放开手脚，将精力放在对德干的征服上。1599年，阿克巴亲自率领8万大军向德干开进，并顺利占领了布尔汉布尔。同年，穆拉德王子酗酒而死，阿克巴便又派他的第三子达尼亚尔王子负责征伐艾哈迈德讷格尔。该国早已因为内讧而四分五裂，这给莫卧儿人的征服创造了绝佳的机会。1600年，莫卧儿人破城而入，将艾哈迈德讷格尔的绝大部分领土并入了帝国的版图。之后，阿克巴亲率大军向康德什发起进攻，这也是他这一生中最后一次重大的军事行动。1601年年初，他成功地完成了对康德什的征服。至此，包括贝拉尔、康德什和艾哈迈德讷格尔在内的一大片地区都成为莫卧儿帝国的新疆土。阿克巴将新征服的地区划分为了三个行省，交给被任命为德干总督的达尼亚尔王子管辖。

  阿克巴赴德干远征时将都城阿格拉交给了自己的长子萨利姆掌管。但是这位王子却趁着皇帝离都的机会意图篡位。1600年7月，萨利姆试图夺取阿格拉要塞，并在那里任命自己的官员，不过这次尝试并未成功。当阿克巴从布尔汗布尔返回阿格拉时，才听到了萨利姆曾试图夺取阿格拉的消息。他严厉地斥责了萨利姆，命令他去管理孟加拉和奥里萨两省。但萨利姆却再次置父皇的命令于不顾，没有接受安排给他的孟加拉和奥里萨总督职位。为了避免与儿子发生公开的冲突，阿克巴只好从德干召回了他信任的大臣，希望能够派他去对付自己叛逆的儿子。不料，萨利姆闻讯后委托他人在途中刺杀了阿克巴的亲信。萨利姆此举进一步撕裂了本就脆弱的父子关系。最终，还是萨利姆的母亲充当了和事佬，才弥合了父子间的裂痕。萨利姆还被立为了皇储。1605年9月，阿克巴病重。萨利姆避开敌对贵族的阴谋，来到了父亲的病榻前。阿克巴在病床上为萨利姆戴上了皇冠，赐给了他胡马雍的宝剑，确保了萨利姆的继承权。而阿克巴则在卧床二十三天后与世长辞。

毋庸置疑，阿克巴是位伟大的君主和一名杰出的军事统帅。他在位的近半个世纪里，指挥军队东征西讨、南下北上，使莫卧儿帝国的疆土得到了空前的扩张。次大陆上从前存在的独立王国逐个被征服，成为这个日益扩张的帝国的行省。阿克巴所建立的单一的、中央集权的政治体系确保了皇帝的合法性和绝对的权威。阿克巴设计的行政体制也确保了对所有并入帝国的新领地的有效控制，给长久以来纷乱不堪的印度社会带来了前所未有的秩序。阿克巴还是艺术和文艺的倡导者。在他执政期间，绘画、建筑、音乐等其他艺术门类都取得了相当程度的发展。

贾汗吉尔：走向繁荣（1605—1627年）

1605年，在为阿克巴居丧一周后，王子萨利姆在阿格拉继位，成为莫卧儿帝国的新君，称号"努尔-乌德-丁·贾汗吉尔·帕德沙·加兹"。萨利姆的继位之路并不顺利。虽然早已被立为储君，但朝中仍有些反对他的贵族想要拥立他的儿子霍斯陆为王。在阿克巴病重之时，曼·辛格和米尔扎·阿齐兹开始策划拥立年仅17岁的萨利姆的长子霍斯陆，但他们的提议并没有得到朝中多数贵族的支持。反倒是萨利姆，在支持者的护卫下，顺利来到阿克巴面前，获得了即将驾崩的皇帝所赐的皇冠和宝剑，巩固了自己作为继承人的地位。

　　这场不成功的宫廷政变并没有演变为流血冲突。萨利姆继位后也没有追究自己的儿子霍斯陆和曼·辛格等人的责任。曼·辛格被派往了孟加拉，在那里担任总督。而霍斯陆王子则被安排居住在阿克拉城堡，过上了半幽禁的生活。贾汗吉尔的宽宏大量却没有换来儿子的忠诚。在被幽禁了半年后，霍斯陆王子于1606年4月，以赴阿克巴陵墓祭奠为借口，带领数百名随从逃亡去了旁遮普。途中，霍斯陆迅速集结起了一支1万多人的军队，将旁遮普总督围困在拉合尔城内。贾汗吉尔试图通过谈判使儿子能够回心转意，但却没有成功。于是，他派遣了一支军队前往拉合尔。这支军队在拉合尔城外与霍斯陆展开了一场短暂的战斗。这场战斗以霍斯陆的溃败宣告结束。战败的霍斯陆在向喀布尔方向逃亡的路上被抓。贾汗吉尔处死了大多数被俘的霍斯陆支持者，并将霍斯陆囚禁在了拉合尔。但霍斯陆王子并没有因为这次失败而死心。在贾汗吉尔前往喀布尔抵御萨法维王朝对坎大哈的进攻时，这位王子逃了出来，参加了一场杀害他父亲的阴谋。贾汗吉尔在得知了这一阴谋后，迅速做出反应，处决了行动的首领，还下令弄瞎霍斯陆的眼睛。失去了视力的霍斯陆受到了更加严密的监禁，这场父子间的王位之争也就此结束。

　　贾汗吉尔和霍斯陆父子间的这场王位之争还引发了锡克人与莫卧儿人的冲突。锡克教是洛蒂王朝时期在旁遮普中部地区发展起来的一种宗教。锡克教的创始人那纳克大师1469年出生于拉合尔旁的一个村中，他的家庭信仰印度教，但他却与一些穆斯林一起长大。他试图弥合印度教徒和穆斯林之间的分歧。他在研究了印度教教义和苏菲派的平均主义之后，强调要突出人类的共性。锡克教是一神崇拜的宗教，避免使用印度教或是伊斯兰教的仪式和礼节。锡克教徒拜神的地方被称为谒师所，祈祷后信徒们要在一起用餐。在那纳克大师之后的几个世纪中，锡克教形成了自己的经典。锡克教的第五代古鲁①阿琼因支持霍斯陆反叛自己的父亲而被贾汗吉尔怀恨在心。当霍斯陆逃往旁遮普时，阿琼还为霍斯陆提供了避难所。对霍斯

---

①古鲁，锡克教教徒对本教的首领和上师的尊称，意为"上师"或"师尊"。

陆的友好激起了贾汗吉尔的怒火，他下令逮捕并处决了这位锡克教上师。阿琼的儿子继承他的衣钵成为锡克教第六代古鲁。这位古鲁如帝王一般的行事做派引起了贾汗吉尔的主意，他派人将其逮捕，囚禁在了瓜廖尔堡的监狱中。两年后，年轻的古鲁被释放，他将家人和锡克教的核心机构迁移到了喜马拉雅山山麓。在贾汗吉尔统治期间，迁徙后的古鲁和他的追随者们没有再受到进一步的迫害。

贾汗吉尔接过的是阿克巴留下的一个相对和平稳定的帝国，这也使得他在军事上显得缺乏一些冒险精神。但在贾汗吉尔统治期间，莫卧儿帝国仍是一个战争国家，有着不少征服的战绩。

贾汗吉尔继位之初，就面临着在帝国的边界内，加紧和深化帝国的控制的任务。首当其冲的就是梅瓦尔的拉纳，他曾成功地抗拒过阿克巴的征服。为了征服这片阿克巴未曾征服的地方，贾汗吉尔继位后不久就派出了部队征伐梅瓦尔。但由于霍斯陆的叛乱，这次军事行动不得不中止。之后，贾汗吉尔又曾先后两次调兵遣将，前去征服梅瓦尔，但由于种种原因也都未能取得最终的胜利。1613年，贾汗吉尔亲自从阿格拉前往阿杰梅尔，为他的儿子库拉姆亲王增派了一支新的部队。获得增援后，库拉姆亲王进入拉贾斯坦山区，并在山中险要位置设置了军事哨所。他一方面不断派出骑兵袭击梅瓦尔拉纳和他的将领们，另一方又将拉纳家族的家人扣为人质。在库拉姆的攻势下，梅瓦尔拉纳阿马尔·辛格选择了投降。他亲自前去面见贾汗吉尔以示臣服，并请求皇帝准许他的儿子卡兰代替他进入朝廷，担任一名埃米尔。贾汗吉尔欣然接受了拉纳的臣服和请求。梅瓦尔拉纳对莫卧儿帝国的忠诚和顺服使得其他骄傲的王公们明白，任何针对莫卧儿人的抵抗都将是徒劳无功的。于是，一些在阿克巴时期从未入朝面圣的王公们也都纷纷选择了对贾汗吉尔俯首臣称。

阿克巴去世前，莫卧儿人已经完成了对康德什、贝拉尔和艾哈迈德讷格尔北部地区的征服，并在这些地区设立了帝国的行省。但在阿克巴去世后，莫卧儿人尚未完成对艾哈迈德讷格尔全部地区的征服，加上霍斯陆王子在贾汗吉尔继位后发动的叛乱，使得艾哈迈德讷格尔爆发了抵抗运动。从1601年到1616年间的这段时间，艾哈迈德讷格尔国王在能臣马利克·阿

第四章 莫卧儿帝国

姆巴尔的辅佐下趁机巩固了王国的地位。自1608年到1615年，莫卧儿人在德干地区的战役都没能取得显著的成效。直到1616年，自梅瓦尔凯旋的库拉姆亲王受命率军远征德干，莫卧儿人在战场上才迎来了转机。1617年，莫卧儿大军挫败了德干的抵抗，成功占领了艾哈迈德讷格尔。库拉姆亲王也因此战赢得了"沙·贾汗[1]"的光荣称号。战败的马利克·阿姆巴尔仍率部在边远地区继续抵抗，直至他去世，艾哈迈德讷格尔的抵抗才宣告终结。

贾汗吉尔在位期间还平定了阿富汗人在孟加拉发动的叛乱，征服了北部喜马拉雅山区的冈格拉王公。在东北方向，莫卧儿人遇到了阿富汗人以外的新敌人——阿霍姆人[2]。在贾汗吉尔统治期间，莫卧儿和阿霍姆的军队几乎年年都在东北部的河滨和丛林地带作战。

征服中亚一直是莫卧儿帝国的愿景，自然也是贾汗吉尔的目标。而坎大哈则一直是莫卧儿帝国和波斯萨法维王朝间角力的战场。1595年，阿克巴在两位萨法维王子变节后收复了坎大哈。贾汗吉尔登基之初，赫拉特和其他边境地区的萨法维总督对坎大哈展开了一次袭击，但并未成功。这次失败后，萨法维王朝的统治者沙·阿巴斯不得不暂时放弃了对坎大哈的争夺。直到1622年，沙·阿巴斯才利用莫卧儿帝国宫廷斗争的机会夺取了对坎大哈的控制。

在贾汗吉尔执政后期，帝国的统治权落到了他的宠妃努尔·贾汗的手中。努尔·贾汗原名米茹尼萨，出身于一个波斯贵族家庭。她的父亲是贾汗吉尔朝中一位高等贵族。努尔·贾汗在嫁给贾汗吉尔之前曾是一名莫卧儿军官的妻子。她的先夫在孟加拉地区遇害，为她留下了一个名叫拉德利的女儿。贾汗吉尔于1611年迎娶了这位时年30岁的莫卧儿军官的遗孀，并在诸多后妃中对这位波斯美女情有独钟，赐给了她"努尔·贾汗"的称

---

[1] 沙·贾汗（Shah Jahan），意为"世界之光"。
[2] 阿霍姆人（Ahoms），大约从1400年开始，自上缅甸地区出发沿布拉马普特河谷缓慢迁徙，并在迁徙过程中打败、同化或是驱逐了该地区的土著部落和印度教民族。阿霍姆人在迁徙过程中也逐渐受到印度宗教文化的影响。

号，意为"世界之光"。据一些当时到访印度的欧洲使臣和传教士记载，贾汗吉尔和努尔·贾汗是一对完美的夫妇，他们志趣相投，恩爱有加。努尔·贾汗给皇帝带来了力量与自信。

努尔·贾汗的受宠使得她的父亲和兄弟在仕途上平步青云，迅速成为朝中显贵。她的父亲官拜宰相，兄弟阿西夫成为朝中重臣。1612年，库拉姆亲王迎娶了阿西夫的女儿。这次联姻建立起了努尔·贾汗、她的父兄和库拉姆亲王之间的联盟，努尔·贾汗的影响力得到了全面的提升。帝国的政令有时会以她的名义发出，就连当时铸造的银卢比的反面都印有"谨奉努尔·贾汗皇后贝加姆命铸造"的字样。

努尔·贾汗一伙人的得势自然受到了其他派系的仇视。以一位伊朗裔埃米尔为首的反对派贵族拥立已经失明的霍斯陆王子以反对努尔·贾汗集团，而努尔·贾汗集团则希望库拉姆亲王能成为贾汗吉尔的继承人。

在集团内部，努尔·贾汗和库拉姆亲王之间的分歧也日益加剧。1620年，努尔·贾汗将自己与先夫的女儿嫁给了贾汗吉尔的幼子沙尔亚尔。这一举动使得沙尔亚尔成为除库拉姆亲王、霍斯陆王子外的第三位王位竞争者。几乎同时，德干地区的反叛之火重新燃起，库拉姆被派去平乱，作为交换条件，他带走了霍斯陆王子作为人质。库拉姆在经历了长达6个月的战争后恢复了莫卧儿帝国对艾哈迈德讷格尔的控制，并且迫使贾布尔和戈尔康达向帝国交纳了巨额赔款。1621年，贾汗吉尔病重的消息传到德干，库拉姆趁机杀死了霍斯陆，排除了一名王位的有力竞争对手。1622年，莫卧儿宫廷内斗正酣之时，波斯萨法维王朝统治者沙·阿巴斯趁机夺取了坎大哈。沙尔亚尔受命统率大军远征坎大哈。与此同时，贾汗吉尔朝中一位实力派贵族马哈巴特·汗也从喀布尔返回加入了努尔·贾汗的阵营。这些变化使得远在德干的库拉姆感觉到自己大势已去，于是便起兵造反。但是库拉姆的这次反叛非但没有成功，反而给王位竞争中引入了另一名对手——帕维兹王子，从喀布尔赶回的马哈巴特·汗成为他的谋士。帕维兹王子势力的崛起又引起了努尔·贾汗的防范，她成功地平定了马哈巴特·汗发动的政变。1626年10月，帕维兹王子因饮酒过度在德干的布尔汉布尔去世。王位的竞争者又只剩下了库拉姆和沙尔亚尔。1627年，贾汗吉尔在克什米尔避暑期间身染重疾，最终在返程途中不治身亡。贾汗吉尔去世后，努尔·贾汗的兄弟阿西夫立即将她控制起来，并派人将库拉姆从德干召回。在库拉姆赶回之前，阿西夫又用计除掉了另一位王位竞争者——沙尔亚尔。1628年年初，在阿西夫的支持下，库拉姆被拥立为皇帝，称号"沙·贾汗"，入主阿格拉。

与阿克巴相比，贾汗吉尔或许并不是一位伟大的军事领袖。他将更多的精力投入到了帝国文化的建设中。在他的倡导下，莫卧儿帝国的文学艺术繁荣发展，工商业也十分发达，整个国家都呈现出了一派繁荣昌盛的景象。

沙·贾汗：帝国的全盛时代（1628—1658年）

沙·贾汗所继承的莫卧儿帝国拥有广袤的领土、无可匹敌的军事力量和巨大的财富。在沙·贾汗还是王子时期，他所立下的赫赫战功就足以证明其杰出的军事能力，并足以使他在国内和朝中树立起威信。但即便如此，沙·贾汗在登基之后不久还是遭到了阿富汗贵族汗·贾汗·洛蒂的背叛。

汗·贾汗·洛蒂是贾汗吉尔的宠臣，也是莫卧儿帝国拥有最高爵位的阿富汗裔贵族。在贾汗吉尔死后的王位之争中，贾汗·洛蒂并没有站在当时的库拉姆亲王一边，甚至还曾试图抵制这位新统治者。虽然贾汗·洛蒂最终还是来到了沙·贾汗的朝廷，但他仍旧担心新君会跟他清算往日的过节。沙·贾汗通过解散贾汗·洛蒂的追随者等手段逐步削弱这位大贵族的力量。终于，惶恐不安的贾汗·洛蒂为求自保于1629年10月秘密携带家眷随从由阿格拉逃往了德干。沙·贾汗立即派人追捕贾汗·洛蒂，在几次交锋中都将他打败。1630年，贾汗·洛蒂在经受了再一次的失败后，带着几百名骑兵向北逃亡，经过马尔，前往旁遮普。他本希望能够得到阿富汗人的支持，只可惜事与愿违，汗·贾汗·洛蒂最终被莫卧儿人擒获处死。

在沙·贾汗的领导下，莫卧儿帝国继续不断地向外扩张。1637年，沙·贾汗派兵吞并了巴格拉纳，并将这个原先由拉其普特人统治的小国并入了康德什省。在信德，莫卧儿官员们对这里的游牧民族进行了有效的统治，并且开始向信德的部落民征收赋税和劳役。还有一些在印度中部地区进行的军事行动，使得莫卧儿帝国对邦德尔坎得和冈德瓦纳的政治统治达到了一个新的高度。

在北方的山区，莫卧儿成功地征服了一个地处偏远的山国噶尔瓦尔。这个位于喜马拉雅山山麓的拉其普特人的国家曾在1635年击退了一支莫卧儿军队，并在此后一直保持着独立的状态。吃了败仗的莫卧儿人在此后的近20年内都没有再贸然向这个国家发起过进攻。1655年前后，沙·贾汗派去进攻噶尔瓦尔都城斯利那加的精锐部队再次铩羽而归。于是这位皇帝又集结了一支4000人的队伍，带着大炮进入山区，准备攻打斯利那加。面对莫卧儿军队的威胁，当时的拉贾屈服了，同意向帝国进贡，并送他的儿子到沙·贾汗的宫廷。

在噶尔瓦尔失败后，沙·贾汗将注意力转向了位于克什米尔北面的高山国家巴尔蒂斯坦[①]。在克什米尔的查克王朝被莫卧儿人征服后，巴尔蒂斯坦的穆斯林统治者为查克王朝的末代统治者提供了庇护。但查克王朝王族的王子们时常带兵回到莫卧儿帝国控制下的克什米尔抢劫。这种挑衅的举动惹恼了莫卧儿人。沙·贾汗命令克什米尔总督扎法尔·汗入侵巴尔蒂斯坦。1637年春天，扎法尔·汗带领2000骑兵和1万步兵远征巴尔蒂斯坦。虽然巴尔蒂斯坦人进行了顽强的抵抗，但终究不敌强大的莫卧儿军队。战败的巴尔蒂斯坦统治者阿布达尔不得不向莫卧儿缴纳高达100万卢比的赔偿，并承认了莫卧儿帝国的主权。最后这位巴尔蒂斯坦统治者和一位查克王朝的王公一起作为俘虏被带回到克什米尔。

在帝国的东北方向，阿霍姆人取代阿富汗人成为莫卧儿帝国的新敌人。在贾汗吉尔统治时期，莫卧儿与阿霍姆人几乎每年都有冲突爆发，但这些小规模的冲突并没有引发大的战争。直到1636年，一名莫卧儿派去阿霍姆人那里的特使遇害，这成为战争的导火索。在这场战争初期，阿霍姆人和其附庸、卡姆鲁普被废王公巴里·纳拉杨围困了哈焦，迫使当地守军

[①] 巴尔蒂斯坦，位于今巴基斯坦北部，是巴控克什米尔山区的一片山间盆地。当地人将此地成为"小西藏"。

投降。第二年，一支从孟加拉出发的莫卧儿军队重新夺取了战争的主动权。当年年底，莫卧儿人凭借强大的骑兵、炮兵、火枪和战舰击败了阿霍姆部队。在擒获巴里·纳拉杨后，莫卧儿重新占领了卡姆普鲁。为迎击莫卧儿军队，阿霍姆军几乎倾巢出动，可惜仍旧不敌莫卧儿人。1638年，阿霍姆王和莫卧儿王朝达成了一项和约。阿霍姆人承认莫卧儿王朝对卡姆鲁普的控制，而莫卧儿人则同意保持阿霍姆王国的独立。这项合约的达成，为这一地区带来了20年的和平稳定。

贾汗吉尔去世前，沙·贾汗一直掌管着德干地区，因此在德干地区扩大征服对这位皇帝来说可谓是轻车熟路了。在追击汗·贾汗·洛蒂的过程中，莫卧儿军队对艾哈迈德讷格尔发动了一场重大的战役，并于1632年完成了对该国的征服。受到这场胜利的鼓舞，沙·贾汗将分别位于德干西部的比贾布尔和东部的戈尔康达这两个穆斯林苏丹国定为下一个征服的目标。1635年，沙·贾汗要求两国的苏丹接受莫卧儿帝国的统治，年年进贡，并且接纳一名莫卧儿外交官进驻本国宫廷。戈尔康达的苏丹很快就答应了沙·贾汗的要求，承认莫卧儿人的统治。而比贾布尔苏丹一开始对莫卧儿皇帝表示了拒绝。但在三支莫卧儿军队齐集比贾布尔后，这位苏丹不得不在强大的武力威慑前屈服。由此，在控制了比贾布尔和戈尔康达后，帝国南部的边疆获得了几十年的稳定。

在莫卧儿人的传统战场中亚和坎大哈上，沙·贾汗并没有取得什么值得炫耀的胜利。17世纪40年代，沙·贾汗试图收复当时被乌兹别克人统治的帖木儿王朝故土。这片土地包括阿姆河北面的布哈拉和撒马尔罕以及南面的巴尔赫和巴达赫尚。17世纪40年代中期，乌兹别克人的内战给了沙·贾汗一展拳脚的机会。乌兹别克统治者纳扎尔·穆罕默德·汗向莫卧儿人求援。沙·贾汗立即答应了这一请求，并派遣穆拉德王子率领一支6万人的大军前往支援。莫卧儿皇帝本想通过这一战吞并乌兹别克人的国家或是把该国变成一个纳贡国。但莫卧儿在先期取得了一些对巴尔赫胜利后，便陷入了战争的泥沼，无法自拔。这样的僵局持续了大约两年的时间，最终以1647年10月，莫卧儿人和乌兹别克人达成的和约结束。莫卧儿人付出了两年的时间、成千上万的士兵的生命和4000万卢比的代价，所得到的结果不过是将帝国的边疆从喀布尔向北延伸了大约四五十公里。

萨法维王朝曾趁莫卧儿宫廷内斗之机夺取了坎大哈要塞。登基后的沙·贾汗一直想要一雪前耻，将坎大哈从萨法维王朝手中重新夺回。1638年，他终于等到了这个机会。当时驻守坎大哈的波斯守将阿里·马丹·汗为求自保，变节投诚莫卧儿王朝，并向莫卧儿皇帝献上了坎大哈。沙·贾汗大喜，立即任命这位波斯人为克什米尔总督，并给了他丰厚的赏赐。10年后，萨法维王朝的沙·阿巴斯二世利用莫卧儿在巴尔赫战败的机会，率军向坎大哈发起了进攻。由于对战局的错误估计，沙·贾汗轻视了波斯人的进攻，最终导致坎大哈陷落。萨法维王朝胜利后的第二年，即1649年，沙·贾汗亲自前往喀布尔组织了一支5万人的大军，交给他的儿子奥朗则布和另一位将领统领向坎大哈发起进攻。但莫卧儿军队还未攻破这座要塞，就在冬季来临前匆匆撤退了。1652年，奥朗则布再次率军尝试攻城，依旧未能成功。1653年、1654年，沙·贾汗最后一次夺回坎大哈的努力也宣告失败。莫卧儿军队过长的补给线和萨法维王朝坚守坎大哈的决心造成了沙·贾汗三战三败的局面，他为此付出了惨重的代价，但却一无所获。

沙·贾汗统治的三十年可以说是莫卧儿帝国最辉煌灿烂的岁月。阿克巴为帝国设计的核心制度，到了沙·贾汗时代并未发生重大变化。沙·贾汗在位期间，通过一系列的南征北战，使莫卧儿帝国的版图从信德延伸到锡莱特[1]，从西北的巴尔赫向南一直延伸到德干地区的南部边界，共设有22个行省。辽阔的领土也给帝国带来了不菲的收入。充盈的国库使得莫卧儿帝国有能力打造一支实力强大的军事力量。尽管这期间战争不断，但在帝国的大部分地区仍维持着和平和繁荣。沙·贾汗统治时期，莫卧儿帝国扩大了对外贸易、振兴了农业和工业、发展了文学和艺术、推广了教育，在建筑方面也取得了突出的成绩。

沙·贾汗是位勤政的皇帝，在他执政早期，对于帝国的大小事务都事必躬亲，毫不倦怠。但随着帝国疆域的不断扩张和国事的日益繁杂，他开始有意识地让渡一些权力给自己的儿子们。

---

[1] 锡莱特（Sylhet），位于布拉马普特拉河岸。

第四章 莫卧儿帝国

沙·贾汗与他的爱妃穆姆塔兹·马哈尔共育有四个儿子：长子达拉·舒科，他长期留居京城，最受沙·贾汗的宠爱；次子穆罕默德·舒贾，被任命为孟加拉、比哈尔和奥里萨的总督；三子奥朗则布，任德干四省的总督；四子穆拉德·巴克什则是古吉拉特和马尔瓦的总督。这四位成年王子间的关系十分紧张。虽然长子最得宠，但由于莫卧儿帝国并没有明确的继承制度，因此这四人都有可能在沙·贾汗死后成为帝国的统治者。其中达拉·舒科和奥朗则布相对于另外两个兄弟显得更有竞争力。达拉·舒科拥有折中主义的意识形态，因此得到了自由派的支持。而奥朗则布因为虔诚的伊斯兰教信仰而获得了保守派的支持。

1657年9月，沙·贾汗病重。虽然当时留居京都的达拉·舒科立刻封锁了这个消息，但消息在不久之后还是被泄露了出去。其他三位王子唯恐遭逢不测，于是决定先发制人。

时任孟加拉总督的穆罕默德·舒贾王子立即在拉杰默哈尔自立为王，在率军进攻德里的途中被达拉派出的部队击败。战败的舒贾王子带领他的残兵败将逃往了蒙吉尔。古吉拉特的穆拉德·巴克什王子随后于1567年年底举行了公开的加冕仪式，并做好了北上的准备。身处德干的奥朗则布与穆拉德·巴克什达成了一项合作计划。奥朗则布许诺如果成功夺得王位，便将旁遮普、阿富汗、克什米尔和信德交由穆拉德独立统治。此外，他还四处游说，说服了大多数德干贵族站在他的一边。1658年2月，奥朗则布命令他的部队北上，与穆拉德的队伍会合。两支部队会合后，在奥朗则布的指挥下打败了沙·贾汗的部队。同年5月底，奥朗则布率兵在阿格拉南面的昌巴尔河上同达拉的5万大军展开决战。面对奥朗则布的精兵猛将，达拉输掉了战斗，不得不逃离战场。随后，奥朗则布攻占了阿格拉城，并围困了身处阿格拉堡的老皇帝沙·贾汗。1658年6月，沙·贾汗投降成为奥朗则布的阶下囚。在占领了阿格拉后，奥朗则布又拘押了穆拉德王子，收编了他的部下。一个月后，奥朗则布在德里登基，称号"阿拉姆吉尔"，意为"世界霸主"。被拘押的沙·贾汗则于1666年初去世。

此前被达拉打败的舒贾王子召集了一支拥有25000骑兵的部队和一支舰队向奥朗则布发起挑战。1658年年底，奥朗则布击溃了舒贾的部队。遭

· 103 ·

遇溃败后的舒贾再次率领残部落荒而逃。此时，逃往古吉拉特的达拉征召了一支2万人的部队，想要重返阿格拉，救出被囚禁的沙·贾汗。1659年3月，奥朗则布率领一直装备精良的部队在阿杰梅尔城外，经过3天浴血奋战，击败了达拉的部队。达拉在战斗中侥幸偷生，又一次踏上了逃亡的道路。数月后，四处逃亡的达拉被擒，最终于1659年在德里被处死。之后，奥朗则布开始着手处理逃跑的舒贾王子。派去追击他的帝国军队将他一路向东逼退。1660年5月，舒贾带着家眷和亲信部队乘船离开达卡，投奔阿拉干国王避难。因为被怀疑谋反，舒贾王子在阿拉干被处死。最终，只有穆拉德·巴克什作为奥朗则布的俘虏仍旧苟延残喘。1661年初，一次营救穆拉德的失败行动使奥朗则布意识到必须要彻底铲除这个威胁。他以一起穆拉德犯下的谋杀案为由，将其处死。

奥朗则布：帝国衰落的开端（1658—1707年）

自1658年在德里登基，一直到1707年去世，奥朗则布在其统治莫卧儿帝国近半个世纪的时间里一直致力于帝国领土的扩张。这位精力充沛、能征善战的皇帝在次大陆上东征西讨，将帝国的疆域扩张到了鼎盛。

沙·贾汗的次子、奥朗则布的兄弟穆罕默德·舒贾王子曾是孟加拉的总督。在他因王位之争离任后，孟加拉的一些柴明达尔开始起兵反叛。莫卧儿人的宿敌阿霍姆人也趁机出兵吞并了卡姆普鲁。1660年，奥朗则布决心收复帝国的东北地区，他任命米尔·朱姆拉为孟加拉、比哈尔和奥里萨的总督。这位新总督上任的第一年就重新建立了行省政府，恢复了税收，在其掌管的三个地区树立起了帝国的权威。1611年底，米尔·朱姆拉集结了一支由4万余人和数百艘军舰组成的军队前去征讨叛变的库奇比哈尔。这个王国的统治者在莫卧儿大军抵达之前就已逃离，莫卧儿人未遭任何抵抗就夺取了该国的都城，从而把这个国家纳入了帝国的版图。随后，莫卧儿军队向被阿霍姆人占领的卡姆普鲁开进，迅速打败了阿霍姆人的抵抗，收复了卡姆鲁普的都城高哈蒂。1662年，莫卧儿军队攻占了阿霍姆王国的都城噶尔冈，夺取了城内大批的财宝、武器和粮食，不过阿霍姆国王和他的朝廷在莫卧儿人到达前就已经逃离了这里。对阿霍姆人的征伐一直持续到1663年阿霍姆王向莫卧儿人乞和。阿霍姆王同意成为莫卧儿帝国的附庸、遣送一名女儿与莫卧儿人联姻、进献大量财宝，并同意放弃包括达朗在内的西部诸县的大片领土。这场胜利的成果还未来得及巩固，就随着能干的米尔·朱姆拉总督的去世而被破坏了。莫卧儿朝廷未能派出一位强有力的新总督来继承和巩固米尔·朱姆拉的胜利，而针对和约产生的分歧再次引发了莫卧儿人和阿霍姆人的冲突，就这样原本被莫卧儿帝国占领的卡姆鲁普都城高哈蒂几经易手终于在17世纪80年代落入了阿霍姆人之手，莫卧儿帝国也彻底失去了对这片地区的控制。在孟加拉湾东岸的吉大港，莫卧儿军队取得了一次重大的胜利。帝国军队挫败了阿拉干的马格人和葡萄牙人的海盗活动，吞并了马格人的老巢。此外，奥朗则布登基后，帝国的军队还完成了对位于比哈尔以南、焦达讷格布尔和中印度山区之间的帕拉茂的征服，将这个偏僻的小山国纳入了帝国的政治体系。

1667年，斯瓦特河谷中一位优素福扎伊部落的酋长自立为王，并领导该部落同驻扎在阿托克和白沙瓦的莫卧儿军队展开了激战。这次起义最终被由德里赶来的一支9000人的部队镇压。此后，帝国西北地区的帕坦人部落又发生了一系列反对莫卧儿人统治的起义。奥朗则布毫不犹豫地对这些起义进行了有效的镇压。1672年，在优素福扎伊部落起义5年后，阿弗里迪部落的酋长阿克马尔·汗自立为王，还以自己的名义铸造货币，并封闭了商队往来的开伯尔山口。其他反对莫卧儿人统治的帕坦部落也加入了这次起义，并对白沙瓦至喀布尔之间驻扎的帝国军队发起了袭击。1674年年中，奥朗则布亲自率军来到西北山区镇压起义。在军事打击的同时，他还向反叛的首领许以奖赏来诱使他们停止叛乱。1675年4月，奥朗则布返回德里，新任的喀布尔总督埃米尔·汗奉命继续处理这一地区的叛乱。他以重金、高位贿赂了一些酋长，使他们放弃了反叛。在埃米尔20年的任期内，帝国的西北地区再也没有发生过大规模的部落起义。

自阿克巴时代起一直延续的兼容并蓄的政治文化在奥朗则布执政后发生了转变。奥朗则布希望将莫卧儿帝国伊斯兰化，使帝国变成一个行使伊斯兰教法、维护印度穆斯林利益的伊斯兰国家，并且要尽一切可能鼓励异教徒皈依伊斯兰教。为此，奥朗则布除了提高乌里玛的地位、鼓励发展伊斯兰文化、修葺清真寺和大力支持宗教事业外，还对非穆斯林颁布了许多歧视性的法令。奥朗则布的新政策引发了帝国内一连串的反对莫卧儿人的起义。

锡克教的第九任古鲁特格·巴哈杜尔坚决反对奥朗则布的宗教政策并在公共集会上谴责这位皇帝的倒行逆施。奥朗则布将这位叛逆的古鲁监禁在了德里，要求他改宗伊斯兰教。在遭到拒绝后，奥朗则布残忍地处死了这位宗教领袖。1675年，特格·巴哈杜尔之子戈文德·辛格作为被指定的继承人成为第十任古鲁。此时的锡克教已吸引了成千上万的农民、手工业者加入。在教徒的支持下，戈文德·辛格在1699年成立了锡克教徒公社。他将古鲁的权力让渡给了公社，规定在公社内部实行民主制，所有的成员一律平等。为强化锡克教徒的身份认同，他要求教徒们要在名字中加入"辛格"一词，人人都要蓄长发、佩剑、穿短裤、戴梳子和铁手镯。戈文德·辛格举起了锡克教起义的旗帜，他宣布要推翻莫卧儿帝国的统治，在白沙瓦到拉合尔之间建立起一个锡克教国家。在他的领导下，锡克教徒曾多次打败奥朗则布派来镇压的军队，其武装力量最多时曾达8万人。奥朗则布去世后的第二年，第十任古鲁被帕坦人杀害，这一度影响了起义的士气。他的继承人继续领导锡克军队与莫卧儿人交战，并于1710年占领了锡尔欣德全境。锡克军想要继续进攻拉合尔，但未能成功。之后，莫卧儿统治者派大军前来镇压，锡克军队最终战败。这次失败未能熄灭锡克教徒的起义之火，他们将武装力量化整为零继续抵抗莫卧儿帝国。

奥朗则布刚一继位就遭遇了来自马拉特人的挑战。马拉特人信仰印度教，居住在德干西部今印度马哈拉施特拉邦一带。莫卧儿帝国时期，马拉特人处于比贾布尔苏丹国的统治之下，以农耕为生。17世纪后半期，莫卧儿帝国的征伐加重了对马拉特人的剥削，损害了他们的利益。于是，他们团结在了西瓦吉·朋斯拉的周围，试图摆脱压迫，争取独立。

西瓦吉·朋斯拉的父亲是比贾布尔王朝的一名将军，拥有蒲那附近的一大片采邑。西瓦吉18岁时夺取了本属于父亲的采邑，并开始以此为基地在德干西部山区扩张自己的领地。趁比贾布尔苏丹染病无法理政之机，西瓦吉继续扩大自己的势力，直到17世纪50年代脱离比贾布尔建立了独立王国。1657年，比贾布尔的新苏丹继位后无法容忍西瓦吉独立王国的存在，于是派军前去征讨，并取得了一定的成功。1660年，莫卧儿帝国的德干总督清除了马拉特人的抵抗力量，占领了蒲那，并派兵驻守西瓦吉的北部领土。莫卧儿人的这次胜利并没有挫败西瓦吉的勇气，他在此后的几年时间里又进行了一系列抵抗，并大获成功。直到1665年，莫卧儿帝国的贾伊·辛格将军奉皇帝之命从蒲那出发准备消灭西瓦吉并吞并比贾布尔。面对莫卧儿大军的猛烈进攻，西瓦吉毫无抵抗之力，只得割地投降，成为莫卧儿皇帝的附庸。后来，西瓦吉被贾伊·辛格说服，北上前往帝国的朝廷。但在朝廷受到的不公平待遇，使得他愤然逃回家乡。当时，正在西北地区作乱优素福扎伊部落分散了奥朗则布的注意力，给了西瓦吉以喘息的机会。1670年，西瓦吉集合一支15000人的军队，北上袭击了莫卧儿帝国最富庶的海港苏拉特，并在此后的四年里洗劫了莫卧儿境内的康德什和比贾布尔。受到这一系列胜利的鼓舞，西瓦吉于1674年灌顶，自立为王。之后，这位新国王巧妙地施展了自己的纵横之术，先是与莫卧儿帝国德干地区的总督们达成了停战协议，然后又与戈尔康达国达成协议，由后者资助马拉特人抗击莫卧儿军队。1677年年初，西瓦吉率军进入戈尔康达首都海德拉巴，并在这里与库布特·沙王朝苏丹达成协议，共同举兵吞并比贾布尔。戈尔康达国和西瓦吉的联盟取得了对比贾布尔的胜利，西瓦吉由此吞并了大量的土地。1680年3月，马拉特人的首领西瓦吉去世，他所建立的独立国家最终由他的儿子沙姆巴吉继承。

1678年年底，马尔瓦的统治者贾斯万特·辛格去世，王位空悬。奥朗则布独断地任命了贾斯万特·辛格的侄子为马尔瓦的统治者。此举引发了主张拥立贾斯万特·辛格遗腹子的拉其普特贵族的不满。为防止拉其普特人作乱，奥朗则布派他的儿子穆罕默德·阿克巴王子率领一支军队攻占马尔瓦。拉其普特人最初的抵抗虽然以失败告终，但很快整个马尔瓦地区就都燃起了战火，相邻的梅瓦尔拉纳也给予了马尔瓦支持。但这两只拉其普特军队都没能阻挡住莫卧儿军队。1679年年底，莫卧儿军队占领了梅瓦尔的都城乌代布尔，梅瓦尔拉纳和他的随从逃入山中，继续抵抗莫卧儿人。

奥朗则布虽然在平息拉其普特人的叛乱上取得了一定的成功，但他却失去了儿子阿克巴王子的忠诚。在平乱期间，拉其普特人不断地派遣密使游说阿克巴反对他的父亲，并最终劝服了这位王子。1681年1月1日，阿克巴自立为王，走上了反叛奥朗则布的道路。他曾领兵在阿杰梅尔城外与奥朗则布对战。但奥朗则布使出的离间计很快就分化了阿克巴的部队，他的不少官吏和士兵倒戈，这位王子不得不带着几名亲信仓皇出逃。阿克巴的叛乱分散了帝国投入到镇压拉其普特人上的精力。梅瓦尔的拉纳最终同意和莫卧儿帝国缔结和约，终止战争，为此他付出了割地和永久缴纳吉齐亚①的代价。

阿克巴称帝的消息传出后不久，马拉特人的新统治者沙姆巴吉率军深入莫卧儿帝国治下的康德什，对那里一个繁荣的商业城镇进行了长达3天的洗劫。这一举动惹恼了奥朗则布。与此同时，已然成为反对奥朗则布针对非穆斯林的不公正政策的代表的阿克巴在德干地区也对他的父亲形成了严重的威胁。为此，皇帝意识到必须要立即采取行动。奥朗则布在与梅瓦尔缔结和约后，立即领兵南下。这一次，他几乎动员了帝国的最精锐的武装力量。他将军队部署在德干的诸多战略要点上，以阻挡马拉特人的进攻，并在接下来的四年中，不断派兵入侵马拉特王国，以阻止沙姆巴吉和阿克巴联合北上。这样的部署仅能防止马拉特人对帝国治下的德干地区的劫掠，而想要完全征服马拉特王国所需要付出的代价却远远高出了奥朗则布的预想。于是，奥朗则布将注意力暂时转移到了比贾布尔和戈尔康达上。1685年9月，比贾布尔苏丹投降，这个苏丹国成为莫卧儿帝国的一个行省。1687年初，奥朗则布率军进入戈尔康达，直取海德拉巴。8个月后，戈尔康达也被并入了帝国。

在吞并了比贾布尔和戈尔康达这两个苏丹国后，奥朗则布得以腾出手来继续对付马拉特人了。此时，久久不能得到马拉特人支持的阿克巴王子早已心灰意冷，他和数十名随从一起租了一条船前往波斯的萨法维宫廷寻求庇护。而沙姆巴吉则在这段时间里一致沉湎于酒色，罔顾国政，他的行为引起了马拉特人的极大不满。1688年末，正在宫中享乐的沙姆巴吉和他

---

①向不信仰伊斯兰教的人们征收的人头税。

的首相被莫卧儿人擒获，带到了奥朗则布的大营。在莫卧儿大营中，沙姆巴吉受尽羞辱，最终被判处死刑。

通过一系列的战争，莫卧儿帝国彻底征服和吞并了比贾布尔、戈尔康达和马拉特国家，为帝国增添了四个新的行省。至此，莫卧儿帝国的南部边疆伸展到了最远的范围。在德干取得胜利后的奥朗则布并没有选择班师回京，而是继续留在德干，希望通过战争能够重建秩序和恢复帝国的权威。

沙姆巴吉的弟弟拉贾拉姆在1689年加冕，成为马拉特王国的第三位统治者，他选择逃往南方，避难于金吉要塞。拉贾拉姆加冕后的八年里，东南沿海变成了莫卧儿人和马拉特人之间争夺的主战场，直到1689年，莫卧儿人最终攻克了金吉要塞，俘虏了拉贾拉姆的妃子和儿女，拉贾拉姆则成功逃脱。逃离金吉后，拉贾拉姆在萨达拉建立起了他的朝廷。为此，奥朗则布决定向马拉特人发动圣战，并在艾哈迈德讷格尔附近击败了马拉特部队。拉贾拉姆虽侥幸逃脱，但在几个月后的1700年3月还是因病去世了。拉贾拉姆死后不久，他的夫人塔拉·巴伊将其年仅4岁的儿子扶上了王位。她希望以割让城池和派遣马拉特骑兵为德干总督效劳为条件同奥朗则布进行和谈。作为回报，后者需承认她的儿子为马拉特之主，并赐封爵位。但奥朗则布拒绝了塔拉·巴伊的和谈请求。他选择继续靠武力征服马拉特人。1700年至1705年的五年间，帝国的军队占领了11座马拉特人的据点。但是数量庞大的马拉特部队仍旧在帝国战线以外的地方活动，时不时地对莫卧儿人发动袭击。虽然马拉特军队还没有强大到能够打败帝国的军队，但他们的游击战术也给奥朗则布的军队造成了不小的损失。

自1680年以后，奥朗则布的大部分精力和帝国的大量资源都投入到了在南方的战事中。帝国在北方的统治，则交给了他的儿孙和得力的贵族们维护。帝国的西北部地区相对和平、稳定。而在东北部，阿霍姆王国的新君则计划着击退莫卧儿人、收复高哈蒂。1682年，阿霍姆军队将帝国军队击退至马纳斯河，并将这条河变成了与莫卧儿帝国的边界。莫卧儿人在东北地区的扩张已经陷入了停滞阶段，与此相反，阿霍姆人的野心却在不断扩大，到奥朗则布统治结束时，他们已经开始准备入侵孟加拉了。

常年的征战和繁重的政务耗尽了奥朗则布的心力。1706年，身患重疾的皇帝自前线退回到了艾哈迈德讷格尔，并于一年后死在了这里。无休止的德干战争使得奥朗则布长期远离帝国位于北印度的中心地带，严重威胁着帝国统治的稳定。旷日持久的战争极大地消耗了莫卧儿帝国的资源，但这些巨大的付出并没能如奥朗则布所愿扭转德干地区的形势。再加上1702年至1704年危害了整个德干地区的自然灾害，使得这里的公共秩序、政治稳定和工农业生产都出现了严重的倒退。奥朗则布死后，庞大的莫卧儿帝国开始走向衰落。

第二节 帝国的衰落和瓦解

奥朗则布1707年3月在艾哈迈德讷格尔的大营中去世后，莫卧儿王子们为了争夺王位又开始了彼此厮杀。身处帝国大营的阿扎姆·沙王子在皇帝去世后立即宣布继承帝位，率军北上阿格拉。而身处兴都库什山区的穆阿扎姆王子在20天后才收到奥朗则布驾崩的消息。他在接到消息后立即率部南下阿格拉。在拉合尔以北的一个地方，穆阿扎姆称帝，取尊号"巴哈杜尔·沙"。6月1日，巴哈杜尔·沙占领了德里，十余天后又抵达了阿格拉。1707年6月中，阿扎姆·沙和巴哈杜尔·沙在杰焦相遇。阿扎姆·沙和他的两个儿子在杰焦之战中被杀，他的部队溃散而去。就这样，巴哈杜尔·沙取得了对阿扎姆·沙的胜利。接着又传来了他的兄弟穆罕默德·卡姆·巴克什在比贾布尔独立称王的消息。1708年5月，巴哈杜尔·沙率领30万大军南下。和谈失败后，巴哈杜尔·沙的部队于1709年年初包围了卡姆·巴克什。在随后的战斗中，卡姆·巴克什和他的两个儿子都战死了。

帝国危机重重

奥朗则布去世后，马瓦尔的统治者阿吉特·辛格将莫卧儿驻军从焦特布尔赶走，重新控制了他的都城。他在杰焦之战后，并没有承认巴哈杜尔·沙的权威，而是选择对抗这位莫卧儿的新皇帝。支持他的还有安伯的贾伊·辛格和梅瓦尔的统治者阿马尔·辛格。1708年年初，巴哈杜尔·沙亲自率军占领了安伯，废除了贾伊·辛格，把该国的王位授予了为他积极效命的、贾伊·辛格的兄弟维贾伊·辛格。梅瓦尔的统治者通过贿赂莫卧儿人而免遭入侵。之后，莫卧儿军队轻而易举地占领了马瓦尔的都城焦特布尔。阿吉特·辛格投降，并亲自前往觐见皇帝巴哈杜尔·沙。莫卧儿人对焦特布尔和安伯的占领进一步加强了帝国对拉贾斯坦的控制。阿吉特·辛格和贾伊·辛格在跟随巴哈杜尔·沙前往德干征讨穆罕默德·卡姆·巴克什时逃脱。在梅瓦尔拉纳的支持下，他们又恢复了对各自都城的控制。他们还试图联合围攻阿杰梅尔的莫卧儿堡垒，但最终以失败告终。朝廷内部在处理这两位反叛的王公的问题上发生了分歧，有人主张对他们进行严厉镇压，也有人主张对他们进行安抚。就在朝廷为此争论不休时，1709年末锡克教教徒发动了反对莫卧儿人的起义。最终，焦特布尔和安伯被赐还给了两位王公，他们也被准许返回自己的王国。

自奥朗则布时代起，针对德干的马拉特人的无休止的战争就没能取得彻底的成功。在他死后，阿扎姆王子决定同马拉特人和解，他释放了沙姆巴吉的儿子沙胡吉。这位王子一直被幽禁在帝国的大营里，是受莫卧儿帝国的文化熏陶成长起来的。巴哈杜尔·沙在继位战争的最后阶段授予了这位马拉特王子高等莫卧儿爵位。在沙胡吉觐见巴哈杜尔·沙，并提出想要担任德干诸省的大德什穆克的要求时，塔拉·巴伊派来的特使也向莫卧儿皇帝提出了同样的和谈要求。二者都许诺作为回报，原意平息叛乱和恢复繁荣。巴哈杜尔·沙采取了一种暧昧的办法，他将二者都任命为了大德什穆克。这种政策不但没能恢复德干地区的和平稳定，反而使得两派马拉特人为最高权力展开了激烈的争夺。在巴哈杜尔·沙统治的最后两年，马拉特人的武装在莫卧儿帝国的南方诸省肆无忌惮地进行掠夺，有时甚至深入到了马尔瓦地区。面对大群的马拉特军队，莫卧儿军队的抵抗显得十分乏力。巴哈杜尔·沙时期，帝国在德干地区的权威愈发衰落了。

1712年初，巴哈杜尔·沙病重，在他去世之前，身边的四位王子就已经开始积极谋划争夺王位了。巴哈杜尔·沙的次子阿兹姆-乌什-善王子是王位最有力的竞争者，但反对他的却是朝中最有权势的贵族祖尔菲卡尔·沙。后者与其他三位王子联盟来对付阿兹姆王子。1712年1月12日，巴哈杜尔·沙驾崩，在此之前夺位之战就已经爆发。在拉合尔经历了三个月的战斗后，阿兹姆王子被打败，在逃亡的路上不幸丧生于拉维河的流沙中。在剩下的三位王子中，祖尔菲卡尔·沙选择支持最温和的贾汗达尔·沙。打败了另外两位王子后，贾汗达尔·沙于1712年3月底在拉合尔城外的战场上自立为王。

贾汗达尔·沙在继位后将都城迁回了德里。这位性情温和的新皇帝在权势上远逊于支持他登上王位的祖尔菲卡尔·沙。后者凭借着在继位战争中的地位、声誉和政治军事资源，开始代替皇帝行使权力。皇权旁落和帝国同时面临的政治、财务危机使得贾汗达尔·沙在登基后没多久就受到了阿兹姆王子的儿子法鲁克·西亚尔的挑战。法鲁克·西亚尔自孟加拉总督任上起兵，于1713年年初在阿格拉击败了帝国的军队。贾汗达尔·沙逃往德里，被俘虏后与祖尔菲卡尔一起被杀。

法鲁克·西亚尔也不是一位能够力挽狂澜、扭转帝国颓势的君主。在他执政期间，朝中的派系争斗成为帝国唯一重要的政治事件。在法鲁克·西亚尔向德里进发时，任命了赛义德·阿卜杜拉·汗为帝国的首席财政官，阿卜杜拉的兄弟赛义德·侯赛因·阿里·汗为帝国的大巴克什。后来，法鲁克·西亚尔感受到了来自赛义德兄弟对自己帝位的威胁，于是他与反对赛义德兄弟的贵族开始密谋除掉这两兄弟。1713年至1719年这六年间，皇帝与赛义德兄弟之间的矛盾逐渐激化。1718年，赛义德兄弟与沙胡吉达成协议，承认马拉特人获胜。两兄弟准备同沙胡吉和马拉特人在南部进行合作，以换取对后者在朝廷斗争中给予的政治和军事支持。1719年2月，赛义德兄弟发动宫廷政变，拥立巴哈杜尔·沙的孙子拉菲-乌德-达扎特王子为皇帝。赛义德兄弟在抓获了法鲁克·西亚尔后刺瞎了他的双眼，并把他囚禁在了城堡中。两个月后，法鲁克·西亚尔被扼死。

赛义德兄弟所扶持的傀儡皇帝拉菲-乌德-达扎特在几个月后便死于肺结核。之后赛义德兄弟又扶持了拉吉-乌德-达乌拉，但这位新君在登基仅仅数周后也死于同样的疾病。最后被赛义德兄弟扶上王位的是巴哈杜尔·沙的孙子、贾汗·沙的儿子罗珊·阿克塔尔王子。1719年9月，罗珊·阿克塔尔登基，称号"穆罕默德·沙"。朝中的许多贵族都对赛义德兄弟深感不满，他们团结在马尔瓦总督尼扎姆的周围，反对赛义德兄弟的权威。1720年8月，尼扎姆在德干取得了一场对马拉特人和赛义德兄弟的联军的关键战斗的胜利。侯赛因·阿里·汗被暗杀，皇帝穆罕默德·沙投降了尼扎姆，而阿卜杜拉·汗则在当年11月战败被擒，并在两个月后被处决。

帝国的分裂

从奥朗则布去世到穆罕默德·沙登基，帝国中央政权的不稳定使得行省官员们有机会扩大自己的势力。在18世纪的前30年中，一些强力的官员们就已经在几个北方省份建立了初具雏形的地区王国。在德干地区，莫卧儿帝国的行政管理几乎陷入了瘫痪，马拉特人不断的侵袭和扫荡也对德干地区的繁荣产生了极大的破坏。帝国的税收呈直线下降趋势，财政危机愈发严重。穆罕默德·沙也并非一位能够拯救帝国的皇帝，在他漫长的统治期间，整个帝国结构逐渐崩塌，成为一个由诸多地区性国家构成的松散组合。

1738年至1739年间，取代波斯萨法维王朝的纳迪尔·沙对莫卧儿帝国发动了侵略战争。为了防止阿富汗入侵者逃入莫卧儿帝国治下的喀布尔省，他曾向莫卧儿皇帝寻求过援助，但却没能得到回复。于是，他率兵向伽兹尼进军，然后又轻而易举地攻克了喀布尔。1738年年底，纳迪尔渡过印度河占领了拉合尔。纳迪尔的入侵和准备进攻德里的消息并没有引起人们的重视。当权的贵族和拉其普特王公们都不肯统率大军迎击波斯人。1739年2月，纳迪尔·沙从拉合尔出发到达了锡尔欣德。直到此时穆罕默德·沙才率军出征。在对波斯人的战争中占下风的穆罕默德·沙不得不向纳迪尔求和，允诺向他缴纳赔款以换取他的撤军。纳迪尔·沙同意保留穆罕默德·沙的王位，但赔款的数额则要等他进入德里后再商议。1739年3月，波斯王以胜利者的姿态进入了德里。但在他入城后的第二天，不仅有波斯士兵在同德里居民争吵后被杀，还有人在街上朝纳迪尔·沙射冷枪。盛怒之下的波斯王立即下令对德里居民进行大屠杀，而且还几乎带走了这座城市的全部财富作为战争赔款。这次胜利还让纳迪尔·沙正式吞并了喀布尔行省和印度河以西的土地。

1748年4月，穆罕默德·沙去世，他的继任者艾哈迈德·沙也是位无能的君主，他把全部的权力让渡给了一位宦官，而自己则不问朝政，过着荒淫无度的生活。在登基六年后，穆罕默德·沙被废黜。

1747年6月，纳迪尔·沙遇刺身亡。他曾经的一个军官艾哈迈德在赫拉特建立了政权。之后，艾哈迈德占领了坎大哈，在整个阿富汗境内建立了他的统治。他多次派军入侵莫卧儿帝国，并在德里、旁遮普等地多次与帝国军队、马拉特人和查特人展开战斗。

到了18世纪50年代，莫卧儿帝国所统治的领土就只剩以德里和阿格拉为中心的一片地区了。莫卧儿帝国始终处于无休止的宫廷阴谋和地方军阀割据状态。从奥朗则布去世一直到1837年，莫卧儿帝国更换了14位皇帝，其中没有任何一位皇帝有能力再次统一整个帝国，反而是成为贵族们的傀儡。这个庞大的国家一直苟延残喘到1857年才正式宣告灭亡。

第三节　莫卧儿帝国的社会制度及经济发展

莫卧儿帝国的社会制度

莫卧儿帝国前两位统治者巴布尔和胡马雍的主要精力都投入到了帝国的建立与开疆拓土的征程中，在制度建设方面并没有什么突出成就。到了阿克巴执政时期，他一面继续扩大帝国的征服，一面对旧有的不合理的制度进行大刀阔斧的改革。他的改革成果显著，形成了一套具有莫卧儿帝国特色的穆斯林统治体制，在帝国政权的巩固和对外扩张过程中发挥了积极的作用。

与德里苏丹国时期依照伊斯兰教法承认哈里发的最高权威不同，莫卧儿帝国的君主自巴布尔起就主张王权至上。帝国的君主均以"帕迪沙"①自称，确立了独立自主的地位。阿克巴时期更加强调"王权至上"这种非伊斯兰的理论，这一理论打破了沙里亚法规定的君主需要由贵族、乌里玛推选的规定。他还更进一步规定君主享有对沙里亚法的解释权，而不是沙里亚法所规定的乌里玛。如此一来，莫卧儿帝国的君主就成为集最高宗教和世俗地位于一身的统治者了。

在阿克巴亲政后，他制定了强有力的中央集权制度，将军、政、司法的最高权力掌握在自己的手中。在摄政大臣贝拉姆·汗离职后，阿克巴便取消了首相一职，创设了分管财政、军事、宗室和宗教事务的四个专职大臣职位，以使大臣们在权力上能够互相牵制，不能独揽大权。

阿克巴对大多数新征服的地区都是采用直接兼并，统一进行行政区划的政策。省级行政机构的设置参照中央机构进行，受中央相对应的部门领导。省一级的官员主要由皇帝任命。阿克巴给予了省财政官较大的权力，以使其能够牵制总督，防范总督权力膨胀。省的下一级行政单位是县。县一级的官员任免也由皇帝直接进行，归省督领导。

在军事制度方面，阿克巴开创了军事品级制度——曼沙布达尔。莫卧儿帝国拥有一支庞大的军队，除了直接由中央和省负责招募、供养、训练和指挥的核心部队外，还有一类数量更为庞大的曼沙布达尔的军队，负责在战时作为补充力量或是主力。莫卧儿帝国全国统一制定了66个军事品级，按照品级的高低制定俸禄和分封作为军事采邑的土地。不同的品级所负责供养的骑兵数量不等。所需经费来自采邑的税收，不足的部分由曼沙布达尔自行筹措。曼沙布达尔要负责自己供养的部队的装备和训练，这些部队随时待命准备为国而战。曼沙布达尔供养的部队都需要注册登记，战马也都要进行统一的烙印。阿克巴新创的这项军事制度，既分担了中央的财政负担，又保证了君主对军队的稳固控制。

---

①帕迪沙（Padishah），意为"皇帝"。

莫卧儿帝国时期的经济发展

莫卧儿帝国时期，阿克巴新政、次大陆的逐步统一和相对长时间的和平稳定都为经济的发展和繁荣创造了有利的条件。

莫卧儿帝国时期，君主是全国土地的最高所有者。土地关系有三种类型：一小部分土地为君主直接占有，称为"哈里萨"。这部分土地上的税收主要供国家和皇室开支。一部分土地被分封给曼沙布达尔作为军事采邑。这部分军事采邑的土地被称为"札吉尔"[①]，土地的领有者则被称为"札吉达尔"。札吉达尔享有土地的税收，但札吉尔并不是世袭的，札吉达尔死后，其土地会被国家收回。不过这项规定在中央权力虚弱时就形同虚设了。另外一些土地的拥有者则被称为"柴明达尔"，这些人的土地不是来自国家分封的采邑，而是自莫卧儿帝国建立前就已拥有，后又得到了帝国的承认。这部分人中包括了印度教王公、部落首领、长期保税人、在农村征税的印度教官吏和某些村社的上层。其中印度教王公的土地是可以世袭的。

莫卧儿帝国时期，耕地面积扩大、农业技术进步、灌溉面积增加。棉花、甘蔗、蓝靛等经济作物在总耕地中种植面积占比增加，有些地区的专业化种植趋势进一步加强。粮食交易也开始普遍起来，储粮地窖随处可见，人们已经有能力储粮备荒了。手工业也呈现出了一片繁荣的景象。当时主要的手工业产品有细纱棉织物、丝织品、毛织或是丝织的围巾、地毯等纺织品以及用金、银、黄铜、紫铜、铁和钢制成的各种金属产品，例如武器和饰物等。

莫卧儿帝国时期，商业和城市日益繁盛，城乡间的贸易也开始逐步发展。城里能够买到各样的农产品，农村的市场上也出现了城市生产的手工业品。帝国内部各地区之间的贸易日渐频繁，农业专区和手工业专区之间开始通过贸易互通有无。除了国内贸易，莫卧儿帝国时期的外贸也取得了很大发展。欧洲商人的渗入，取代了原来的阿拉伯人，使印度与欧洲、西亚、北非之间的贸易量与日俱增。据说，当时印度每年能够向欧洲出口将

[①]札吉尔，波斯语，意为得到一块土地。

近8000包的纺织品。印度商人也仍旧在进行与上述地区和东南亚国家的贸易，且仍然在次大陆对外贸易中占据主体地位。随着次大陆上商品经济的发展，自17世纪中期起，印度城乡地区开始出现资本主义萌芽，但直到英国征服次大陆以前，这点萌芽还是呈现出很微弱的态势，整个次大陆仍是以自然经济为主。

第四节　莫卧儿帝国时期的宗教政策

莫卧儿帝国统治时期，次大陆上的穆斯林人口虽然有所增长，但印度教徒仍然占这个国家人口的绝大多数。莫卧儿帝国早期的统治者们在对次大陆进行征服的过程中，有时迫于形势需要不得不向非穆斯林发动圣战，但在非战争时期，他们又都对印度教采取了相对缓和的态度和政策。

早期的宗教宽容政策

阿克巴执政期间，他既有稳固穆斯林在印度的长久统治、争取印度教王公及印度教教徒支持的政治需要，又受到了苏菲派和虔诚运动关于宗教团结的宣传的影响，因而决定实行平等的宗教政策。他不仅取消了奴隶贸易、针对印度教徒征收的香客税和歧视非穆斯林的人头税，还取消了在税收上对穆斯林和非穆斯林的差别对待、官员的遴选也不再受宗教限制，此外，他还允许印度教建造寺庙，并且不再强迫非穆斯林战俘改信伊斯兰教。为了照顾印度教徒的宗教情感，阿克巴甚至带头不食用牛肉。在他的宫廷里，既庆祝伊斯兰教节日，也举行印度教的节日活动。阿克巴的这些措施深得人心，使得伊斯兰教和印度教及其他宗教有了平等共存的可能性。为了促进不同宗教和不同教派间的沟通和理解，他命人将印度教的经典翻译成了波斯文，还专门在他的新都城为伊斯兰教各派学者提供了论道的场所。阿克巴还时常亲自聆听不同宗教、不同教派的学者间的讨论。通过对印度教、耆那教、祆教、天主教等不同宗教的了解，他创建了一个超越已有宗教和教派的新的宗教团体——丁-伊-伊拉希[①]。阿克巴所创立的新的宗教团体主张不同信仰的人们应打破成见和隔阂，互相理解，和睦共处，共同信仰神和效忠君主。这个宗教团体要求成员保持一神信仰。16世纪80年代早期，阿克巴开始公开地用他本人发明的一套仪式崇拜太阳。教团成员应提倡理性主义，多做善事，过简朴的生活。此外，教团成员还要宣誓愿意为君主牺牲财产、生命、宗教和荣誉。阿克巴的教团还有一套完整的入教仪式：皇帝在圣火前亲自主持入教仪式。在整个仪式期间，新的信徒要始终行匍匐礼，将自己的头置于阿克巴的脚上。仪式结束时，阿克巴会搀扶起每位新教徒，在他的头上戴上新头巾，还要颁给他一枚雕刻有太阳标志的大奖章。在阿克巴的教团中绝大多数是穆斯林，印度教教徒只占少数。大多数印度教王公和穆斯林都对阿克巴的这一举动持怀疑态度，伊斯兰教的乌里玛甚至谴责阿克巴此举是要建立一种新的宗教，是一种离经叛道的行为。阿克巴去世后，这个将信仰神和效忠君主相结合的宗教团体又传承给了他的继承者贾汗吉尔。

后期宗教政策趋向保守

但到了沙·贾汗执政时，阿克巴和贾汗吉尔的宗教政策开始发生了变化。当时印度正统逊尼派穆斯林当中兴起了大规模的复兴运动。在其影响下，沙·贾汗的宗教政策突出了伊斯兰色彩，他开始用伊斯兰教法来审视莫卧儿帝国的政策。阿克巴时期开始执行的一些针对非穆斯林的自由主义方针开始有所收紧。在沙·贾汗继位的第六年，他颁布命令禁止建造、修缮神庙和教堂。他还热情地庆祝伊斯兰教节日，并重新开始资助朝圣者去朝觐。沙·贾汗时期的宗教政策虽然显得并不如阿克巴时期那样平等，但也可以说是兼容并蓄的。到了沙·贾汗的儿子奥朗则布继位后，莫卧儿帝国前期的宗教政策发生了根本的转变。奥朗则布希望将莫卧儿帝国打造成一个根据伊斯兰教法和为了印度穆斯林的共同利益而进行统治的伊斯兰国

---

① 意为神圣信仰。

家。这个国家应该尽一切可能传播伊斯兰教,鼓励异教徒改宗。为了实现将莫卧儿帝国伊斯兰化的设想,奥朗则布实施了一系列直接提高乌里玛及伊斯兰教机构的地位、权力和收入的措施。他停止了宫廷内一切非伊斯兰教的仪式,还花费巨资修缮和维护清真寺,支持宗教慈善事业。除了不断抬高穆斯林的地位外,奥朗则布还颁布了许多针对印度教教徒的歧视性法令,例如重新征收香客税、人头税;没收了给印度教教徒的赐地;在税率上区别对待穆斯林和印度教徒;要求省督和税务官解除印度教官吏的职务,并以穆斯林代之等。奥朗则布狭隘的宗教政策动摇了帝国稳固的统治基础,次大陆上反对莫卧儿人统治的起义接连爆发,帝国从此走向衰落。

第五节 莫卧儿帝国的绚烂文化

莫卧儿帝国时期繁荣的经济、相对统一稳定的局面以及君主们对文学、艺术的支持促进了这一时期文化的繁荣,为世人留下了许多瑰宝。

文学

与德里苏丹国时期一样,波斯语依旧是莫卧儿帝国的官方语言。在帝国君主们的积极推崇下,波斯语文学取得了突出的发展。这一时期除了涌现出大量优秀的波斯语诗人外,还有许多著名的史学家以波斯语著书立传。其中最富盛名的是阿布尔·法兹尔,他是史学家,也是诗人、散文作家和评论家,他的两本著作《阿克巴则例》和《阿克巴本纪》具有很高的史料价值。阿克巴在位时曾命人将包括《摩诃婆罗多》《罗摩衍那》这两大史诗在内的大量梵文典籍和著作翻译成了波斯语,使得穆斯林学者和贵族首次接触到了印度教经典和文学作品。

经过一段时间的发展,到了莫卧儿帝国时期,乌尔都语已经从口头用语发展成为成熟的文学语言。使用乌尔都语创作的人士,除了苏菲外,还出现了大批非宗教文人。他们的作品中既有反映苏菲神秘主义思想的内容，也有与现实生活息息相关的题材。但值得注意的是，过去在乌尔都语文学发展中起到中流砥柱作用的苏菲们，在莫卧儿帝国时期已经失去了往日的辉煌，反倒是后来涌现出的非宗教文人开始在乌尔都语文坛大放异彩。乌尔都语诗歌创作开始逐渐走向全盛，诗歌体裁有所增加，叙事诗和抒情诗成为主流。莫卧儿帝国时期创作的许多乌尔都语诗歌至今仍在巴基斯坦流行。这一时期比较著名的诗人有被尊为乌尔都语"诗圣"的米尔·德基·米尔（1722—1810年）。他创作过颂诗、悼亡诗、四行诗和叙事诗等多种体裁的诗歌，但主要长于写作抒情诗，他所创作的抒情诗可以说是乌尔都语抒情诗的样板。米尔生于乱世，一生历经沧桑，看尽了世态炎凉，因此他的诗中总是充满了痛苦、忧郁和悲观的情绪。

请不要把我称为诗人，
我的诗集本是愁苦凝成。

心如寒舍孤灯一盏，
薄暮初上便昏昏蒙蒙。

米尔心在焚，
晨灯不长明。[①]

米尔·德基·米尔一生共创作了六本乌尔都语诗集，他的诗歌至今仍广为流传。

有"颂诗之王""语言巨匠"美誉的米尔扎·穆罕默德·勒菲·绍达[②]、著名的叙事诗诗人米尔·哈桑（1741—1786年）、公认的乌尔都语

[①]《乌尔都语文学史》，第22页，[巴基斯坦]阿布赖司·西迪基著，山蕴编译，中国社会科学出版社，1993年。

[②]出生年月不详，据推测绍达大约生于1703年至1706年之间，于1781年去世。

诗歌巨擘和乌尔都语抒情诗大师米尔扎·伽立布（1797—1869年）都是莫卧儿帝国时期涌现出的杰出的乌尔都语诗人。

此外，乌尔都语散文也有所发展，已由过去简单的宗教小册子发展成为散文故事。其中比较著名散文作品有穆拉·沃西吉[①]的名著《趣味大全》，这个散文故事取材于波斯故事《心灵与美》，被认为是乌尔都语文学中第一个散文故事和第一篇散文作品。19世纪初，大诗人伽立布对乌尔都语散文的发展也做出了杰出的贡献，《伽立布书信集》是他的代表作品。伽立布以前，文人们通常使用波斯语写信，即便使用乌尔都语也要按照波斯语的韵文，过于繁复，华而不实。伽立布摒弃了这一传统，开始使用乌尔都语写信，力求表达通俗易懂。他的有些语言还十分风趣幽默，引人入胜。伽立布的书信中记述了大量的历史事件，为了解这一时期的史实提供了不少宝贵的材料。这些与过去的以才子佳人、英雄豪杰故事为主题的散文截然不同，为乌尔都语散文开阔了视野。因此，伽立布也被称为近代乌尔都语散文的开拓者。

建筑

莫卧儿帝国时期，建筑艺术的发展达到了顶峰。那时建造的许多建筑精品至今仍矗立在印度的德里、阿格拉和巴基斯坦的拉合尔等城市。长期相对的和平稳定与繁荣，使得莫卧儿人能够大兴土木，并且有条件使用一些贵重的材料，追求艺术上的精益求精。莫卧儿帝国时期，伊斯兰教和印度教艺术混合的建筑风格愈发明显。轮廓鲜明的圆顶、带石柱的宫殿大厅、巨型拱顶大门和流水花园是这一时期建筑最鲜明的特色。建筑取材自印度各地。

沙·贾汗统治时期，莫卧儿建筑在数量和艺术上都达到了顶峰。这一时期建造了许多宫殿、城堡、清真寺和花园。其中最辉煌、最为世人所熟知的建筑非阿格拉的泰姬陵莫属了。这座陵墓是沙·贾汗为了纪念故去的爱妻穆姆塔兹·马哈尔而建造的。陵墓用白色大理石筑成，自1631年动

[①] 出生年月不详，卒于1656年至1671年之间。

工，耗时二十余年才完工，共花费了大约450万英镑。在泰姬陵洁白的墙壁上镶嵌有呈花卉图案的五颜六色的宝石，巨大的圆顶轮廓优美，四角还矗立着四座对称的尖塔显示出对称之美。这座"世界第七大奇迹"是莫卧儿帝国时期的建筑瑰宝，是一座"完美的建筑"，享有"印度明珠"的美誉。在今天巴基斯坦的拉合尔古堡内也有一座见证沙·贾汗与爱妻穆姆塔兹·马哈尔爱情的宫殿——镜宫。据说，穆姆塔兹·马哈尔曾对沙·贾汗说自己希望能够拥有一座即使躺在床上也能一睁眼就看到满天星斗的寝宫。于是，沙·贾汗便命国内的能工巧匠按照爱妻的要求在拉合尔古堡内建造了这样一座寝宫。镜宫由上乘的大理石建成，宫殿内侧顶端有一个穹形圆顶，四面墙上镶嵌有各色宝石，穹顶和四壁粘贴了90万片红色、蓝色和褐色的玻璃片。如果在大殿的中央放上光源照射，那么各色镜片便开始如群星般闪耀。可惜的是，在这座精美绝伦的宫殿完工时，穆姆塔兹·马哈尔已经去世了，她至死也没能住进这座镜宫。除此之外，坐落在今天巴基斯坦拉合尔的皇家清真寺、拉合尔古堡、贾汗吉尔陵和夏利玛公园也都是莫卧儿帝国时期建筑的杰出代表。

绘画

莫卧儿王朝时期，君主们突破伊斯兰教法的约束，开始支持和促进绘画的发展。这一时期出现了细密画，并形成了莫卧儿画派。爱好艺术的胡马雍当政时曾聘请了两位波斯画家来到自己的宫廷，教导他和儿子阿克巴绘画。阿克巴继位后，又命这两位波斯画家培训印度画家，为《阿米尔·哈扎姆的故事》作插图。这之后，为文学著作绘制插画便开始流行起来。借此机会，印度的一代画家也开始慢慢成长起来，形成了莫卧儿画派。这些印度画家中既有穆斯林也有印度教教徒。到了贾汗吉尔统治时期，绘画进一步发展，除了给文学作品画插图外，画家们还开始以王公、淑女、花卉、禽兽、生活实景、狩猎情景、甚至战斗场面为题材，创作出了很多写实的画作。莫卧儿帝国时期的绘画风格早期带有明显的波斯印迹，随着印度本土画家数量的增加，他们开始把印度的特色融入到了自己的作品中，例如写实主义、立体画法、使用印度特有的颜料等。于是，印度的绘画也逐渐形成了自己的风格。但到了奥朗则布登基后，受伊斯兰教正统宗教观念影响，他反对绘画、音乐，撤消了对绘画艺术的赞助，还把宫廷画家赶了出去。如此一来，刚刚兴盛起来的绘画艺术便遭到了严重的打击。

音乐和舞蹈

奥朗则布前的几任莫卧儿君主都曾赞助和鼓励过音乐、舞蹈的发展。他们邀请穆斯林音乐家、舞蹈家来到自己的宫廷。穆斯林音乐家和舞蹈家们带来了具有伊斯兰特色的音乐、舞蹈，还有新的乐器及表演风格。这些伊斯兰元素与印度传统音乐和舞蹈相融合，形成了具有印度特色的新的音乐舞蹈风格。但到了奥朗则布继位后，音乐和舞蹈都成为被禁止的艺术门类，宫廷乐师、舞者们也被从宫廷中扫地出门。

第五章 英国殖民统治时期

奥朗则布去世后不久，次大陆就出现了诸国割据的局面。在反抗莫卧儿人统治的起义中建立起来的国家、重新恢复独立的藩属国和省督们自行建立的地区性王国构成了当时主要的独立或者是半独立国家。

随着帝国势力的衰落，马拉特人对帝国的劫掠更加猖狂，这些国家还形成了一个联盟，在其首领的领导下四处征战，扩张马拉特联盟的土地。18世纪四五十年代，马拉特联盟几乎占领了整个德干地区和北印度的部分地区，成为次大陆上实力最强的割据势力。

18世纪30年代，锡克教教徒反对莫卧儿帝国的斗争再起。到了60年代，锡克教教徒已经占领了旁遮普全境，军事领袖们在所占领的土地上建立了锡克教的国家。在孟加拉、奥德、海德拉巴、卡尔纳提克等地，省督们在自己的地盘建立了地区性的国家，但在名义上仍然承认莫卧儿皇帝的权威。印度南部的迈索尔是在莫卧儿帝国解体过程中由地方首领建立的一个国家。该国的军队在司令海德尔·阿里的领导下成为南印度装备最优的部队。通过向外扩张，迈索尔的疆域北抵克里希那河，南跨科佛里河，东部与卡尔纳提克接壤，西部濒海。

整个18世纪上半期，次大陆上割据的诸国彼此间征战不休。在北印度，他们不断蚕食莫卧儿帝国残存的领土。18世纪50年代，莫卧儿帝国所控制的领土就只剩以德里、阿格拉为中心的一片地区了。在南印度，马拉特联盟、海德拉巴和迈索尔之间不断角力。

次大陆上无止境的内战给了一直对印度西北部虎视眈眈的波斯和阿富汗统治者以可乘之机。1738年，波斯统治者纳迪尔·沙入侵印度，洗劫了德里。10年后，他曾经的部下、后来的阿富汗统治者艾哈迈德·沙大举入侵。此后的10多年中，阿富汗军队先后12次入侵次大陆。阿富汗人成为希望在北印度建立霸权的马拉特联盟的劲敌。马拉特人组织了一支45000人的军队迎击阿富汗人。1761年年初，马拉特军队和阿富汗军队决战于帕尼帕特。在这片对莫卧儿人有里程碑式意义的战场上，马拉特军队全军阵亡，遭受了毁灭性的打击。但是作为胜利一方的阿富汗人也没能在印度站稳脚跟，为了稳定国内政局，艾哈迈德·沙不得不撤出印度。

次大陆上各种势力彼此倾轧的混乱局面，对于次大陆的人民来说无疑是深重的灾难，但对于英国殖民者来说则可谓是天赐良机。

第一节　英国人的早期统治——东印度公司统治时期

最早进入次大陆的西方人并非是英国人，而是在欧洲地理大发现时期力拔头筹的葡萄牙人。

葡萄牙人的兴衰

早在德里苏丹国时期，葡萄牙人的航船就已经到达了印度西海岸。1498年5月，达·伽马率领航队绕过了好望角，到达位于印度西海岸的卡利卡特。同年秋天，他从这里带着大批印度的丝绸、香料、象牙和宝石等物品离开。四年后，达·伽马再次来到印度。虽然这一次他想要取代阿拉伯人，垄断与印度的贸易的尝试以失败告终，但他还是成功地在其初次登陆的卡利卡特、科钦及坎纳诺尔建立了商业据点。1505年，葡萄牙政府任命了首任驻印度总督。四年后，第二任总督阿布奎基上任。上任后的第二年，这位葡萄牙人就从比贾布尔苏丹手中夺取了果阿。之后他又在印度洋建立了一系列的海军基地，并依靠本国强大的海上实力占领了马六甲和霍尔木兹海峡。阿布奎基完成了达·伽马的愿望，取代阿拉伯人垄断了东方的海上贸易。阿布奎基的继任者们又建立了许多新的商业据点，如西海岸的第乌、达曼、萨尔赛特、巴塞因、乔尔和孟买等。16世纪中叶，他们在锡兰开辟了据点，在吉大港、胡格利和孟加拉的其他地方也都出现了葡萄牙人的商业据点。葡萄牙人的远航除了带有商业目的外，还有对外传播基督教的需求。在他们占领的地区，当地的穆斯林和印度教徒受到了疯狂的迫害。阿布奎基的军队在攻占果阿时，屠杀了当地所有的穆斯林居民。他们袭击沿海地区，将掳走的妇女儿童卖为奴隶。为了强迫当地居民改信基督教，他们尝试了各种手段。葡萄牙人四处拆毁印度教寺庙，还成立了针对穆斯林和印度教教徒的宗教裁判所。他们用尽了残酷的手段来羞辱不肯改变宗教信仰的人,如在阿拉伯穆斯林的嘴中塞进污物,再用猪肉堵住;或是将印度教婆罗门的耳朵割去,缝上狗的耳朵。这些残酷的政策引起了印度人民的反抗,派驻印度的葡萄牙官员们又都腐败不堪,再加上莫卧儿军队的南下、强大的葡萄牙海军开始走向衰落随着其他西方人的到来,最早进入次大陆的葡萄牙人逐渐丧失了他们的优势。到了17世纪40年代,葡萄牙人的商业据点就只剩下西海岸的果阿、达曼和第乌三处了。

荷兰人与英国人的角逐

最早冲击葡萄牙人对东方贸易的垄断地位的是荷兰人。自1596年开始,荷兰人进行了几次远航,成功地绕过好望角到达东方。17世纪初开始,荷兰的工商业和航运业取得了飞速发展,荷兰的船只遍布世界各地。在东方,荷兰的海上实力也开始超越葡萄牙。这些对于荷兰的商人来说都是莫大的鼓舞。1602年,他们组成了荷兰东印度联合公司,并被授予了宣战、签约、占有土地和修筑要塞的权力。最初,荷兰东印度公司将目光投向了马来群岛,击败了早已在此建立了商业据点的葡萄牙人,建立了同这一地区的香料贸易。1641年,荷兰人夺取了葡萄牙人占领的马六甲,之后又将葡萄牙人赶出了锡兰。荷兰人还在几年之内赶走了在爪哇、摩鹿加群岛以及附近其他岛屿上建立了商业据点的英国人,彻底实现了他们对苏门答腊、爪哇和摩鹿加群岛的香料贸易的垄断。之后,荷兰人将目光转向了次大陆。他们入侵了马拉巴尔海岸,驱逐了那里的葡萄牙人。此外,荷兰人还同孟加拉地区保持着十分兴旺的贸易往来,他们将孟加拉、比哈尔和古吉拉特的纺织品、生丝、大米和靛蓝等商品运出,换取马来群岛的香料和胡椒,借此获得了巨额的利润。自1653年起,荷兰人就在胡格利地区建立了自己的贸易中心。但莫卧儿帝国的孟加拉总督舒贾王子授予英国公司的广泛贸易特权,对荷兰人在孟加拉的贸易产生了不利的影响。为此,荷兰人与英国人之间发生了激烈的冲突。胡格利一役,英国大败荷兰舰队。1781年,荷兰人彻底被赶出了次大陆,他们在印度西南海岸的商业据点也都被英国人占去。

第五章　英国殖民统治时期

　　1493年，教皇下了一道敕令，在大西洋上画出了一条想象的界线，规定西班牙对界线以西的地方拥有主权，界线以东的非洲和亚洲则为葡萄牙所有。碍于这道命令，对印度的财富充满向往的英国人无法从葡萄牙人那里分一杯羹。到了16世纪后半叶，教皇势力衰落，葡萄牙被西班牙兼并，英国人终于等到了去往东方的机会。1588年，英国战胜西班牙的"无敌舰队"，开始在海上建立霸权。两年后，为莫卧儿帝国和东方的财富所诱惑的英国商人们成立了英国东印度公司。1600年12月底，伊丽莎白一世女王为东印度公司颁发了特许状，允许该公司享有好望角以东的贸易垄断权。1601年，英国人开始向东方进发。英国商人最初的目标是与苏门答腊、爪哇和摩鹿加群岛进行香料贸易，但由于葡萄牙人和荷兰人的坚决抵制，他们只好将目光转向了次大陆。1608年，威廉·霍金斯船长受东印度公司派遣来到了苏拉特。他觐见了当时的莫卧儿皇帝贾汗吉尔，要求在印度港口通商，由于葡萄牙和苏拉特商人的反对，英国人的这一要求没有得到应允。1612年，英国的贝斯特船长击败了葡萄牙舰队，进入苏拉特港。这次胜利鼓舞了英国人的士气。1613年，贾汗吉尔颁发诏谕，允许英国人在苏拉特建立商馆。终于在印度次大陆有了立足之地的英国人开始由沿海向内地扩展他们的商业活动。1615年，英王詹姆斯一世任命托马斯·罗伊爵士为特使来到莫卧儿朝廷为英国商人争取贸易上的便利。经过长达三年的努力，托马斯·罗伊爵士从贾汗吉尔手中为东印度公司争取到了多种特权。有了这些权力，英国商人又在阿格拉、阿默达巴德和布罗奇等重要的城镇开设了商馆。1668年，东印度公司从英王查理二世手中接管了孟买。这处原本属于葡萄牙人的商业据点作为查理二世的王后、葡萄牙公主凯瑟琳的陪嫁成为英王的产业。

　　1633年，英国人在莫卧儿帝国东北部的奥里萨建立了第一个商业据点。1651年沙·贾汗在位时，英国人获准在胡格利开设一所商馆。当时的孟加拉总督舒贾王子还给予了英国商人一项特权，他们每年仅需缴纳三千卢比就可以免除一切关税。受这项特权的鼓舞，英国商人扩大了在孟加拉的贸易，并先后在达卡等地又开设了许多商馆。17世纪末，眼看莫卧儿帝国大势已去的英国开始蠢蠢欲动，他们试图通过武力侵略印度，使这片土地变成自己的永久领地。一支英国舰队袭击了胡格利，但由于奥朗则布予以了坚决的还击，英国人这次袭击并没讨到便宜。反而付出了1.7万英镑并保证日后不再有不轨行为，才得以恢复在孟加拉的贸易。奥朗则布去世后的第二年，东印度公司与一家英国的竞争对手合并，成立联合东印度公司。1715年，东印度公司的外科医生治愈了莫卧儿皇帝法鲁克·西亚尔患病的女儿。为此，皇帝准许东印度公司每年只需交纳三千卢比，便可免去孟加拉的关税。此外，皇帝还免去了英国人在古吉拉特的关税，作为回报，他们只需每年交纳一万卢比，并赋予了东印度公司造币和税收的权力。

英法之争

18世纪，随着葡萄牙和荷兰势力的衰弱，法国成为英国在次大陆上的有力竞争对手。为了满足法国商人与次大陆直接进行贸易的需求，1664年，在法王路易十四和科尔贝尔的授意下，法国东印度公司成立。四年后，法国商人们开始先后在苏拉特、马德拉斯附近的本地治理①等地建立了据点。法国商人在来到次大陆后，集中精力扩大贸易，不久便成为英国的劲敌。英法两国间的商业竞争日益激烈。1740年，欧洲爆发了奥地利王位继承战争。这场战争中，英法两国在欧洲的敌对状态很快延续到了印度，使得两国在次大陆的矛盾骤然升级，继而爆发了战争。1746年，第一次卡尔纳提克战争爆发，法国人取得了胜利。这次战争之后，英法两国的军队开始经常性地参与从莫卧儿帝国独立出来的割据王国间的战争。两年后，1748年，海德拉巴和卡尔纳提克两国发生王位之争，英法两国各自支持一边，由此引发了第二次卡尔纳提克战争。此次的战果是英国反败为胜，法国在印度的势力日渐衰弱。1755年，《本地治理条约》签订，两国同意不再干预印度内部事务。次年，欧洲七年战争爆发，再次波及印度。

---

①本地治理，是法国人从比贾布尔苏丹处得到的一个小村庄，后来发展成为法国在印度属地的首府。2006年9月，本地治理恢复原名普度治理（Puducherry），泰米尔语意为"新村"。

1758年，第三次卡尔纳提克战争爆发。在这次战争中，法军未能完成摧毁英国沿海据点的目标，反而被英军反守为攻，占领了几乎所有原本属于法国人的据点。1761年，本地治理被英军攻陷，这标志着法国在印度大势已去。根据欧洲七年战争结束后签订的《巴黎条约》，包括本地治理在内的五个据点最后还是被交还给了法国，但同时规定了法国人不能在据点设防。第三次卡尔纳提克战争之后，法国在次大陆的军事实力被彻底清除，仅保留了商业势力。原本与英国势均力敌的法国已不再是英国的对手了。英国奠定了在印度进行殖民统治的牢固基础。

在与法国交战的同时，英国殖民者们也在等待插手其他地区事务的机会。孟加拉最先为英国人提供了这样的机会。

奥朗则布去世后，莫卧儿帝国逐渐分崩离析。孟加拉和奥里萨脱离帝国的统治成为独立的王国。孟加拉、比哈尔和奥里萨是当时次大陆上最富庶的地区，英国在这三地也设立了许多商馆，拥有广泛的商业利益。孟加拉纳瓦布阿里·瓦迪汗统治时期，有鉴于在南印度发生的事件，始终对外国人的侵略野心有所防范。他积极维护主权，不允许欧洲人在商业据点构筑军事设施。但英国人无视纳瓦布的规定，不仅在加尔各答增修了炮台，还积极参与到纳瓦布的王位之争中。1756年，阿里·瓦迪汗指定的继承人、他的外孙西拉吉-乌德·道拉继位。新任纳瓦布要求拆除增修炮台的命令再次被英国人无视了，英国人甚至还收留了纳瓦布的政敌。因此，纳瓦布决定通过武力使英国人屈服。他先是派兵攻占了英国人在卡西姆巴扎尔的商馆，接着又出兵占领加尔各答，将英国人逼退到了海上。远在马德拉斯的英国总督闻讯后立即派兵收复加尔各答。1757年年初，英军重新占领加尔各答。面对前来增援的英军，年轻的纳瓦布不知所措，只得与英国人议和，他答应恢复东印度公司在孟加拉原有的权利，并对他们的损失给予赔偿。但英国人并不愿意就此放弃这个征服孟加拉的良机。英国人与觊觎王位的、纳瓦布的将军米尔·贾法尔、亲英的银行家和想要从中捞一笔的大商人们开始密谋推翻纳瓦布西拉吉的统治。接着，英国人以纳瓦布收留法国人为由，再次挑起了战事。纳瓦布西拉吉率7万孟加拉军与3000名英国军对阵普拉西。战场上，被英国人收买的孟加拉将领按兵不动，使得3000名英军不战而胜。战败逃走的纳瓦布西拉吉在几天后被杀害。米尔·贾法尔被扶上纳瓦布之位，成了英国人的傀儡。这场战役的胜利使得东印度公司获得了对孟加拉的实际控制权，也开启了东印度公司武力征服印度的进程。1763年年中，英国人新扶植的纳瓦布举兵造反，但遭到了失败。于是，他逃到奥德求援，当时正在奥德的莫卧儿皇帝沙·阿拉姆二世决定帮他收复孟加拉。1764年10月，孟加拉和奥德联军被英国人打败，英军进入奥德。但考虑到此时吞并奥德有些力不从心，于是东印度公司将奥德的大部分土地归还给了纳瓦布，以换取500万卢比的赔偿金和在奥德驻军的权力，部分土地则送给了莫卧儿皇帝以换取公司在孟加拉、比哈尔和奥里萨的财政管理权。直到1772年，东印度公司才最后接管了孟加拉的全部统治权。

英国人对孟加拉的征服并没有引起印度王公们的注意，他们依旧忙于彼此间的争夺和厮杀。18世纪60年代，英国人开始了在南印度的领土扩张。迈索尔和马拉特联盟是英国在南印度征服路上的劲敌对手。英国对迈索尔的征战自1767年开始，断断续续地持续了三十余年之久。在第一次英迈战争之后，迈索尔、海德拉巴和马拉特联盟组成的反英联盟曾一度威胁到英国在南印度的殖民统治。英国人对这个联盟采取分化瓦解的策略，最终造成了该联盟的破产。此后，英国人积蓄力量，又对迈索尔展开了三次战争。虽然迈索尔的提普苏丹一直在奋力抵抗英国殖民者的侵略，但终究不敌英国、马拉特联盟和海德拉巴的三方同盟以及内奸的叛变。1799年第四次也是最后一次英迈战争爆发，提普苏丹阵亡，迈索尔的大部分领土被英国人兼并，海德拉巴也得到了一些领土，仅剩的少部分领土由英国人扶植的原印度教王公后裔管理。一支英国军队驻留迈索尔，并由迈索尔供给。迈索尔的灭亡是印度次大陆上各地方王公只顾一己私利、各自为政所造成的恶果。英国人正是利用了这一点才得以完成对德干地区以南的印度的征服。

迈索尔之后，马拉特联盟成为英国人的下一个征服目标。此时的马拉特联盟正忙于内战，根本无暇顾及英国人的侵略。马拉特联盟的内部矛盾正给了英国殖民者以可乘之机。1775年，英国人对马拉特贵族古纳特·拉奥的支持引发了第一次英马战争。在这次战争中，两军相持不下，胜负难分。1782年年中，根据双方签订的和约，英国人只得到了撒尔塞特岛，其他领土的归属则仍旧恢复到战前的状态。1803年和1817年又先后爆发了第二和第三次英马战争。不过，到了第三次英马战争时，曾经拥有强大实力的马拉特联盟已经变得不堪一击，这次战争以英国大获全胜告终。这次战争之后，马拉特联盟不复存在。有相当一部分马拉特王公的领地被英国人兼并，各王公的国家也都成为依属英国东印度公司的土邦。在彻底征服了马拉特后，英国人采用驻军和签订条约的办法将一大批王公变成了自己的藩属国。从1818年到1823年，次大陆上出现了一波订立附属同盟条约的高潮。这大大提高了英国征服的速度。

19世纪20年代末，信德和旁遮普仍旧保持着独立。进入30年代，东印度公司将信德的三个小国强行变为了自己的附属国。1843年，东印度公司又以三国统治者对英国不忠为借口，武力兼并了三国，完成了对信德的征服。此时，旁遮普地区存在着一个强大的锡克教国家。该国完成了对萨特累季河以北至印度河的统一，并征服了克什米尔。1845年年底，英国人开始进攻旁遮普。他们利用锡克教国家内部大封建主、军队上层和由锡克军队下级军官组成的军人委员会之间的矛盾，从内部分化、破坏由军人委员会领导的抗英斗争。1849年3月29日，英国当局宣布兼并旁遮普，至此，英国人完成了对印度的征服。

东印度公司在征服印度的过程中除了直接采用军事手段外，还使用了建立附属国的方式。使用两种不同手段征服而来的领土上也就因此形成了两种不同的统治形式，即直接领有的殖民地和间接统治的附属国。附属国的军事和外交都要受到东印度公司的监督，王位继承也须得到公司的批准。附属国仅在内政方面享有一些自主权。这也就形成了近代的土邦制度。由东印度公司直接统治的地区被称为"英属印度"，而其他众多的附属国则被称为"印度土邦"。

对印度的殖民统治为英国的资本主义原始积累提供了大量的财富。17世纪到18世纪初，英国商人通过廉价收购印度的棉布、丝绸、黄麻、靛蓝和香料等货品，再高价贩售回欧洲，赚取了巨额的利润。从征服孟加拉以后，英国殖民者开始通过直接征收土地税来剥削次大陆人民。年年增高的土地税税额使得广大农民不堪重负，印度的农村迅速凋敝，农民的反抗和暴动不断发生。为此，英国殖民者们不得不实行柴明达尔永久地税制①、莱特瓦尔地税制②和马哈瓦尔地税制③等新的土地税制来继续榨取民脂民膏，保证自己的利益。英国殖民者这种敲骨吸髓式的剥削严重破坏了印度的农村经济。

在为英国的资本主义原始资本积累提供了大量的财富后，印度又在工业革命完成后沦为英国商品的市场和原料产地。随着殖民者需求的变化，殖民政策也就自然而然地发生了改变。英国议会于1813年、1833年和1853年通过的三个特许法案标志着英国对印的殖民政策进入了新的阶段。

1813年，英国议会通过特权法案，取消了东印度公司对印度贸易的垄断权，允许所有英国企业与印度自由通商。此后，英国商人不再收购印度的香料和棉纺织品，转而开始从印度输出大工业所需要的棉花、生丝等农业原料。英国生产的棉纺织品、五金制品等大工业产品则通过这项法案开始涌入，并由城镇向农村扩散，逐步充斥了印度市场。这使得印度传统的棉纺织业等手工产业受到了沉重的打击。众多手工业阶级失业、破产，沦落到了十分悲惨的境地。英国的印度总督本丁克勋爵在1834年报告中说道："悲惨境况在商业史上是无与伦比的。棉织工人的白骨使印度平原都白成一片了。"④为了进一步打击印度的手工业，英国殖民者还采取了有差别的关税政策。对印度出口的商品征收高额关税，而对从英国进口的货

---

①柴明达尔永久地税制的纳税人为柴明达尔。他们向政府交纳估定地税额的十一分之十，此数额永远不变。柴明达尔如不能按期如数交纳，其土地将被政府收回并被拍卖。

②莱特在阿拉伯语中意为"农民"，莱特瓦尔意为"农民持有者"。这种税制的纳税人为占有土地的农民。该税制在所有未实行柴明达尔制的地区推行。税率相当于土地总产量的45%左右。税率非永久性，可以进行变化调整。

③马哈，印地语意为"庄地"，马哈瓦尔的意思是"庄地持有者"。这种税制按庄地定税，庄地的拥有者是纳税人。根据纳税人身份的不同，税率也有所不同，税率是可以变动的。

④《印度的发现》，第270页，[印度]贾瓦哈拉尔·尼赫鲁著，向哲濬等译，上海人民出版社，2016年。

物则只是象征性地收取一些关税。为了将印度变为英国农业原料的供应地，殖民当局自19世纪30年代开始到70年代为止，在次大陆上所有非永久性税制地区进行新的税制改革。通过改革，经济作物的种植面积扩大，在市场上出售的农产品数量也有了显著的增加。在次大陆内部贸易中，英殖民者还利用垄断重要商品经销权和增加印度商人赋税等手段打压和排挤印度商人。在英国人的打压下，印度本土的商业不断萎缩，商人们逐渐沦为英国商人的代理人，开始以推销英国产品和收购本土农产品为业。

英国殖民者们还意识到了推行新的思想文化政策为实现经济目标服务的重要性。1813年通过的法案规定，每年用于文化教育的拨款不少于10万卢比。一种"在英国人和被他们统治的亿万印度人中间造就一个中间阶层，这些人从血统和肤色说是印度人，但其趣味、观点却是英式的"的观点适应了英国殖民政策新阶段的需要。1858年，总督参事会决定将每年的教育拨款用来推广西方教育。在这种教育体制中培养出来的中间阶层将成为英国殖民统治的可靠助手，成为渗透西方文明的媒介。

英国的殖民统治在残酷剥削印度的同时，也为次大陆带来了前所未有的变革。英国商品在印度市场上的倾销，一方面打垮了印度传统的民族工业，但另一方面也为商品经济在次大陆的发展提供了广阔空间。推广西方教育虽然是英国殖民者为了维护自身统治的需要，但也在客观上传播了西方资产阶级的思想，批判了封建陋习，在推动印度知识界实现思想变革方面发挥了积极的作用。

第二节　1857年民族大起义和英王接管印度

早在18世纪后半期，不堪英国殖民者残酷压迫和剥削的印度人民就已经开始了反抗。这一时期，既有由少数不甘任由英国摆布的王公们所领导的起义，也有不堪英国人勒索的柴明达尔所领导的暴动。但对英国殖民统治者最具威胁的还是印度底层人民的起义。柴明达尔永久地税制开始实施后，许多农民失去了他们世代拥有的土地，高额的地税使得他们的生活更加困苦。孟加拉、孟买、迈索尔等地不堪重负的农民纷纷揭竿而起。例如伊斯兰教瓦哈比派在北印度领导的起义就一直持续到了19世纪60年代。这支起义队伍提出了驱逐英国侵略者和建立人人平等的社会等明确的纲领，在反英斗争中取得了不少战斗的胜利，最后因不敌英军先进的武器而被镇压。不过印度绝大多数的反英起义都缺乏有力的组织和明确的纲领，因此很快便被英国殖民者镇压下去了。

1857年反英大起义

1813年，英国议会通过特权法案，新的殖民政策开始在次大陆推行，印度进一步沦为英国商品倾销的市场和原材料产地。印度传统的手工业遭受了巨大的冲击，许多手工业者失业、破产，不得不回流到农村。而英国殖民者对农村的残酷已经严重破坏了印度的农村经济。回流的城市手工业者使得本已不堪重负的农村环境进一步恶化。与此同时，在英国军队中服役的印度籍士兵的处境也愈发艰难了，不仅津贴减少，原本享有的一些特权也都被取消了。英国殖民者对印度直接统治的加强还触动了一些印度王公贵族和封建地主的利益。在上述因素的综合作用下，针对英国殖民者积攒已久的民怨终于在1857年爆发。

起义爆发的前一年，也就是1856年年中，印度农村就开始传递一种神秘的薄饼，在印度士兵当中也开始传递荷花作为反英起义的信号。印度教的婆罗门和伊斯兰教的宗教人士四处鼓励人们参与反抗，不少王公贵族也在为反英而进行秘密活动。经过一段时间的酝酿，一颗涂有动物油的子弹终于引发了印度人民的暴动。

1857年初，英印军队中开始推广使用新式来福枪。这种枪支的子弹外涂有猪油或是牛油，在上膛前必须要用嘴咬开才能使用。军中的穆斯林和印度教教徒都认为这侮辱了自己的宗教情感。许多印度士兵因拒绝使用这种子弹而遭到了镇压，并被判以重刑。镇压进一步激怒了印度籍的士兵们。当年5月10日，驻扎在德里附近的米鲁特的印度士兵率先起义。他们杀死了几名英国军官、烧毁了营房、释放出被囚禁的同伴。起义军于次日抵达德里，并得到了德里城内军民的响应。在消灭了德里的英国势力后，起义军占领了德里，推举82岁高龄的莫卧儿帝国皇帝巴哈杜尔·沙二世为起义军的领袖。起义军们以莫卧儿皇帝的名义宣布恢复莫卧儿帝国的政权，号召全国人民不分种族和信仰，团结一致，共同驱逐英国侵略者。起义军占领德里极大地鼓舞了身处于水深火热之中的印度人民，各地军民纷纷揭竿而起。在不到四个月的时间里，起义的红旗就已插遍了几乎整个印度北部和中部地区。印度的农民、手工业者、城市贫民和起义的主力印度土兵相互配合几乎将起义区内的殖民政权扫荡一空。从5月10日举事一直到当年的8月，起义呈现出一片轰轰烈烈向前发展的态势。

起义爆发时，4万多名英籍士兵分散在印度各地，根本无力镇压这次汹涌的起义。时任驻印度总督的坎宁急忙调回侵略伊朗的军队、截留下正准备派往中国的侵略军，并从锡克人、帕坦人和尼泊尔廓尔喀人中招募士兵。在一些对英国殖民者忠心耿耿的王公贵族的支持下，英殖民当局于6月初开始对起义军进行镇压，以德里、坎普尔、勒克瑙等城市为重点进攻目标。当年7月，坎普尔最先被攻克。英军自反攻开始便将德里围困，但直到援军抵达后才开始大规模攻城。9月14日，英军使用50门重炮轰开了德里的城墙，城内的起义军民与英军浴血奋战，重伤敌人，但在坚持了6天后最终不敌，不得不撤出该城。占领德里的英军抓获了巴哈杜尔·沙二世和他的两个儿子及一个孙子。巴哈杜尔·沙二世的子孙在被俘后遭到了枪决，他本人则被流放仰光，直到五年后客死他乡。至此，莫卧儿帝国正式宣告灭亡。德里陷落后，次大陆上的起义形势开始急转直下。1858年3月，勒克瑙被英军占领，并和德里一样遭到了屠城。起义在主要城市的失败并没有挫败印度人民，次大陆东部和南部仍有不少地区在继续抵抗。1858年4月开始，大起义转入了游击战阶段。游击战士在各地民众的配合下，以袭击小股英军、切断交通线、炸毁军火库等形式继续斗争，但对于殖民统治者来说，这种小规模的骚扰已不再能构成威胁。曾参与起义的王公、贵族、地主眼见大势已去，又都纷纷转投英军了。到了1859年春天，燃烧了近两年的起义烈火逐渐熄灭了。

1857年开始的民族大起义在全盛时期曾波及到了次大陆近三分之二的地区。英国军队中的印度土兵是这次起义的主要力量。缺乏广泛的群众基础、统一的纲领、有力的组织和起义军中的封建主倒戈都是造成大起义失败的原因。这次起义虽然失败了，但它在政治、军事和经济方面还是给了英国殖民者以沉重的打击，同时也有力地推动了印度民族独立运动的发展。

女王接管印度

英国政府在平定了起义之后不得不重新调整对印政策，东印度公司在次大陆的统治宣告终结。1858年8月2日，英国议会通过《印度政府法》[1]。该法案规定结束东印度公司在印度的统治，宣布印度由女王接管，总督[2]代表女王行使对印度的统治。按照这一法案的规定，在女王接管印度后，英国内阁中将设一名印度事务大臣，负责管理印度的事务。印度总督需听命于内阁。英女王接管印度后，还对原来的总督参事会和法院系统进行了调整，以达到拉拢印度上层人士和知识分子的目的。原本属于公司的军队被改为国家的军队。在人员比例上，印度土兵比例降低，英籍士兵比例提高。印度土兵的来源也发生了变化，殖民政府开始招募锡克教徒、帕坦人和尼泊尔廓尔喀人参军，这些人成为日后印度土兵的主体。

为了巩固在印度的统治，英国殖民者一方面拉拢印度的土邦王公，加强与他们的政治联盟，另一方面又通过宣布印度人享受与英国臣民平等的待遇、排除种族歧视、维护信仰自由来扩大统治的社会基础。英王接管后放弃了原先的兼并土邦的做法，并将有些已经被兼并的土邦归还给了原来的统治者或者其继承者。1877年，英王宣布兼任印度皇帝，印度土邦成为英王的臣属。为了抚慰地主阶级，殖民当局改革了东印度公司时期执行的有损他们利益的地税制度。此外，殖民当局还扩大了立法会议，吸收印度人参加。自1892年新的立法会议改革实施起，一批印度资产阶级活动家开

---

[1] 又称《改善印度管理法》。

[2] 之后又被加上了"副王"的头衔。

始进入中央和省立法会议。英王接管后对印政策中所发生的一系列变化都是为了拉开社会中上层与下层人民之间的距离，使类似1857年民族大起义中不同阶级相互联合反英的事件再无发生的可能。当局对王公贵族和封建主的拉拢、安抚手段颇有成效。英王接管后，这一阶层完全站到了殖民统治者一边，他们之间的联盟得到了巩固和加强。但英国殖民者想要将民族资产阶级也拉拢到自己阵营的如意算盘却落空了，随着印度民族工商业的发展，资产阶级开始提出越来越高的要求。

第三节 穆斯林的启蒙运动

19世纪50年代开始，资本主义工业大生产开始在次大陆发展起来。随着民族工商业的发展，印度民族资产阶级同英国殖民者之间的矛盾日益突出，次大陆上的民族运动也开始有了新的发展。

穆斯林启蒙运动

相较于19世纪二三十年代在印度教徒当中开始的启蒙运动，出现在穆斯林社会中的资产阶级启蒙运动要晚了二三十年。1857年民族大起义中，随着莫卧儿末代皇帝的流亡，穆斯林在次大陆的政治势力被毁灭殆尽。穆斯林贵族和伊斯兰教上层宗教人士丧失了往日的优越地位。对于这一切的罪魁祸首英国人，穆斯林社会抱有强烈的反感情绪，对于先进的西方教育他们也采取抵制的态度。另一方面，英国人则认为穆斯林应负起1857年反英起义的主要责任，并对他们进行了残酷的镇压。对穆斯林缺乏信任感的英国人也很少在政府部门中启用他们。1871年，在孟加拉政府里服务的印度人中有711位是印度教徒，而穆斯林雇员人数还不及印度教徒的八分之一，英国针对穆斯林的打压政策可见一斑。19世纪六七十年代，商品经济和资本主义关系开始在穆斯林社会中发展起来。穆斯林逐渐打破自我封闭，开始与"外面的世界"进行接触。越来越多的穆斯林进入近代学校学习。这些接受了新知识的穆斯林成为开始启蒙运动所必须的人才。而此时，更早接受近代教育的印度教教徒在社会地位上已经将原本高高在上的穆斯林远远撇在了身后。这种现象深深地刺痛了穆斯林启蒙活动家们，他们感受到了穆斯林的落后和提高自身地位的必要性。

19世纪后半期，资产阶级启蒙运动在穆斯林社会中开始了。赛义德·艾哈迈德·汗、阿布杜尔·拉蒂夫和赛义德·阿米尔·阿里是当时主要的启蒙活动家。

阿布杜尔·拉蒂夫出生在孟加拉，曾在加尔各答穆斯林学院求学，并在毕业后不久担任该校的英语和阿拉伯语教授。他还曾担任过孟加拉政府的副行政长官、加尔各答管区的行政长官等公职，直到1887年退休。1863年，由阿布杜尔·拉蒂夫在加尔各答建立的文学社成为第一个穆斯林启蒙团体。这个团体的宗旨是关心当代政治和了解现代思想意识。

赛义德·艾哈迈德·汗（1817—1898年）出身于德里的一个贵族家庭。他原本在殖民当局担任法官，1870年退休后，将全部精力投入到了穆斯林复兴的活动中。赛义德·艾哈迈德·汗认为穆斯林若想实现复兴必须要与英国殖民统治者建立起融洽的关系。在他的努力下，不仅英殖民当局对穆斯林的打压政策有所软化，还有许多穆斯林开始意识到只有学习英语、学习西方的科学技术才能摆脱落后的状态。1863年，赛义德·艾哈迈德·汗在加齐普尔创办了一所学校，并将英语列为必修课。次年，为了使穆斯林能够了解西方学术界的最新发展，他又创办了一所翻译学会[①]，将西方一流的英语著作译成乌尔都语。1868年左右，赛义德·艾哈迈德·汗又专程前往英国，仔细考察了那里的教育制度、政治制度和科学技术。1870年回到印度后，赛义德·艾哈迈德·汗成立了穆斯林教育促进会，创办了《社会改革家》报，以宣传西方先进的思想和科学技术。他主张民众使用乌尔都语写作，以取代"曲高和寡"的波斯语和阿拉伯语。为此，他身先士卒，使用乌尔都语写作了许多著作，使普通群众也能够了解他的思

---

① 后更名为科学协会或科学社。

想主张。为了按照西方的制度创办一所高等教育学校，赛义德·艾哈迈德·汗奔走在次大陆各地对穆斯林社会进行游说，以获得他们对办学计划的支持。但是这一办学计划却遭到了穆斯林正统派的激烈反对。保守的乌里玛认为这所即将成立的学校所采用的新的教育制度是在传播非正统的宗教思想，会把穆斯林青年引入背弃信仰的歧途。保守派的反对并没能阻挡住赛义德·艾哈迈德·汗的办学热情。1877年，第一所穆斯林近代学院在阿利加尔成立。这所学院被命名为穆斯林英语——东方语学院。除了革新教育外，赛义德·艾哈迈德·汗还提出了改革伊斯兰教的陈旧规定，使之与新的社会环境相适应的主张，以及促进商贸、在农村应用先进耕作技术等经济方面的主张。赛义德·艾哈迈德·汗不仅要求伊斯兰各教派要相互团结，还积极拥护印度社会各宗教和民族的大团结。在他开办的阿利加尔学院里既有逊尼派学生，也有什叶派；既有穆斯林，也有印度教徒。

穆斯林启蒙运动的活动家们在政治改革上也都多多少少地提出了自己的要求。1877年，穆斯林的第一个政治组织全国穆斯林协会①在加尔各答成立。这个协会由法官赛义德·阿米尔·阿里（1849—1928年）创立，其目的是团结所有穆斯林，用合法的和宪政的手段，促进穆斯林以及所有印度人民的利益。协会成立后的几年里，几乎在全国各个重要的穆斯林中心都建立了分会，并多次向当局提出自己的需求，其影响逐渐扩大。全国穆斯林协会虽然致力于穆斯林的团结和利益，但对当时的非穆斯林团体或社会组织并不抱有任何敌对情绪，甚至允许非穆斯林自由入会。

穆斯林启蒙运动与国大党的分歧

在英国人休姆和印度活动家的努力下，印度国民大会党（国大党）于1885年年底正式成立。国大党在成立伊始提出了：增进各地民族主义人士的友谊和团结；通过鼓励直接的友好接触和倡导建立民族统一的意识，在全体印度人民中根除地域、种族和信仰上的偏见；收集受过教育的印度人对于重要和迫切的社会政治问题的意见；决定路线，使各地的政治家在为

---

①后改名为中央伊斯兰教协会。

促进公众利益而工作时有所遵循等初期任务。日后，随着国大党的发展，其目标也在逐渐适应形势而改变。19世纪七八十年代，次大陆各地纷纷建立起了一批具有广泛代表性的地区民族主义组织。而国大党则是全国性的组织，是全印的统一组织。随着国大党的宪政改革主张在社会上获得的反响越来越大，穆斯林启蒙活动家们开始意识到其对穆斯林未来的地位可能构成威胁。于是，在国大党成立后穆斯林启蒙运动的方向便发生了重大的转折。

英国人敏锐地捕捉到了穆斯林启蒙活动家们的这种思想变化并对其加以利用。1871年，英国著名作家威廉·亨特尔在《印度穆斯林》一书中指出穆斯林势力正在衰落，已经无力再挑起反叛。在加尔各答文学社等组织的影响下，穆斯林社会中的反英情绪也在逐渐平息。因此，英国政府应该利用这种改变，拉拢穆斯林。同时，穆斯林启蒙活动家们也认识到要想改变穆斯林社会经济凋敝、宦途堵塞的局面就必须向英国人靠拢。

阿利加尔学院院长、英国人贝克成为穆斯林启蒙活动家与英国殖民当局合作的重要"中介"。在他的影响下，穆斯林启蒙活动家的观点迅速转变。赛义德·艾哈迈德·汗、阿布杜尔·拉蒂夫和赛义德·阿米尔·阿里提出穆斯林和印度教徒拥有不同的宗教、语言、文化和习俗，是各自独立的两个民族。"两个民族"新理论的出现彻底否定了穆斯林启蒙活动家们早先的说法。对于国大党提出的实行代议制原则的要求以及现行的文官考试制度，赛义德·艾哈迈德·汗也都持否定态度。因为穆斯林无论在经济发展水平还是文化教育水平上都落后于印度教教徒，这些看似公平的制度实际上对于穆斯林社会来说是极其不公的，会使穆斯林沦落到依附的地位。穆斯林的许多报刊也都公开宣布不赞成、不接受国大党提出的宪政改革要求。在贝克的挑拨下，穆斯林社会开始相信国大党是印度教教徒利益的代表者，其改革一旦实现，穆斯林的命运将会更加悲惨。赛义德·艾哈迈德·汗认为国大党的运动是"一场不拿武器的内战"，他号召穆斯林不要参加国大党，并联合印度教地主势力开展反对国大党的活动。他于1888年成立了印度爱国者联合会，攻击国大党的活动。五年后，他又同英国人联合建立了穆斯林英印防卫协会，并公开宣布该协会的宗旨是防止穆斯林参与国大党活动和促进效忠英国的精神。为了维护穆斯林的根本利益，启蒙活动家们将希望寄托在了英国殖民当局身上。他们反对现行的文官考试制度，要求当局直接任命行政官员，并且在任命时要给予穆斯林更多的机会，以保持与印度教教徒的平衡。

英国人的"离间计"取得了显著的成效，穆斯林启蒙活动家的思想转变在穆斯林社会中产生了巨大的影响，大多数穆斯林都视他们为权威，按照他们的要求行事。虽然国大党在成立后有部分穆斯林参与其中，但他们始终没能赢得全国多数穆斯林的支持。

第四节　穆斯林联盟与印度独立运动

19世纪末20世纪初，反殖民斗争在亚洲逐渐发展起来。为了遏制民族主义运动在次大陆的发展、巩固对印度的殖民统治，英国殖民者于1905年颁布了分割孟加拉法令，以挑起穆斯林和印度教教徒之间的矛盾。该法案规定将孟加拉（包括比哈尔、奥里萨和阿萨姆）一分为二，划出东部的几个县与阿萨姆一起组成东孟加拉和阿萨姆省，孟加拉的其他省份则和比哈尔、奥里萨一起组成西孟加拉省。当时孟加拉全省有7800万人，印度教教徒占多数。分割后，东孟加拉和阿萨姆省成为穆斯林占多数的省份，西孟加拉则仍是印度教教徒占多数。

对于建立一个穆斯林占多数的新省，穆斯林自然是满意的。穆斯林启蒙活动家们更是为这一决议而欣喜不已。但分割孟加拉的法令却引起了除穆斯林外的其他印度人民的激烈反对。10月26日，分割法正式生效。孟加拉各民族主义组织视这一天为"国丧日"。整个加尔各答的商人罢市、学生罢课，居民纷纷涌上街头示威游行。为了迫使当局撤销分治的计划，反对分治的群众开展了国货运动，抵制英国货，提倡本地货，试图以经济手段对殖民当局施加压力。

穆斯林联盟的成立

1906年，次大陆上因分割孟加拉而引起教派冲突尚未平息，英国的印度事务大臣就又放出了改组印度立法会议的消息。英国人暗中授意穆斯林上层提出单独选举的要求。1906年年底，时任总督明托接待了一个由穆斯林上层代表组成的代表团。代表团向明托提出了在确定各级立法会议中穆斯林代表比例时，既要考虑穆斯林在人口中的占比，也要顾及到穆斯林在政治上的重要性的要求。代表团还表示当局应直接任命穆斯林官员，而不是采用文官考试的方式。明托当即表示赞同穆斯林代表所提出的要求，他说："你们提出在考虑你们的地位时，不仅应估计到你们的人数，还应估计到你们在政治上的重要性和你们历来对帝国的贡献。这种要求十分正当，我表示完全赞同"。这次晋见后，穆斯林领袖们意识到要想在立法会议上代表穆斯林的利益、有效地同国大党抗衡，必须要建立起穆斯林自己的政治组织。1906年12月30日，在穆斯林教育会议结束后召开的政治会议上，全印穆斯林联盟宣告成立。次年年底，穆斯林联盟在卡拉奇和阿里加召开首次年会。会上通过了联盟的章程，成立了中央理事会，阿加汗当选为穆斯林联盟的常任主席。全印穆斯林联盟的宗旨是在印度穆斯林中促进穆斯林的政治权利，向政府郑重表达他们的愿望和要求，并同国大党日益增强的影响力作斗争。穆斯林联盟继续支持分割孟加拉，并对国货运动进行抵制。1909年，新颁布的印度会议法满足了穆斯林要求建立单独选区的愿望，但也在印度教教徒和穆斯林中间筑起了一道藩篱，国大党和穆斯林联盟的政治分歧空前深化，英国人分而治之的策略再次取得了成功。

穆斯林联盟建立的同时，资本主义关系也在穆斯林内部取得了一定的发展。由穆斯林商人建立的工厂开始增多，穆斯林社会中资产阶级知识分子的队伍也在逐步扩大。与英国殖民者产生了利益冲突的穆斯林资产阶级开始意识到印度所承受的屈辱，并开始客观地审视国大党的活动。1911年，孟加拉分割法令被取消，令原本欢欣鼓舞的穆斯林大失所望。再加上英国对西亚、北非的伊斯兰国家的侵略行径，使得印度穆斯林的民族情绪和泛伊斯兰情绪受到了深深的伤害。穆斯林对英国统治者的不满情绪日益增长，对他们过去的"死对头"国大党的同情则在与日俱增。在这种背景下，穆斯林内部出现了一股新兴力量，即一批被称为"青年穆斯林"的年轻的资产阶级知识分子。到一战前夕，这股新兴力量已经在穆斯林中间产生了不可小觑的影响力。这批青年资产阶级知识分子的代表有阿布尔·卡拉姆·阿扎德、绍格特·阿里和穆罕默德·阿里兄弟以及穆罕默德·阿里·真纳等。

阿布尔·卡拉姆·阿扎德出身于书香门第，阿扎德是他的笔名，意为"自由"。1905年，阿扎德加入了孟加拉一个反英秘密组织，在青年中开展工作。1908年，他访问了伊拉克、埃及、土耳其等国，深受泛伊斯兰运动的影响，认为英国是穆斯林的公敌。他回国后所创办的《新月报》和穆罕默德·阿里于1910年创办的《同志报》在印度穆斯林中间都产生了很大的影响。他们在报上抨击英国对待伊斯兰国家的态度，指出英国人才是穆斯林的真正敌人。他们呼吁穆斯林联盟改变既定政策，联合国大党，一起为民族解放而斗争。

"青年穆斯林"中最重要的代表人物、后来的巴基斯坦国父穆罕默德·阿里·真纳于1876年出生于卡拉奇的一户富商家庭。真纳16岁考入孟买大学，并在同一年受一位英国人资助前往伦敦留学。在伦敦林肯律师学院攻读法律期间，真纳接触到了不少自由党人，受到了英国自由主义思想的影响。真纳在取得了律师资格后的第二年，也就是1896年回到印度，在孟买高等法院注册，担任律师。穆罕默德·阿里·真纳对穆斯林联盟狭隘的教派主义观点不以为然。在孟加拉反分割运动爆发后，他加入了国大党。1906年，真纳成为国大党主席瑙罗吉的秘书。1912年，穆罕默德·阿里·真纳应邀参加了穆斯林联盟的年会。他在会上要求穆斯林联盟和国大党团结起来，共同为印度的自由而奋斗。次年，联盟在勒克瑙年会上通过了新的章程，规定其奋斗目标是在印度建立适合于本国国情的自治。为了促进民族团结，最终达到自治的目的，穆斯林联盟开始执行与国大党合作的政策。同年，真纳在英国加入了穆斯林联盟，开始全力谋求穆斯林联盟与国大党的合作。为此，国大党的领导人郭克雷将真纳誉为"印度教徒、穆斯林团结的友好使者"。

1914年6月28日，奥匈帝国皇储斐迪南夫妇在萨拉热窝遇刺，成为第一次世界大战的导火索。一个月后，奥匈帝国以萨拉热窝事件为借口向塞尔维亚宣战，不久德国、俄国、法国和英国也相继投入战争，第一次世界大战爆发。英国的参战自然也将作为其殖民地的印度拖入了这场战争。当时的国大党、穆斯林联盟等民族主义力量对英国殖民统治者仍抱有希望。他们希望在英国遇到困难时给予其帮助，以换取战后的印度自治。国大党和穆斯林联盟曾全力支持英国作战，但与他们期望的不同，英国人并不愿意为此而做出战后允许印度自治的承诺。于是，曾经满怀希望的印度民族运动领导人们开始明白只有通过斗争才有可能获得民族独立。

穆斯林联盟与国大党的分合

1913年，穆斯林联盟的态度发生转变后积极与国大党进行接触，并开始以实现自治为目标，与后者共同商讨制定政治改革方案。在制定政治改革方案的过程中，两个组织遇到了不可避免的问题，一是穆斯林单独选举制，一是在立法议会中席位的分配。在真纳的建议下，国大党同意穆斯林实行单独选区制。关于立法议会中的席位分配问题，双方也达成了协议。1916年年底，国大党和穆斯林联盟分别在勒克瑙召开年会，批准了共同拟定的协定草案。

1916年末到1917年初，穆斯林联盟、国大党等所建立的自治同盟共同要求印度自治。英国拒绝承诺战后印度自治引起了印度人民的强烈不满，为了继续获得战时印度对英国的支持，殖民当局不得不想办法来缓和这种情绪。1917年，新任印度事务大臣蒙太古在下院发表了一项重要的政策宣言，他在宣言中表示："印度政府和英王陛下政府是完全一致的，后者的政策是在各级行政部门中加强同印度人的联合，逐步发展自治机构，以前循序渐进地在印度建立一个作为不列颠帝国的重要组成部分的责任政府。"宣言发表后的第二年，蒙太古来到印度，与总督一起会见了印度的政治领袖们，拟定战后改革方案。1919年年底，英国议会通过了新的《印度政府法》，这个法案对中央政府和各省政府的体制做出了一些改变。1921年1月1日，该法案正式生效。

新《印度政府法》的改革方案没能让印度的民族主义力量满意，他们意识到英国统治者仅是做出了一些无关痛痒的改革，而根本无意让印度自治。随着战后英国资本的卷土重来，好不容易在战时取得了一些发展的印度资产阶级开始担心起民族资本的未来。为了维护切身利益，他们也积极参与到争取自治的运动中。印度穆斯林曾在战时要求英国维护哈里发地位，为土耳其保留伊斯兰教圣地和阿拉伯属地。当时英国人为了争取他们的支持曾允诺这些要求。但在战后，英国当局却食言了，他们并不打算履行当初对印度穆斯林所做出的承诺。国际方面，俄国十月革命的胜利和亚洲被压迫民族争取自由斗争的高潮，都给了印度人民极大的鼓舞。

为了压制住印度人民逐渐高涨的反英情绪，殖民当局于1919年3月通过了"罗拉特法"，规定司法部门可以随时逮捕被怀疑为反政府的嫌疑犯，可以不经辩护而判刑。可惜事与愿违，当局的高压政策引起了印度人民的强烈反弹，这一法案的出台彻底引燃了印度群众的不满情绪。

面对群众高涨的反英情绪，穆斯林联盟和国大党一时都无法拿出有力的斗争办法。甘地和他所主张的不合作策略适时地登上了印度的政治舞台，为反英斗争提供了一种可行的方案。

莫罕达斯·卡拉姆昌德·甘地1869年出生于波尔邦达土邦的一个官吏家庭。1889年，甘地赴英国伦敦大学攻读法律，并取得律师资格。1893年，他受聘于印度富商赴南非为其处理债务纠纷。此后，甘地一直在南非生活了二十年，并领导当地的印度人反对种族歧视。1915年，在南非积累了丰富斗争经验的甘地载誉而归。回国后，他开始活跃在国大党的政治舞台上，成为著名的民族运动活动家，并开始尝试将南非的经验和斗争方式运用到印度。

"罗拉特法"通过后，甘地就号召全国举行一天总罢业，各行各业都停止工作，通过祈祷和绝食来反对这项法令。甘地的号召得到了印度人民的热烈响应。全国商、学、工各行业都举行了总罢业。人们的示威抗议遭到了军警的残酷镇压。在斗争最激烈的旁遮普地区，许多城市甚至发生了武装冲突。4月13日，阿姆利则惨案爆发。当天英军包围了在阿姆利则市集会的近万名群众，并对人群进行了长达十分钟的射杀。据官方统计，事件中有379人被打死，1200人受伤。骇人听闻的阿姆利则惨案爆发后，面对汹涌的民意，殖民当局不得不对此展开调查。甘地对当局的暴行感到十分愤慨,他决定停止进行非暴力抵抗运动。与此同时,国大党也组织了一个平行调查团,调查此次惨案的真相。当年5月,英国调查委员会将旁遮普惨案的责任推卸到了印度人民身上。一波未平一波又起,英国、土耳其和约草案的公布又伤害了印度穆斯林的感情。依据和约草案,英国要背弃当初的承诺,肢解奥斯曼帝国。英国当局对印度人民情感的轻视与侮辱激怒了甘地,他因此提出了不合作思想。

不合作思想首先是穆斯林为维护哈里发地位而提出的斗争策略。新成立的基拉法[①]委员会决定从当年8月1日起实行不合作运动。运动的主要内容包括放弃荣誉称号、抵制立法会议、抵制法庭和公立学校等。甘地要求国大党也考虑开展不合作运动。1920年9月,国大党在加尔各答举行特别会议。会上经过激烈辩论通过了接受甘地提出的不合作策略的决议。当年12月,在国大党那格浦尔年会上正式通过了不合作决议案。

加尔各答特别会议后,由基拉法委员会领导的不合作运动和国大党的不合作运动合二为一,甘地成为运动的总领导人。这也是甘地所领导的第一次非暴力不合作运动。这次运动自1920年开始一直持续了两年的时间。自1921年开始,不合作运动在印度各地取得了蓬勃发展。1921年下半年,殖民当局开始镇压运动,逮捕了一些领导人。为了抗议当局的所作所为,基拉法委员会和国大党内越来越多的人开始要求抗税,将运动进一步深化。就在抗税运动即将开始时,1922年2月5日联合省一个小村庄内发生的暴力事件彻底改变了整个形势。当地群众的和平示威遭到了警察的暴力镇压,于是愤怒的群众放火烧了警察署,22名警察被烧死。甘地在得知这个消息后,决定停止开展不服从运动,这也就意味着不合作运动的中止。基拉法委员会没有遵从甘地的命令,宣布将继续进行不合作运动,但由于国大党已经停止运动,势单力薄的穆斯林也就没能将活动继续开展下去。不合作运动停止后,穆斯林领导人和国大党的关系也随之跌入谷底。穆斯林将甘地擅自停止不合作运动的决定视为是对穆斯林利益的出卖。许多已经参加国大党的穆斯林领导人纷纷退党。国大党和穆斯林联盟间再生隔阂,双方再次站上了对立面。

[①]基拉法,即哈里发。

第六章 巴基斯坦独立建国

巴基斯坦独立建国离不开次大陆两大宗教长期共存、并行发展的历史大背景。长期以来，穆斯林是次大陆的统治者，印度教徒则长期处于被统治地位。然而，英国殖民者的入侵以及印度民族主义的觉醒改变了这一局面，穆斯林不仅在英国殖民统治期间处于被压制地位，而且很可能在脱离英国而独立的新生国家中沦为"二等公民"。这导致了穆斯林单独建国的理论出现及最终实现，从而成立了南亚次大陆穆斯林的家园——巴基斯坦。

第六章　巴基斯坦独立建国

第一节　历史根源：次大陆两大宗教长期并存

伊斯兰教的传播

公元7世纪，先知穆罕默德在阿拉伯半岛创立伊斯兰教，并迅速向亚、欧、非三大洲传播。其中，由于与阿拉伯半岛在地理上相对接近，彼此存在密切的贸易和文化往来，次大陆伊斯兰教传播迅速，并建立一些穆斯林政权。经过几个世纪的碰撞和融合，包括今日巴基斯坦在内的一些地区基本完成伊斯兰化进程。同时，作为外来文明的伊斯兰教在传播过程中也逐渐本土化，形成独特的印度次大陆穆斯林文化，伊斯兰教从此成为次大陆穆斯林维持自身特性的关键源泉所在。

公元7至8世纪，随着伊斯兰教的兴起以及阿拉伯伊斯兰政权的向外扩张，阿拉伯半岛与印度次大陆的联系迅速增强。公元8世纪初，印度次大陆已成为阿拉伯商品的重要贸易中心。期间，阿拉伯和波斯商人运来阿拉伯半岛所产的马匹、武器，运回印度生产的棉织品、香料和工艺品。其中，印度南部沿海更是成为阿拉伯人前往中国、东南亚地区的关键海上中转地。与此同时，8世纪阿拉伯帝国曾发生内乱，一批逃难的伊拉克人在印度南部沿海地区定居。他们与当地居民和睦相处、互通婚姻，产生了混血的穆斯林后裔，由此揭开了伊斯兰教在印度次大陆扩张的序幕。

伊斯兰教在印度次大陆的广泛传播以及当地居民大规模皈依伊斯兰教却源于阿拉伯、中亚突厥等穆斯林政权对印度次大陆的武力征服。例如，阿拉伯倭马亚王朝"哈里发"与锡兰（今天的斯里兰卡）国王联系密切。锡兰国王曾经赠送礼物给巴格达"哈里发"哈贾杰，但货船行驶至信德（今巴基斯坦信德省）沿岸地区时被海盗洗劫一空。哈贾杰要求信德国王赔偿所有损失未果后，派兵攻占信德诸多要地，成为次大陆建立穆斯林政权的开端。此后，穆斯林军队北上占领木尔坦等地，将信德和旁遮普北部地区设置为行省，并划入伊拉克总督辖区，为此后一系列扩张提供了落脚点。在这一时期，经由印度次大陆西北边缘进入的阿拉伯人及其后裔主要居住在信德和旁遮普地区。

信德地区出现穆斯林政权300多年后，皈依伊斯兰教的突厥人成为伊斯兰向次大陆传播的主力军。公元1000年，位于阿富汗境内的加兹尼王国展开对印度次大陆的远征。加兹尼国王马茂德在位30年期间，先后17次入侵印度次大陆，在拉合尔（今天巴基斯坦旁遮普省首府）建立加兹纳维王朝，将旁遮普地区纳入其统治范围。[1]拉合尔由此成为重要的伊斯兰文化中心。马茂德死后100多年间，其继承者在开疆拓土方面并无明显建树，伊斯兰教在印度次大陆的影响仅限于今日巴基斯坦所在区域。

真正将伊斯兰教的影响拓展至整个印度次大陆的是同样位于阿富汗境内的古尔山国。公元1173年，古尔人占领加兹尼地区，此后多次出兵印度次大陆，不仅征服旁遮普、信德地区，还向东方的恒河领域推进，最终占领比哈尔和孟加拉地区，建立起了一个横贯次大陆北部，西起阿富汗、东到孟加拉的穆斯林帝国，即古尔王朝。在此阶段，经西北边缘地区进入次大陆的阿富汗、突厥和波斯的穆斯林王公贵族和军队将士及其后裔逐渐扩散到整个印度次大陆的北部和中部地区。

穆斯林政权统治次大陆

穆斯林政权统治次大陆时期大致分成两个阶段，即德里苏丹王朝（公元1206-1526年）和莫卧儿帝国（公元1526-1857年）。[2]公元1206年，古尔王朝被中亚的花剌子模消灭。同年，古尔王朝将军、奴隶出身的库布丁·阿尤伯克自立为苏丹王，建立德里苏丹王朝。德里苏丹王朝历经3个

---

[1]李德昌：《巴基斯坦的政治发展》，成都：四川大学出版社，1989年7月版，第7页。

[2]同上，第6页。

世纪，出现过5个朝代，至少有35名苏丹。①德里苏丹王朝一度辉煌，不断开疆拓土。例如，在阿劳丁执政期间（1296-1316年），德里苏丹王朝不仅多次击退蒙古人的进攻，而且征服很多王国，将整个德干高原纳入了穆斯林统治区。由于穆斯林统治阶层对印度教徒实行压迫和奴役的高压政策，激起印度教徒强烈反对，再加上统治阶级内部存在尖锐矛盾，德里苏丹王朝逐渐走向没落。1526年，蒙古军队攻占德里，历时3个世纪的德里苏丹王朝覆亡，次大陆出现很多独立小王国，其中绝大部分都是穆斯林掌权的苏丹国。总之，早在统一的莫卧儿王朝建立之前，穆斯林已经几乎掌握对整个次大陆的统治权。

1526年，帖木儿六世孙、原喀布尔苏丹国国王巴布尔率军南下开伯尔山口进入印度次大陆，占领德里、阿格拉等地区。此后，巴布尔统一了四分五裂的各个苏丹国，建立起了强大的莫卧儿帝国。巴布尔之后的胡马雍、阿克巴等历任统治者继续开疆拓土，建立了一个西达阿富汗东部，东起阿萨姆的庞大帝国。莫卧儿帝国初期，统治者吸取了德里苏丹王朝的覆灭教训，采取种种措施争取印度教徒的支持。例如，在阿克巴统治时期（1556-1605年），莫卧儿王朝实行宗教宽容和平等政策，取消针对印度教徒征收的朝圣税和人头税，允许被迫皈依伊斯兰教的印度教徒恢复本来信仰，采取禁止宰牛等尊重印度教徒措施，缓和了印度教徒和穆斯林之间的矛盾，还给印度社会带来一段相对稳定时期。阿克巴死后，其继承人改变阿克巴的宗教宽容政策，转而采取强制措施推广伊斯兰教。例如在奥朗则布统治时期，莫卧儿帝国恢复对印度教徒征收人头税，禁止印度教徒坐轿和携带武器，拆毁非伊斯兰的宗教学校等，严重伤害了印度教徒的宗教感情，并将印度教徒上层推向自己的对立面，激起非穆斯林人口的严重不满，各地不断爆发起义，成为莫卧儿帝国倒台的重要原因。

总体看，鉴于大部分印度居民皈依伊斯兰教的时间集中在公元13至15世纪，德里苏丹王朝和莫卧儿帝国在推动伊斯兰教在次大陆地区传播方面

---

① 李德昌：《巴基斯坦的政治发展》，成都：四川大学出版社，1989年7月版，第8页。

发挥了关键作用。[1]

自公元8世纪至16世纪初，印度次大陆经历了从伊斯兰教进入到初步完成伊斯兰化的历程，其中克什米尔、信德、孟加拉、德里四个地区皈依伊斯兰教的居民人数最多，伊斯兰化程度也最高。克什米尔地区的穆斯林大多数是从印度教和佛教改信伊斯兰教的。在莫卧儿王朝时代，克什米尔获得行省地位，很多宗教学者来此修建清真寺，大力传播伊斯兰教。到1947年印巴分治时，克什米尔土邦中穆斯林人口约占总人口的77%，而印度教徒仅占20%。[2]信德地区的伊斯兰化经由军事征服和商品贸易两个渠道实现。穆斯林政权通过武力征服信德地区后，控制了信德与中亚、锡兰、中国及印度次大陆其他地区的贸易通道。为了保护自身商业利益，扩大商业贸易规模，印度商人需要和阿拉伯商人建立友好合作关系，进而得到穆斯林政权的庇护。很多印度商人纷纷皈依伊斯兰教。同时，伊斯玛仪教派阿訇反复宣传伊斯兰教与印度教存在一致性，促进了印度教徒认可伊斯兰教。孟加拉地区可谓伊斯兰教流传最广的地区。公元12世纪末，孟加拉地区被德里苏丹王朝征服，自此长期处于穆斯林王朝统治下，当地封建领主为了维护既得利益，纷纷皈依伊斯兰教。莫卧儿王朝统治期间，大批信奉印度教的王公贵族为避免财产被政府征收而改信伊斯兰教。此外，伊斯兰教宣传"真主面前人人平等"，吸引了广大土著居民和低种姓，尤其是不堪忍受高种姓压迫的首陀罗和贱民皈依伊斯兰教。

纵览伊斯兰教在次大陆的传播过程，"乌里玛"和苏菲派教士发挥了重要作用。"乌里玛"主要在城市里宣教，而苏菲派教士则深入乡村，针对人数众多的下层民众宣教。特别是在公元13至16世纪，中亚和阿拉伯地区的苏菲派教团先后进入次大陆，并建立本派清真寺。苏菲派教士生活简朴，信仰虔诚，注重内心苦修，利用民间诗歌等传播伊斯兰教，深得广大下层民众的支持，在次大陆穆斯林中影响广泛，很多著名教士被奉为圣

---

[1] 杨翠柏、刘成琼：《巴基斯坦史：清真之国的文化与历史发展》，台北：三民书局，2005年5月版，第143页。

[2] "Jammu and Kashmir".

人，其陵墓也成为信徒竞相拜谒的圣地。

总体而言，在印度次大陆，伊斯兰教不仅是一种新宗教，还是一整套价值体系和生活方式，穆斯林政权持续1000多年的有效统治为伊斯兰艺术和文化的发展提供了重要前提。伴随伊斯兰教传播的阿拉伯语和波斯语与当地印地语方言逐渐融合，产生了一种新的语言——乌尔都语，并为次大陆穆斯林广泛使用。如今，乌尔都语是巴基斯坦的国语。在印度，大约有3000万穆斯林讲乌尔都语，是宪法承认的官方语言之一。[①]经过几个世纪的互动和融合，今日巴基斯坦所在区域基本实现伊斯兰化。同时，伊斯兰教吸收当地文化，逐渐实现本土化，形成独特的印度次大陆穆斯林文化，伊斯兰教和乌尔都语成为次大陆穆斯林维持自身特性的重要源泉。

第二节 现实原因：穆斯林沦为"二等公民"

近代以来，由于英国殖民当局的歧视性待遇，穆斯林在印度次大陆"被动现代化"过程中逐渐落入下风。不仅从统治者变成被统治者，甚至沦为在政治、经济、文化和社会地位方面落后于印度教徒的"二等公民"，成为次大陆穆斯林建立独立国家的经济和社会动因。

穆斯林曾是统治者

从13世纪早期至18世纪中期，伊斯兰王朝一直主宰印度次大陆北部，穆斯林统治者推行宗教多元主义思想，即"受保护民体系"。在该体系下，基督徒和犹太人被认为是伊斯兰政权内部合法的少数族群，给予公共事务自治权，但政治和军事权力仍由穆斯林掌握。为此，少数族群必须

---

① "乌尔都语"，http://baike.baidu.com/link?url=nvt55Hyyk_rHxIS_Cd3_BewtAxEhe-U90a-8rsqnYu0MYwoNqvWfoz3RSgNoIc4v.（上网时间：2013年11月9日）

向伊斯兰政权缴纳特殊税种"贾兹亚"（jizya）。同时，一些穆斯林神学家、法学家对伊斯兰法律也做出宽松解释，将印度教徒归为"信仰真主的人"，并为建立最初的多元主义社会奠定基础。印度次大陆穆斯林社会秩序主要由"阿什拉夫"阶层（ashraf）和当地皈依者组成。"阿什拉夫"祖先可以追溯到土耳其人、阿富汗人、波斯人和阿拉伯人，在他们之下就是大量的当地皈依者。高种姓印度教徒皈依伊斯兰教后拥有备受尊敬的地位，并成为"阿什拉夫"成员。此外，伊斯兰教主张人人平等，不承认"贱民"。因此，低种姓及各个农耕和游牧民族的社会地位获得较大提升。整体看，对宗教、种族少数族群和低种姓而言，伊斯兰王朝是一个相对宽松的制度体系，奴隶若皈依伊斯兰教就能获得自由，若干由前奴隶建立的伊斯兰王朝曾经统治印度次大陆。[1]

17世纪，英国人到达印度次大陆，凭借其军事优势逐步扩张在印度次大陆的势力范围。英属东印度公司先后占领马德拉斯、孟买和加尔各答三地，建立了三个总督辖区。18世纪，英国人又占领了孟加拉、比哈尔、奥利萨等地区。1773年，英国国会通过《东印度公司管理法》，由国会任命总督全权管理英属印度全部领土。英国殖民当局还采取种种措施强化其殖民统治：政治上，由英国人控制殖民政府，担任军队要职，建立英国式政治制度，竭力利用印度不同民族、宗教和种姓之间的矛盾，挑拨分化以实现"分而治之"；经济上，按照自身利益诉求改变当地土地所有制度，将印度变为英国原料出产地和商品销售市场；文化上，引入欧洲意识形态和价值观，弱化原有的伊斯兰价值体系。[2]特别需要指出的，英国殖民当局采取"分而治之"政策，对印度教徒和穆斯林区别对待，造成"印度人打印度人"局面，从而实现其征服整个印度的目标。19世纪70年代以前，英国殖民者对印度教徒采取"既利用又打击，以利用和安抚为主"政策，

---

[1] Ishtiaq Ahmed, "Chapter 1 Religious Minorities in The European Union and Pakistan: Historical Comparisons", Political Role of Religious Communities in Pakistan, November 2008, p.5.

[2] Anatol Lieven, Pakistan A Hard Country, New York: Public Affairs, 2011, p.50.

对穆斯林以打击为主。英国埃伦勒巴勋爵在私人信件中写道："我毫不怀疑穆斯林同我们是根本敌对的,我们的正确政策应该是安抚那些印度教徒。"[1]托马斯·芒罗说:"只要广大的印度教徒对我们满意,一部分伊斯兰教徒的不平就不足以形成一股强大的力量来反对我们。"[2]约翰·马尔科姆爵士在下院一个特别委员会上作证说:"印度教徒的忠诚是我们在印度获得安全的主要来源。"[3]海军上校T·麦坎在议会作证说:穆斯林"为了摆脱目前的受奴役状态,只要有一线成功的希望,就会不顾一切后果去同欧洲任何一种力量联合反对英国"[4]。1871年W·W·亨特说:"在印度,穆斯林过去是、现在仍然是对英国统治的重要威胁。"[5]

穆斯林在殖民时期广受冲击

英国殖民当局的统治激起了印度次大陆民众,特别是穆斯林的强烈反对,双方之间的矛盾日渐尖锐。1857年5月10日,印度民族大起义爆发,起义军迅速攻占德里,拥护莫卧儿帝国末代皇帝为印度皇帝。然而,印度民族大起义在英国殖民当局的镇压下最终失败。鉴于穆斯林在此次起义中发挥了重要作用,英国评论家将1857年印度民族大起义称为"穆斯林的暴乱",英国殖民当局更是将穆斯林视为英国和基督教的主要敌人而变本加厉地予以镇压。1857年印度民族大起义的失败宣告了莫卧儿王朝的彻底覆灭。穆斯林重现往昔伊斯兰政权的努力以失败告终,其政治、经济和社会地位受到进一步冲击。

莫卧儿王朝时期,穆斯林大约只占全部人口的1/5,但却占据统治地位,占人口多数的印度教徒处于被统治地位。18世纪以来,印度教知识

---

[1] [巴基斯坦] Sh·A.拉希姆著,四川大学外语系翻译组译:《巴基斯坦简史》第四卷,成都:四川人民出版社,1976年版,第219页。

[2] 同上。

[3] 同上,第218页。

[4] 同上,第220页。

[5] 同上,第83页。

分子开展复兴印度古典文化运动，并逐渐转向宣传印度民族主义情绪，其核心是提升印度教徒的经济地位。英国殖民当局更是充分利用穆斯林和印度教徒两大族群间的矛盾，不断挑拨离间。1837年，英国殖民当局宣布取消伊斯兰法庭，取消波斯语的官方语言地位。此后，殖民政府当地雇员、律师、商人等被迫学习英语和西方文化。印度教徒作为被统治者，比较容易再次接受外来政治制度和价值观念。穆斯林则从统治者沦为被统治者，对英国殖民当局带来的西方文化极为排斥，坚持学习阿拉伯语，拒不学习英语等西方科学。印度教徒和穆斯林对待西方文化的态度截然相反，造成印度高等院校中印度教徒数量远超穆斯林，进而造成穆斯林在英国殖民政府中任职机会越来越少。例如，1852年至1868年，在加尔各答法院批准的240名律师中只有1人是穆斯林；殖民当局任命的1338名孟加拉省官员中只有92人是穆斯林。[①]

1857年印度民族大起义失败后，英国殖民当局坚信起义是穆斯林一手发动和领导的，进而对穆斯林进行打击报复。大批参与起义活动的穆斯林遭到监禁或杀害，其财产也被没收。殖民者用亵渎宗教信仰和禁忌的方式折磨穆斯林，英国士兵将穆斯林的身上遍涂猪油，把他们缝装在猪皮袋子内，然后放火焚烧。英国殖民者长期奉行不信任穆斯林政策，政府招聘人员的广告特别规定，"只录用印度教徒，不录用穆斯林"，这最终导致"穆斯林担任的各种工作，不论大小，都逐渐遭到剥夺而落入其他各族特别是印度教徒之手"[②]。英国殖民者对穆斯林的上述报复措施，造成了穆斯林经济贫困、文化落后、政治地位低下，与印度教徒的差距逐渐拉大。总之，英国殖民者自征服印度次大陆以来通过"分而治之"政策，充分利用印度教徒和穆斯林在宗教教义、社会地位、人口数量等方面的差异，以及两大教派在历史上因角色变迁而产生的积怨，以达到分化两大教派以巩

---

① 杨翠柏、刘成琼：《巴基斯坦史：清真之国的文化与历史发展》，台北：三民书局，2005年5月版，第148页。

② [巴基斯坦] Sh·A.拉希姆著，四川大学外语系翻译组译：《巴基斯坦简史》第四卷，成都：四川人民出版社，1976年版，第222页。

固其殖民统治地位的目的。这在客观上造成了穆斯林在印度社会中的弱势地位，加深了穆斯林和印度教徒之间的隔阂。在此情势下，次大陆穆斯林受挫感深重，急于寻找维护自身政治、经济地位以及信仰自由的出路。

第三节 理论武器：两个民族、两个国家

正是因为印度次大陆存在根深蒂固的伊斯兰传统，而本属统治阶层的穆斯林却遭到英国殖民当局的歧视性待遇，在政治、经济和社会地位方面遭印度教徒不断挤压。在内忧外患的情况下，部分穆斯林精英再次打出伊斯兰大旗，出现了"伊斯兰原教旨主义"和"伊斯兰现代主义"两大复兴思潮，"穆斯林是单一民族""穆斯林有权建立自己的国家"等思想逐渐涌现和发展，最终发展成为巴基斯坦国父真纳所提倡的"两个民族、两个国家"理论，并在"全印穆斯林联盟"的领导和组织下进行了一系列建国实践，并最终实现了1947年独立建国。

伊斯兰复兴运动

自18世纪起，次大陆穆斯林不仅遭到英国殖民者的武力征服和野蛮掠夺，传统社会价值观念也遭受基督教文明、现代思想观念和价值体系的强烈冲击。19世纪中期以来，为摆脱殖民统治和恢复穆斯林政权的荣耀，一些有远见的穆斯林知识分子希望在伊斯兰教中寻找挽救穆斯林于危亡的正确道路，于是在次大陆掀起伊斯兰复兴运动，主要是"伊斯兰原教旨主义"和"伊斯兰现代主义"两大派别。

伊斯兰原教旨主义主要以1867年在北方邦迪奥班德建立的迪奥班德经学院为中心，主要参与者是传统伊斯兰学者和反对英国殖民统治和基督教传播的民族主义者。该派"乌里玛"主要观点如下：强调穆斯林必须按照"沙里亚法"规则行事，遵守先知的教诲。英国殖民统治和基督教的传

播已导致穆斯林陷入困境，什叶派和逊尼派应该结束对立状态，团结起来共同抵抗英国人和外来文化渗透。迪奥班德学派最初以宗教改革者角色出现，因此该派"乌里玛"传授的观点既不同于什叶派，也不同于波莱维、圣训派等逊尼派观点。

伊斯兰现代主义则以阿利加尔大学为大本营。与强调严格遵守《古兰经》《圣训》等伊斯兰教经典，从伊斯兰原始教义中寻找出路的原教旨主义者不同，伊斯兰现代主义主张穆斯林社会应该注重自身调整，通过自身现代化来应对新时代挑战。伊斯兰现代主义者推动穆斯林社会现代化的行动包括：将大量西方科学知识书籍翻译为乌尔都语，协调穆斯林与英国人的关系等。该派最著名的代表人物是赛义德·艾哈迈德·汗爵士。赛义德认为，穆斯林若想摆脱贫穷落后、愚昧无知的现状，就必须学会适应已经变化的内外情况，放弃反对学习西方先进理念和科学知识的立场，主张解放妇女，接受西方现代教育制度。[①]以赛义德为代表的伊斯兰现代主义者认为，通过普及教育、接受西方先进观念和科学技术，能够实现将印度建成一个西方式国家的目标。为此，1877年，赛义德在北方邦的阿利加尔建立学院，后称"阿利加尔穆斯林大学"，反复强调教育的重要性。1886年，赛义德成立"伊斯兰教教育会议"，以此在穆斯林群体中普及教育。赛义德及其创建的阿利加尔大学对次大陆穆斯林产生了前所未有的历史影响，培养了众多拥有现代意识和开明思维的穆斯林知识分子，其中包括学者、政治家等精英人物。这一特殊阶层成为此后印度穆斯林政治运动乃至巴基斯坦独立建国的领导者和推动者。在一定意义上，阿利加尔大学可以被视为巴基斯坦的摇篮，而伊斯兰教教育会议本身就成为"全印穆斯林联盟"的前身。

如上文所述，由于英国殖民当局在印度次大陆实行"拉拢印度教徒，打击穆斯林"的区别对待政策，加上穆斯林群体内部抵制西方先进理念和科学技术，穆斯林与印度教徒的差距越来越大，逐渐沦为次大陆"二等公民"。如何摆脱英国殖民当局的控制以及维护穆斯林的政治、经济和社会

---

① Anatol Lieven, Pakistan A Hard Country, New York: Public Affairs, 2011, p.50.

权益，成为穆斯林精英群体急于解决的两大问题。"由于在社会、经济、政治组织和力量上占优势，对穆斯林来说，印度教徒在社会生活的各个领域都占统治地位，成为两大宗教不断发生摩擦的重要原因。"①

作为伊斯兰现代主义运动的领袖和先驱，赛义德率先提出伊斯兰教与印度教存在巨大差异、穆斯林是区别于印度教徒的"穆斯林民族论"，这对于19世纪中叶以来印度次大陆穆斯林和印度教徒之间的关系以及次大陆政治生态演进产生重大影响。赛义德的早期民族学说是"一个民族论"，曾经认为"印度教徒和穆斯林属于一个民族"。然而，在英国"分而治之"政策推动下，穆斯林和印度教徒的矛盾日趋激化，赛义德认识到印度教徒和穆斯林不可能作为单一民族摆脱英国殖民统治，开始承认穆斯林和印度教徒间存在巨大的文化差异和矛盾，认为印度次大陆存在"两个民族"，即穆斯林和印度教徒。尽管居住在同一片土地上，但彼此历史、文化和风俗习惯相去甚远。1883年，赛义德正式提出"穆斯林民族论"："现在让我们设想一下，如果所有英国人都离开印度，谁将成为印度的统治者？两个民族——穆斯林和印度教徒能够平起平坐和分享权力吗？绝对不可能。必然是一个征服另一个，一个把另一个踢到一边。""既然印度教徒与穆斯林不能坐在同一个宝座上，那么为什么不能把他们分开？"赛义德对于巴基斯坦独立建国的最大贡献在于指出印度教徒和穆斯林属于两个不同民族，双方的经济、政治和文化利益不尽相同，其"穆斯林民族论"成为巴基斯坦建国运动的理论先导，他也被后人称为"巴基斯坦独立运动之父"。后来，真纳等人对赛义德的"穆斯林民族论"做了进一步阐述，最终成为巴基斯坦建国运动的理论基础。

伊克巴尔是伊斯兰现代主义的另一位重要代表人物，第一次明确提出穆斯林单独建国思想。他继承了赛义德的"穆斯林民族论"，并在此基础上更进一步提出在次大陆建立一个独立伊斯兰国家的政治主张，即"穆斯林国家论"。首先，印度次大陆的穆斯林和印度教徒之间存在巨大差

---

① ［巴基斯坦］G·阿拉纳著，袁维学译：《伟大领袖真纳——一个民族的经历》，北京：商务印书馆，1983年版，第249页。

异，两大宗教信徒之间频繁爆发冲突，维护和平的唯一出路是依据种族、宗教和文化重新划分印度次大陆。其次，穆斯林必须依靠伊斯兰教改善自身境况，实施"沙里亚法"，建立独立国家。最后，穆斯林作为一个独立的民族，必须拥有民族自决权。伊克巴尔曾经表示："为什么印度西北部和孟加拉地区的穆斯林不能像印度的其他民族和印度之外的民族一样被认为应该拥有民族自决权呢？"[1]他的目标是通过民族自决，依据文化亲和力重新划分印度次大陆，位于印度西北部的穆斯林民族建立单一的穆斯林国家。1930年12月，伊克巴尔在"全印穆斯林联盟"年会上集中阐述了其"穆斯林国家论"，这对于印度次大陆穆斯林政治运动的发展起到了重要指导作用。伊克巴尔表示，伊斯兰教不仅是一套信仰体系和伦理道德准则，更是一种以法制为基础的社会结构。印度穆斯林是一个独立的民族，应该拥有作为一个民族所应拥有的政治权利。伊克巴尔明确提出，应该在穆斯林聚居区建立一个"统一的穆斯林国家"，作为印度次大陆穆斯林的共同家园。具体来说，就是要使旁遮普、西北边境省（2010年3月31日后更名为开伯尔—普什图赫瓦省）、信德和俾路支四大穆斯林聚居区整合为一个单独的国家。[2]相对于赛义德的"穆斯林民族论"而言，伊克巴尔的"穆斯林国家论"显然更进一步，具有了作为国家关键要素的领土属性，标志着巴基斯坦独立建国运动的正式形成，伊克巴尔因此被称为"巴基斯坦国家的设计师"。

单独建国方案出炉

自20世纪20年代以来，印度教徒和穆斯林之间的矛盾激化，暴力流血事件时有发生，两大群体之间的持续紧张关系影响到英国人的殖民统治。为此，英国政府30年代后先后组织召集三次圆桌会议，与次大陆各方代表共同讨论两大宗教和解及印度自治等问题。1931年9月7日，第二次圆

---

[1] Akbar S.Ahme, Jinnah, Paksitan and Islamic Identity-The Search for Saladin, New York: Routledge, 1997, p.74.
[2] S.A.Vahid, Introduction to Iqbal, Karachi, Pakistan: Publishing House, 1954, p.40.

桌会议召开，英国在会上继续推行分化策略，使得次大陆代表未能就"印度自治"目标达成一致。英国政府趁机表示，鉴于印度各派无法就自治问题达成一致，应该由英国殖民当局解决印度问题。正是在这次会议上，剑桥大学学生、思想家拉赫马特·阿里提出了单独建立巴基斯坦方案：创立几个穆斯林国家，作为印度不同地区穆斯林的家园。为此，乔杜里正式创立了"PAKISTAN"一词，意为"清真之国"或"精神纯洁人的净土"。该词代称旁遮普（Punjab）、西北边境省（Afghania）、克什米尔（Kashmir）、信德（Sindh）和俾路支（Baluchistan）。[1]上述地区历史上都曾被穆斯林占领或征服，穆斯林人口众多，伊斯兰教影响力很大。除了乔杜里外，其他穆斯林领袖和学者也提出内容各异的穆斯林单独建国方案。

穆罕默德·阿里·真纳是巴基斯坦独立建国的奠基人，使建立伊斯兰国家这一宏伟计划由设想变为现实。他把停留在观念层面的"穆斯林民族"变成切实的社会政治运动，与"穆斯林联盟"其他领导人一起缔造了巴基斯坦，被称为"巴基斯坦之父"。真纳的建国思想经历了从与印度教徒合作摆脱英国殖民统治、建立共同国家到穆斯林单独建国的转变。

如上文所述，真纳（1876-1949年）的政治思想深受西方自由主义思想和英国议会民主制度的影响。1904年7月28日，真纳首次参加印度国民大会党（以下简称"国大党"）会议。1906年，真纳正式加入国大党，并作为该届年会主席达达拜·瑙罗吉的秘书参加加尔各答年会。在此次年会上，国大党确立新的政治纲领，第一次通过要求印度自治决议。此后，真纳也将印度自治作为终生奋斗目标，主张通过宪政改革实现自治。1913年，真纳加入"穆斯林联盟"。为促使印度教徒与穆斯林合作争取国家自治，真纳多方奔走协调，于1916年12月促成国大党与"穆斯林联盟"同时在勒克瑙举行年会，达成共同行动纲领——《勒克瑙协定》。该协定表示

---

[1] Bruce Riedel, Deadly Embrace Pakistan, America and the Future of the Global Jihad, Washington, D.C.: Brookings Institution Press, 2011, p.4.

印度人民的斗争目标是实现自治,并提出实行穆斯林单独选区制等议题。《勒克瑙协定》标志着穆斯林和印度教徒联手实现印度独立的思想得以具体实施。为此,真纳被称为"印度教徒与穆斯林的团结使者"。这一阶段,真纳将争取英属印度的民族利益作为最高奋斗目标,坚信穆斯林和印度教徒应该联合起来摆脱英国殖民统治。可见,真纳并非与生俱来的宗教主义者,而是作为一个民族主义者开始其政治生涯。在真纳40余年的政治生涯中,约有30多年致力于促成印度教徒与穆斯林合作实现印度自治。

然而,真纳逐渐由一个民族主义者转变为印度穆斯林的代言人,逐渐认同和应用"两个民族"理论,直至巴基斯坦独立建国,这有内外两方面的原因。外部原因主要是英国殖民当局实施"分而治之"策略,客观上造成印度教徒和穆斯林的矛盾越来越深;内部原因则主要是真纳与国大党在斗争策略上存在严重分歧,以及国大党忽视穆斯林利益。20世纪20年代,随着圣雄甘地确定在国大党内部的领导地位,非暴力不合作运动成为国大党的重要斗争方式,这恰恰对真纳希望通过议会斗争赢得自治的政治路线构成重大挑战。例如,英国殖民当局1921年实施《印度政府法》,由国务会议和立法大会共同构成印度政府的立法机构。其中,国务会议类似西方国家的上院,由60多人组成,其中一半以上由直接选举产生。真纳认为此举意味着可以通过议会斗争实现印度自治,着手联合包括由莫提拉尔·尼赫鲁(Motilal Nehru,早期印度独立运动积极分子,国大党领导人,尼赫鲁—甘地家族元老,其子贾瓦哈拉尔·尼赫鲁为印度独立后第一任总理)领导的国大党司瓦拉吉派,共同组建议会中的民族主义政党,希望通过赢得议会多数实现印度自治的目标。真纳的联合努力取得了一定成效,初步形成强大的印度选举集团。然而,由于国大党领袖甘地抵制议会政治,莫提拉尔·尼赫鲁最后放弃与真纳等人联合立法提案。真纳一手建立起的议会联盟遭到破坏,与甘地等国大党领导人的关系转趋紧张。

此外,国大党还采取了一系列排挤穆斯林的行动,加速了真纳与国大党的分道扬镳。1928年,"穆斯林联盟"与国大党在德里举行跨党派会议,商讨未来印度的立法原则。为了维护穆斯林和印度教徒的团结,真纳提出如果能够在中央立法会议中提高穆斯林席位,"穆斯林联盟"可以考虑放弃单独选区。然而，贾瓦哈拉尔·尼赫鲁（Jawaharlal Nehru）等国大党领导人最终未接受"穆斯林联盟"提出的条件，随后出台的《尼赫鲁报告》中主张的宪法原则更暴露了国大党排挤穆斯林的意图。该报告基本否定了《勒克瑙协定》原则，没有重视穆斯林团体的利益。1937年，印度举行省立法会议选举，国大党取得胜利，在组建政府时出台一些片面强调印度教徒利益、伤害穆斯林感情的政策，如强制推广印地语、强迫穆斯林演唱反穆斯林歌曲等。在此情势下，真纳关于未来次大陆的政治构想调整为穆斯林单独建国。根据1941年英印当局的数据，穆斯林人口约为9205万，占总人口23.99%；印度教徒则为2.54亿，占总人口66.45%。[1]尽管总体上仍属于少数族群，但穆斯林却在英属印度11个省中的5个处于多数地位，如西北边境省、旁遮普省、信德省，东北部的阿萨姆和孟加拉。如果次大陆维持统一，那么穆斯林将难免受占主体的印度教徒统治。为避免被印度教徒所支配，穆斯林迫切希望在其占多数的次大陆东北部和西北部建立独立的穆斯林国家。[2]这成为真纳谋求巴基斯坦独立建国的客观基础。

到20世纪30年代末，真纳成为印度次大陆穆斯林真正意义上的代言人。"穆斯林联盟"创建于1906年，其宗旨是在印度次大陆以武力建立穆斯林国家。成立初期，"穆斯林联盟"是一个教派主义政治组织，以保护穆斯林利益为最高目标，支持英国殖民当局，反对国大党。然而，在民族主义思想影响下，"穆斯林联盟"1913年通过新的章程，规定其奋斗目标是通过宪政手段争取"在印度建立适合于印度国情的自治"。为此，"穆斯林联盟"要推动民族团结，并与其他宗教派别进行合作。从1915年起，真纳出任"穆斯林联盟"主席，实行与国大党密切合作政策。1916

---

[1] Ishtiaq Ahmed, "Chapter 1 Religious Minorities in The European Union and Pakistan: Historical Comparisons", Political Role of Religious Communities in Pakistan, November 2008, p.13.

[2] Ishtiaq Ahmed, "Chapter 1 Religious Minorities in The European Union and Pakistan: Historical Comparisons", Political Role of Religious Communities in Pakistan, November 2008, p.14.

年,"穆斯林联盟"和国大党在勒克瑙年会上通过共同拟定的《勒克瑙协定》,建立正式合作关系,携手实现印度自治、扩大省立法会议权限以及增加民选议员等目标诉求。双方一度密切合作,如穆斯林参加国大党领导的非暴力不合作运动等。然而,由于两大族群在政治、经济和宗教等领域存在诸多深层矛盾,加上英国殖民当局的刻意挑拨以及印度教教派组织的煽风点火,穆斯林和印度教徒之间频繁发生摩擦和冲突,"穆斯林联盟"与国大党之间的摩擦逐渐大于合作。真纳等"穆斯林联盟"的领导人转而主张"穆斯林联盟"才是印度次大陆穆斯林的唯一代表,国大党只代表印度教徒,要求实行穆斯林单独选举制。1937年成为"穆斯林联盟"与国大党分道扬镳的分水岭。鉴于"穆斯林联盟"在国民议会中的席位远少于国大党,两党之间的矛盾持续加深。1940年,真纳在"穆斯林联盟"拉合尔会议上正式提出"两个民族,两个国家"思想。真纳称,"印度教和伊斯兰教分属两种不同的文明,建立在彼此冲突的思想和观念之上"[1]。"从严格意义上讲,印度教和伊斯兰教并不仅仅是宗教,而是两套完全不同的社会秩序,属于两种不同的宗教哲学和社会习俗。如果硬要把这两个民族束缚在一个国家中,一个占少数,另一个占多数,必然会导致彼此不满以及国家治理机构最终倒台。"[2] "不可能容忍穆斯林在未来的国家中沦为类似美国黑人的地位。"[3]真纳表示,"如果英国政府真的希望维护次大陆人民的和平和幸福,那么唯一的道路就是将印度划分成不同的民族国家,允许次大陆的主要民族建立单独的国家。"[4] "穆斯林是一个民族,

---

[1] V.P.Mahajan, A History of India, vol.3. Delhi: S.Chand & Company Ltd, 1980, pp.318-319.

[2] [印度]恩·克·辛哈、阿·克·班纳吉著,张若达、冯金辛等译:《印度通史(第四册)》,北京:商务印书馆,1973年版,第1071页。

[3] Bruce Riedel, Deadly Embrace Pakistan, America and the Future of the Global Jihad, Washington, D.C: Brookings Institution Press, 2011, p.5.

[4] Jamil-ud-din Ahmad, Some Recent Speeches and Writings of Mr Jinnah, Lahore: Kashmiri Bazar, 1952, p.177.

有权利拥有自己的家园、领土和国家。我们希望以自由和独立的民族身份与我们的邻居和谐相处。"[1]在此次年会上,"穆斯林联盟"正式通过了《拉合尔决议》,即在穆斯林占人口多数的地区——次大陆的西北部和东北部建立独立国家。拉合尔会议后,"穆斯林联盟"领导人强调建立巴基斯坦是该组织的主要目标,同主张建立统一印度的国大党斗争逐渐激化。

此后,"八月建议"的出台进一步强化了"穆斯林联盟"谋求单独建国的政治诉求。第二次世界大战以来,英国在欧洲和亚洲战场均承受着巨大压力,希望得到印度各派力量的全力合作,以赢得战争。为此,英国殖民当局放话称,战争结束后给予印度独立地位,成立自治政府。例如,印度总督林立兹哥于1940年7月承诺战后将向印度人移交政权,随后又发表"八月建议",宣布"英国政府不会把他们目前管理印度的责任移交给任何一个为印度国民中多数有势力人物所直接否认的政府",实际上是拒绝对国大党作实质让步。[2]同时,"八月建议"又承诺满足以"穆斯林联盟"为代表的少数党派要求,保证"没有少数派同意,不会草拟宪法"。[3]甘地表示:"'八月建议'扩大了以国大党为代表的印度政治势力和英国殖民当局之间的裂痕,加深了'穆斯林联盟'与国大党之间的隔阂。"[4]"穆斯林联盟"欢欣鼓舞,明确表示,"印巴分治是解决未来印度宪法难题的惟一途径"。[5]

---

[1] Jamil-ud-din Ahmad, Some Recent Speeches and Writings of Mr Jinnah, Lahore: Kashmiri Bazar, 1952, p.180.

[2] [巴基斯坦]M. A. 拉希姆著,四川大学外语系翻译组译:《巴基斯坦简史·第四卷:外国统治和穆斯林民族主义的兴起》,成都:四川人民出版社,1976年版,第358页。

[3] [印度]恩·克·辛哈、阿·克·班纳吉著,张若达、冯金辛等译:《印度通史(第四册)》,北京:商务印书馆,1973年版,第1069页。

[4] [印度]恩·克·辛哈、阿·克·班纳吉著,张若达、冯金辛等译:《印度通史(第四册)》,北京:商务印书馆,1973年版,第358页。

[5] [巴基斯坦]M. A. 拉希姆著,四川大学外语系翻译组译:《巴基斯坦简史·第四卷:外国统治和穆斯林民族主义的兴起》,成都:四川人民出版社,1976年版,第358-359页。

20世纪40年代后，真纳及"穆斯林联盟"始终将"两个民族，两个国家"理论奉为基本原则，坚持要求单独建立穆斯林国家。在英国殖民当局、国大党和"穆斯林联盟"的彼此交锋和互动中，英国人最终出台以分别建立印度和巴基斯坦为核心内容的"蒙巴顿方案"，"清真之国"——巴基斯坦得以于1947年8月14日建立。

第四节　道路之争：伊斯兰现代主义和原教旨主义

在巴基斯坦独立建国的过程中，伊斯兰教作为凝聚次大陆穆斯林的最有效手段，始终是真纳及"穆斯林联盟"高举的一杆大旗。伊斯兰原教旨主义也在次大陆摆脱英国殖民统治以及巴基斯坦独立建国的过程中产生了重要作用。伊斯兰原教旨主义者和伊斯兰现代主义者在巴基斯坦独立建国等问题上的分歧，在此后半个多世纪对巴基斯坦政治发展道路产生重大而深远的影响。

伊斯兰现代主义

如上文所述，1857年印度民族大起义之后，伊斯兰复兴运动出现两种截然不同的思潮，即以阿利加尔大学为代表的伊斯兰现代主义运动以及以迪奥班德经学院为代表的伊斯兰原教旨主义运动。"穆斯林联盟"是伊斯兰现代主义的主要代表，主张穆斯林必须做出调整以适应西方统治和西方价值观，并以此推动伊斯兰现代化进程。由大批毕业于阿利加尔大学的穆斯林知识分子组成的"穆斯林联盟"经过多年努力，最终于1947年在印度穆斯林聚居区建立巴基斯坦伊斯兰共和国。

伊斯兰原教旨主义

迪奥班德经学院是伊斯兰原教旨主义的主要代表，主张以《古兰经》

和《圣训》为依据解决现代伊斯兰社会的诸多问题。在这一背景下，赛义德·阿布·阿拉·毛杜迪（Sayed Abu Ala Mawdudi）领导的"伊斯兰促进会"和沙比尔·艾哈迈德·乌斯马尼（Maulana Shabir Ahmad Usmani）领导的"贤哲会"等宗教政党相继诞生。毛杜迪是伊斯兰原教旨主义在南亚次大陆最重要的代表人物，他一手创立的"伊斯兰促进会"迄今仍是次大陆最重要的宗教政党。

与"穆斯林联盟"的政治精英在阿利加尔大学接受西方教育不同，毛杜迪出生在印度海得拉巴一个具有浓厚传统伊斯兰宗教色彩的律师家庭，并在家中接受传统宗教教育。20世纪30年代中期，毛杜迪开始关注印度次大陆的政治问题，极力反对当时分别领导穆斯林和印度教徒谋取独立建国的"穆斯林联盟"和国大党，认为这些政党领袖以"奴性心态"接受西方观点，因此他们最终会背叛穆斯林的真正利益。毛杜迪不认同民族主义思想，认为民族主义源于西方、有违伊斯兰教原则，担心民族主义最终导致印度穆斯林自我认知的毁灭。毛杜迪认为，伊斯兰教的传统伦理道德中给出了解决现代社会所有问题、个人和社会生活方式转变以及伊斯兰教复兴的答案，认为伊斯兰教作为完美的人类制度存在于先知和四大"哈里发"生活的时代，然而这一理想制度却被通过武力推行的血亲关系所替代。[1]为此，毛杜迪希望以一种适应现代世界的方式重建伊斯兰思想体系。

毛杜迪的伊斯兰复兴理论主要包括：建立真正意义的伊斯兰国家，国家必须承认安拉法度的绝对权威；以"沙里亚法"为立国基础，承认先知穆罕默德的尊严和权威，将先知的"圣言""圣行"作为重要的立法依据，任何有悖于伊斯兰教法的政令、法规、政策都必须废止；国家作为安拉的代理人有权代行安拉法度、行使统治、管理国家；实行政治协商，通过全体穆斯林直接协商或推举代表来决定国家大事。毛杜迪认为，穆斯林的责任就是重现初创时期的伊斯兰教，必须建立自己的组织，并发动革命

---

[1] Maj Gen GD Bakshi, SM. VSM, The Paradox of Pakistan, Collapse or Caliphate, New Delhi: Manas Publications, 2010, p.47.

以最终建立伊斯兰神权政治。1941年8月26日，毛杜迪创立"伊斯兰促进会"，其宗旨就是实现印度社会的彻底伊斯兰化。[1]

"伊斯兰促进会"和"贤哲会"均建立于巴基斯坦独立之前，曾经反对建立巴基斯坦，认为穆斯林群体是一个统一的"乌玛"，不能因为地理上的界线而割裂开来。只要穆斯林的信仰不遭到威胁，那么即使生活在"异教徒"的土地上也不会造成实质性损害。[2]因此，伊斯兰原教旨主义势力虽然同样反对印度教统治地位，但在摆脱英国殖民统治、谋求独立建国的过程中，他们只是"穆斯林联盟"等世俗政党的松散同盟，而非亲密战友。1947年，印度、巴基斯坦分治，面对这一现实，"伊斯兰促进会"等伊斯兰政党转而要求在巴基斯坦独立后建立真正意义上的伊斯兰社会秩序，[3]恢复"哈里发国家"、以"沙里亚法"作为唯一法律等，伊斯兰原教旨主义者与伊斯兰现代主义者在巴基斯坦建国之初存在的这些重大矛盾和分歧，以及巴基斯坦建国后半个世纪里就"巴基斯坦应该成为一个什么样的国家？选择什么样的发展道路？"等核心问题的反复较量，深刻影响了巴基斯坦的政治演变进程。

---

[1] blications, 2010, p.47. "伊斯兰促进会"在不同发展阶段和语境中表现出伊斯兰原教旨主义和现代主义两种倾向。例如，其创始人毛杜迪强调"真主主权"，要求实施"沙里亚法"，反对用地理界限将穆斯林聚居区分隔开来，不支持巴基斯坦独立建国，这无疑是原教旨主义思想。然而，"伊斯兰促进会"在巴基斯坦独立建国后积极参与议会民主政治，甚至与其他政党在开伯尔—普什图赫瓦省联合执政，又表现出现代主义倾向。西方主流观点在描述伊斯兰复兴浪潮时，将埃及的赛义德·库特卜和毛杜迪并列为20世纪伊斯兰原教旨主义的两大代表人物，在归纳巴基斯坦逊尼派内部派别时，则将"伊斯兰促进会"对伊斯兰教的理解称为"伊斯兰现代主义"，并与波莱维派、迪奥班德派、圣训派并列为巴基斯坦逊尼派四大派别。为防混淆，特此说明。

[2] John R. Schmidt, The Unraveling Pakistan in The Age of Jihad, New York: Farrar, Straus and Giroux, 2001, p.60.

[3] Anatol Lieven, Pakistan A Hard Country, New York: Public Affairs, 2011, p.52.

第七章 20世纪后半叶的巴基斯坦

自独立以来，巴基斯坦经历了曲折复杂的政治演变，其突出特点就是民选政府与军政府交替上台，国家和政府领导人更迭较为频繁。20世纪70年代末，苏联入侵阿富汗，巴基斯坦作为前线国家，与美国等国家联手支持阿富汗抵抗力量反对苏联入侵，这一过程也影响了巴基斯坦国内局势的演变。

第七章　20 世纪后半叶的巴基斯坦

第一节　建国初期动荡及两任军法管制（1947-1972）

1947年8月14日，英国正式将权力移交给巴基斯坦制宪议会，巴基斯坦正式宣布独立。当时，巴基斯坦既没有成立有效的政府机构，也没有安全部队，面临一切从零开始的窘境。1948年9月11日，巴基斯坦国父真纳去世，这对于一切仍处于建设过程中的巴基斯坦而言是一大损失。此时担任总理的里阿夸特·阿里·汗可谓仅次于真纳的第二号人物，有可能利用其影响力保持巴基斯坦政局的稳定，尽快制定一部符合巴基斯坦国情的宪法。然而，1951年10月，里阿夸特·阿里·汗不幸遇刺身亡。此后，巴基斯坦各种政治势力争斗频繁，导致政局动荡不安。从1947年巴基斯坦独立到1958年10月阿尤布·汗将军接管政权，巴基斯坦五次更换总统，平均两年多就更换一次，七次更换总理，平均一年多更换一次。中央政府内阁成员不断变更，有的部长任职不超过一个月便被更换。地方政府的省督和首席部长也不断更换，从1947年到1954年，巴基斯坦中央政府解散的东、西巴政府就不下10个。

军人政权上台

巴基斯坦民选政府的自身动荡以及执政不力，为巴基斯坦军队走到政治前台准备好了客观条件。在当时陆军总司令阿尤布·汗的压力下，时任总统米尔扎于1958年10月7日宣布实行军法管制，暂停实行1956年宪法，解散中央和地方立法会，禁止一切政党活动，任命阿尤布·汗为军法管制首席执行官。1958年10月27日，阿尤布·汗指责总统米尔扎对于巴基斯坦政局动荡负有责任，迫使后者下台，成为巴基斯坦首个军人政权。

阿尤布·汗在军政两界影响力深厚，上台之后为巴基斯坦政治制定了一整套发展思路，并且在其执政期间予以实施。鉴于阿尤布·汗执政长达

10年，因此其执政思想和理念对于巴基斯坦产生较为长远的影响。

首先，禁止政党活动。阿尤布·汗将巴基斯坦政治动荡归咎于政党政治。他公开表示，自从真纳和阿里·汗之后，各类政党为了自己的政治欲望而争斗不休，甚至不惜在巴基斯坦民众中煽动分裂和对抗，这对国家产生了极其恶劣的影响。因此，阿尤布·汗决定取消政党，禁止政党活动，取消公民自由，控制新闻出版，设立军事法庭实施军法管制。阿尤布·汗还按照自己的理解调整了巴基斯坦的民主政治。设计了一套相对易于操作的基本民主制度。具体说来，就是在东巴和西巴各自设立4万个选区，每个选区约有1000人，每个选区选出1名民选代表，称为基本民主执行者。10个选区组成乡村行政委员会，行政委员会选出的代表与政府指派代表联合行使有限权力。1960年2月17日，巴基斯坦大约8万名基本民主执行者组成选举团，选举巴基斯坦总统。在没有竞争者的情况下，阿尤布·汗当选巴基斯坦总统，任期5年，由此成为巴基斯坦建国以来第一位民选总统。随着国内压力的不断强化，阿尤布·汗逐渐放宽了对政党活动的限制，1962年7月，巴基斯坦国民议会通过恢复政党法，允许政党在满足一定前提条件的情况下自由活动。

其次，制定1962年宪法。在担任总统之后，阿尤布·汗立即任命宪法委员会。值得注意的是，阿尤布·汗本人在宪法制定过程中发挥了很大作用，针对宪法委员会提交的报告，例如实行有限总统制、建立联邦政府、进行直接选举等。阿尤布·汗对此做出了重大修改，宣布在1962年6月国民议会第一次会议期间直接生效，因此这部宪法被称为"阿尤布宪法"，即1962年宪法。宪法规定了巴基斯坦作为伊斯兰国家的属性；由东巴基斯坦和西巴基斯坦两个省份组成，伊斯兰堡地区、达卡地区和部落地区由中央政府直接管辖；总统是国家元首、政府首脑和武装力量统帅，拥有任命政府各部部长、各省省长以及最高法院首席大法官等一系列非常广泛的权力。从中可以看出，阿尤布·汗宪法的突出特点就是总统大权独揽，司法并不独立，议会作用遭到挤压。

第三，发展国家经济。阿尤布·汗执掌期间，采取了一系列措施推动巴基斯坦国民经济发展。例如，大刀阔斧进行土地改革。建国以来，巴基斯坦土地高度集中在大地主家族手中。据统计，巴基斯坦6.8%的土地所有者占有全巴基斯坦51.4%的农业用地，大批农民没有土地。阿尤布·汗担任总统后迅速公布了土地改革条例，强制规定个人拥有土地的最高限额。尽管最高限额并不低，而且执行过程也并不严格，但仍然对巴基斯坦大地主土地所有制产生了一定影响。再如，阿尤布·汗还启动以推动高新农业技术为核心的绿色革命，例如引进高产品种、兴修水利、提高农业机械化水平等。这一举措提高了农业生产率，给土地所有者和农民都带来一定好处。此外，阿尤布·汗还采取措施鼓励私营经济和外国资本发展，增强巴基斯坦经济活力。

阿尤布·汗执政时期，巴基斯坦改变了建国之后，即50年代前半期政局动荡、经济发展停滞的局面，保持政局稳定和经济发展，政府施政效率也不断提升。相比而言，巴基斯坦独立建国至阿尤布·汗实行军管的11年期间，巴基斯坦不仅政府更迭频繁，而且机构臃肿，工作效率非常低。阿尤布·汗则大刀阔斧、令行禁止。在推动土地改革、鼓励发展工业、推动基本民主制以及制定1962年宪法方面表现出极高的效率。例如，巴基斯坦花费九年时间、两次改变制宪委员会才制定了1956年宪法，阿尤布·汗则仅用了两年多就制定1962年宪法。

尽管阿尤布·汗取得了一系列功绩，但巴基斯坦国内对其批评和反对也不断升温，最终导致了阿尤布·汗下台。例如，阿尤布·汗长期大权独揽，独断专行，引发其他政治力量严重不满。1962年，涵盖众多政党的"全国民主阵线"成立，反对阿尤布·汗的个人统治，要求彻底恢复民主制度，并得到了相当多民众的支持。1967年，一度被禁止参加政治活动的政治家获准重新参政，这强化了反对阿尤布·汗的政治力量。需要指出的是，在西巴基斯坦省，当地政党试图将该省重新划分原来的几个省级行政单位，又得到了不少力量的支持。随着形势的发展，阿尤布·汗阵营的一些人也开始加入反对阵营，其中最突出的就是曾经在政府中担任重要部长的阿里·布托。阿里·布托从1966年开始反对阿尤布·汗，要求以代议民主制取代总统制。此外，阿尤布·汗推动家庭生活方式变革，授权基本民主执行者主持婚礼等以前只有宗教人士才具有的权力，这引发了宗教界人士的严重不满，开始利用其在宗教上的话语权煽动民众对抗现政权，对阿尤布·汗的最终下台发挥了重要的推波助澜作用。

东巴基斯坦独立

1969年3月，时任陆军总司令的叶海亚·汗在巴基斯坦三军的支持下，出面接替阿尤布·汗，成为军法管制首席执行官，随后出任巴基斯坦总统。叶海亚·汗上台之后仍然面临严峻的国内局势，例如巴基斯坦各类民主政党要修恢复议会民主制度，东巴基斯坦则希望实现高度自治。在此情况下，叶海亚·汗采取了一些措施恢复政治秩序，并于1970年12月7日举行大选。巴基斯坦全国28个政党提名1237名候选人参选。穆吉布·拉赫曼领导的"人民同盟"获得了重大胜利，在国民议会300个一般席位中获得了160席，几乎赢得了所有分配给东巴基斯坦的议席。阿里·布托领导的"人民党"则在西巴赢得多数席位。此次大选是巴基斯坦独立以来第一次以成人公民权为基础的直接选举，投票率非常之高，但选后人民同盟和人民党在召开国民议会、制定新宪法等问题上分歧过大，反而导致西巴和东巴之间的矛盾更加激化，成为东巴独立的导火索。在此形势下，叶海亚·汗同意在东巴首府达卡召开国民会议制定新宪法，并且安排阿里·布托和穆吉布·拉赫曼举行会谈，制定一部双方都可以接受的宪法。然而，会谈却以失败告终。阿里·布托坚持强有力中央政府，穆吉布·拉赫曼则希望中央政府保留外交、国防和发行货币的权力，扩大省政府权力。

此后，阿里·布托表示将不参加1971年3月3日召开的国民议会，并且要求推迟召开国民议会。此外，阿里·布托还向叶海亚·汗表示，如果通过一部旁遮普人不能接受的宪法，将带来难以想象的后果。在此压力下，叶海亚·汗3月1日同意推迟召开国民议会。此举却引发东巴的强烈不满，当地举行大规模游行示威，并且提出了"孟加拉独立"的口号。在此情势下，巴基斯坦军队对东巴游行示威实施镇压，进一步激化了矛盾。此后，虽然叶海亚·汗、阿里·布托与穆吉布·拉赫曼举行秘密会晤，商讨解决当前危机的办法，然而却因为在央地权力、结束军事管制等问题上差距过大而未能达成协议。3月26日，叶海亚·汗以东巴法律和秩序失去控制、人民联盟分裂国家为由,派军队进入东巴实施镇压行动,并且宣布人民联盟非法。此后直至当年底,东巴局势动荡导致大量流血事件,东巴的诉求由扩大自治权限转变为建立独立的孟加拉国。4月10日,一些流亡印度的人民联盟成员建立了"孟加拉国临时政府"。1971年11月21日,印度在苏联的支持下入侵巴基斯坦并且占领东巴首府达卡,不久后位于东巴的巴基斯坦军队投降。1972年1月10日,孟加拉国正式独立。东巴和西巴作为统一国家的历史就此结束。

东巴的独立导致巴基斯坦各界严重不满,反对叶海亚·汗的各类示威不断。在此情势下,叶海亚·汗无法控制巴基斯坦形势,于1971年12月30日辞去总统一职。阿里·布托接任巴基斯坦总统以及军法管制首席执行官。巴基斯坦由此开启了阿里·布托时代。

第二节 阿里·布托时期的民选政府(1972-1977)

1972年至1977年,巴基斯坦处于阿里·布托执政时期。1972年,东巴正式独立。阿里·布托等领导人面临的重大问题在于如何治理新的巴基斯坦,也就是原来的西巴,其采取的第一个重大举措就是组织宪法起草委员会,制定巴基斯坦宪法。1972年12月,宪法起草委员会将宪法草案以及存在的不同意见正式提交国民议会讨论。1973年4月10日,巴基斯坦国民议会投票批准巴基斯坦独立以来的第三部宪法,即1973年宪法,习惯上也称为"布托宪法"。布托宪法的一大特点是总理大权独揽。例如,宪法明文规定,总理是政府首脑,由国民议会选举产生,对国民议会负责。总理有权任命内阁部长以及国务部长。国民议会可以以四分之三多数通过不信任案罢免总理。此外,布托宪法正式规定伊斯兰教为国教,各类伊斯兰政党的影响力迅速扩大,宗教势力逐渐对国家政治生活产生重要影响。可以说,布托采取各种强化宗教色彩政策是巴基斯坦政治发展过程中的一座重要分水岭。

阿里·布托执政理念

布托个人教育经历和政治观点都非常接近国父真纳，是世俗穆斯林精英的代表。1928年1月5日，布托出生于信德省一个穆斯林贵族家庭，父亲是著名政界人物。布托接受系统的西式教育，1949年1月在美国南加利福尼亚大学毕业后进入伯克利大学学习政治学，后又在英国获得牛津大学法学硕士学位。1953年，他在伦敦林肯律师学院获得高级律师资格，不久返回巴基斯坦担任律师，并迅速步入政坛，先后担任阿尤布·汗政府的新闻部长，燃料、电力和自然资源部长，少数民族事务部长，克什米尔事务部长以及外交部长。1967年11月30日，布托在拉合尔成立"人民党"，并担任党主席。布托接替叶海亚·汗出任巴基斯坦总统后，确定了总理主政的民选政府体制，推动一系列政治和经济改革。

布托政治主张可以概况为"伊斯兰社会主义"，其核心可用一句话概括："我们的信仰——伊斯兰"，"我们的经济——社会主义"，"我们的国家体制——民主"，"一切权力归人民"。由此可见，伊斯兰和社会主义是布托政治思想的一体两面，西方议会民主制则是实现伊斯兰和社会主义的途径。早在1965年第二次印巴战争后，布托就自称为"社会主义的信徒"，并在"人民党"纲领中写入"只有社会主义才能治理好巴基斯坦"等内容。布托的"伊斯兰社会主义"主要适用于经济领域，主张"斯堪的纳维亚半岛式的社会主义模式"，经济上实行平等，让工人享受劳动成果，消除剥削和贫穷，主张进行相对激进的社会经济改革。在这一思想指导下，布托及其"人民党"政府实施了一系列较为激进的社会经济改革政策，其中包括企业国有化和土地改革。具体说来，布托政府在农村开展土地改革，规定地主拥有土地的最高限额，将超出限额的土地由政府无偿收回之后分配给无地和少地的农民；在城市推动较大规模的国有化进程，对工厂、铁路、银行等基础性行业和国家经济命脉实施国有化。为此，布托及其支持者在《古兰经》等伊斯兰经典中寻找合法性。如"安拉"才是土地和一切财富的最高所有者，其他人没有权力私人占有。在伊斯兰教中，社会经济平等居于最优先地位，《古兰经》要求实现穆斯林之间的平等，高度强调实现社会经济平等的重要性。①

布托"伊斯兰社会主义"的另一面是强化伊斯兰信仰，突出伊斯兰教在巴基斯坦建国和立国过程中的核心作用，把信仰伊斯兰教作为"人民党"和巴基斯坦的最高指导思想。布托曾经表示："真正的伊斯兰需要社会主义秩序，《古兰经》与社会主义并不矛盾"，"伊斯兰社会主义将彻底改变巴基斯坦国家面貌，所有人都能得到应得的食物、衣服、住房等。通过实践伊斯兰社会主义，我们将建立一个伟大的巴基斯坦"。②布托多次表示："伊斯兰教就是我们的信仰，就是我们的宗教，就是巴基斯坦的基础。巴基斯坦的出现是因为我们都是穆斯林。""伊斯兰是最重要的原则，我们为其事业可以奉献我们的生命。""我们首先是穆斯林，其次才是巴基斯坦公民。"③在1970年"人民党"竞选宣言中，布托宣布其最高目标就是建立无阶级的社会，在巴基斯坦实现真正平等。

然而，布托的"伊斯兰社会主义"并没有完全得到各类宗教政党的支持。以"伊斯兰促进会"和"贤哲会"为代表的宗教政治势力认为，伊斯兰与社会主义、资本主义不属于同一层面，不应该将伊斯兰教冠以"社会主义"名号，认为私人占有制早已为《古兰经》《圣训》等伊斯兰经典所承认，是穆斯林的权利。同时，穆斯林私人占有土地和财富等还是其履行宗教义务的前提。如果废除土地私有制，穆斯林将无法履行天课、朝觐等宗教义务。布托将政治与经济分开区别对待，其社会主义实践停留在经济层面上，在政治层面上仍然实行英式议会民主制。因此，某些学者将布托

---

① Surendra Chopra, Islamic Fundamentalism, Pakistan and the Muslim World, New Delhi: Kanishka Publishers, Distributors, 2009, p.25.

② Surendra Chopra, Islamic Fundamentalism, Pakistan and the Muslim World, New Delhi: Kanishka Publishers, Distributors, 2009, p.26.

③ 胡辛·穆塔里：《伊斯兰教、穆斯林和现代国家》，纽约：圣马丁出版社，1994年版，第50页。

的"伊斯兰社会主义"称为"披着宗教外衣的国家资本主义"。

由此可见,布托作为世俗主义精英,在处理宗教问题上采取实用主义态度,即利用宗教旗号凝聚力量,号召穆斯林支持政府的大政方针,但客观上强化了宗教团体在巴基斯坦的影响力。不少宗教政党在布托执政时期转趋活跃,标志性事件就是推动1974年修宪,宣布艾哈迈迪亚教派为"非穆斯林"。具体说来,1974年6月,"伊斯兰促进会"在拉合尔和费萨拉巴德等城市发动大规模反对艾哈迈迪亚教派运动。迫于宗教政党的强大压力,布托正式宣布艾哈迈迪亚派教徒为"非穆斯林"。巴基斯坦国内外不少人认为,此举可谓在事实上造成伊斯兰教内部多数派对少数派的歧视,背离了真纳倡导的建立"包容性世俗国家"道路,并为以后更大范围教派冲突埋下伏笔。此后,布托政府及议会公开承认穆斯林内部、穆斯林与非穆斯林之间有别,非穆斯林公民无法享受穆斯林的权利,只能在自己的单独选区选举。艾哈迈迪亚教派和基督教等宗教少数派遭受歧视。然而,布托的妥协并没有换来宗教势力的谅解和支持,反而带来了更大程度的反对声浪。1977年, 以"伊斯兰促进会"为首的9个反对党组成"巴基斯坦全国联盟"要求布托下台。为了应对反对党联盟的挑战,布托宣布实施"以宗教治国",将《古兰经》作为治国准则, 开始在全国范围实行"沙里亚法"。他设立宗教事务部;取消以往政府对巴基斯坦公民前往麦加朝觐人数的限制;把伊斯兰教育列为中小学教育的必修课程;设立专门的观月委员会避免因为斋月开始和结束日期产生争议;发布禁酒令,关闭全国所有酒吧和酒店;禁止赌博;关闭夜总会;将星期五改为休息日,星期天作为工作日。上述强化宗教措施的初衷是借助穆斯林对"沙里亚法"的认同来争取民众支持,然而,布托此举势必对巴基斯坦现行的世俗司法体系构成严峻而深远的挑战。

阿里·布托的外交政策

巴基斯坦以伊斯兰教立国,其外交政策从一开始就同宗教紧密结合在一起。巴基斯坦外交部曾明确表示,其外交目标之一就是"密切与伊斯兰世界的亲密关系与合作",运用伊斯兰意识形态维护国家利益是巴基斯坦外交政策的重要手段。①自国父真纳开始，巴基斯坦在寻求外部支持时就将目光转向了伊斯兰国家，认为共同信仰伊斯兰教为伊斯兰国家之间发展关系提供了天然基石。为了服务于与印度对抗的对外目标，巴基斯坦曾经倡导"穆斯林北约"计划，甚至提出巴基斯坦、伊朗和阿富汗建立一个联邦。为了争取外部支持及实现与伊斯兰世界的团结，巴基斯坦在联合国大会上支持阿拉伯国家关于巴勒斯坦问题的立场，在很多场合反对以色列。此外，巴基斯坦还举办各种伊斯兰国际合作会议，力图推动巴基斯坦成为伊斯兰世界的领袖。总体看来，巴基斯坦建国初期的"泛伊斯兰"对外政策并未取得预期效果，伊斯兰国家没有能力和意愿提供巴基斯坦在对抗印度中所需要的支持。②鉴于此，巴基斯坦将外交工作重点转向大国，与美国迅速走近，签署《共同防御援助协议》和《双边防御协定》等条约，加入了美国主导的"东南亚条约组织"和"中央条约组织"两大军事联盟体系，并成为美国衔接这两大组织的核心。然而，美国并未向巴基斯坦提供所期望的支持。相反，美国在中印边界冲突中偏袒印度、向印度输送武器等引发巴基斯坦的不安。1965年印巴战争中，美国对印度和巴基斯坦同时实施武器禁运，巴基斯坦对美国的幻想彻底破灭，部分重返"泛伊斯兰"外交。1967年中东战争爆发后，巴基斯坦明确支持阿拉伯国家，对以色列持强硬立场，"巴基斯坦的伊斯兰身份使其与巴勒斯坦问题紧密联系在一起。"③此后，巴基斯坦与伊斯兰世界的关系有所提升。

巴基斯坦在1971年第三次印巴战争中战败，东巴基斯坦宣布独立，巴基斯坦公众在震惊之余进行深刻反思。布托出任总统后利用当时的民众情绪，强化伊斯兰教作为个人和国家两个层面的意识形态，在振奋民心的

---

①Hafeez Malik: Dilemmas of National Security and Cooperation in India and Pakistan, New York: St. Martin' Press, 1993, p.131.

②Surendra Chopra, Islamic Fundamentalism, Pakistan and the Muslim World, New Delhi: Kanishka Publishers, Distributors, 2009, p.21.

③Hafeez Malik: Dilemmas of National Security and Cooperation in India and Pakistan, New York: St. Martin' Press, 1993, p.246.

同时也赢得了更大程度上的民众支持。布托组织制订的1973年宪法表示要强化与伊斯兰国家之间的兄弟关系，特别是在经济和政治领域必须加强团结。巴基斯坦还希望争取海湾石油生产国的援助和外来投资，为巴基斯坦的农产品出口开拓市场。布托遍访中东地区20多个伊斯兰国家，迅速增进了这些国家对巴基斯坦的理解。

1973年10月中东战争中，巴基斯坦在政治、外交及物资援助方面给予阿拉伯国家大力支持，如派遣医疗人员前往埃及和叙利亚支持阿拉伯军队，派遣飞行员帮助叙利亚空军，甚至派出几个营士兵驻扎叙利亚首都大马士革。此外，布托还命令巴基斯坦驻联合国代表出面协调伊斯兰国家代表团的立场。随后，巴基斯坦在旁遮普省首府拉合尔成功举办第二届伊斯兰首脑会议，在整个伊斯兰世界产生相当广泛的影响，布托由此成为伊斯兰世界广受欢迎人物，海湾石油国家也开始增加对巴基斯坦的援助。例如，巴基斯坦从海湾国家获得的财政援助从1974年的几乎为零迅速增长到1976年的9.93亿美元，获得了实实在在的好处。同时，巴基斯坦还向中东国家派遣大量劳动力，中东侨汇收入成为巴基斯坦外汇储备的重要来源。1977-1978年度，侨汇收入已占巴基斯坦外汇收入的48.9%。[1]布托政府还以伊斯兰口号增强巴基斯坦发展核武器的合法性，例如："以色列和南非具备核能力，基督教、犹太教和印度教文明同样具备这种能力，只有伊斯兰文明缺乏这种能力。巴基斯坦将改变这种情况。"[2]布托有关"伊斯兰核弹"的理论提高了巴基斯坦在伊斯兰世界的威望，但与美国"防止核扩散"立场产生重大分歧。在此形势下，布托再次利用伊斯兰教的纽带力量，向同为伊斯兰国家并与美国保持良好关系的伊朗和沙特阿拉伯求助，希望上述两国帮助斡旋美国与巴基斯坦的关系。1975年，美国解除了针对巴基斯坦的武器禁运措施。

---

[1] [英国]哈桑·加德兹，贾米尔·拉什德缔：《巴基斯坦：专政的起源》，伦敦：罗德里奇出版社，1983年版，第222页。

[2] [美国]塞缪尔·亨廷顿著，周琪等译：《文明的冲突与世界秩序的重建》，北京：新华出版社，1999年1月版，第366页。

总之，布托上台执政后，利用巴基斯坦与中东同属伊斯兰世界这一有利条件，广泛开展对伊斯兰国家的外交活动，与中东伊斯兰国家的友好关系成为巴基斯坦对外政策的一大支柱。然而，从上文分析可看出，布托实施"泛伊斯兰"外交的出发点仍是维护和确保巴基斯坦的政治、经济和安全利益，巴基斯坦仍然是世俗主义的现代议会民主制国家。

1977年，布托宣布将在当年的3月7日以及10日举行国民议会和省议会选举，结果布托领导的人民党在两次选举中大获全胜。然而，选举是在人民党政府控制了绝大部分舆论工具，主要反对党的领导人行动受到限制的情况之下举行的。当时的主要反对派"巴基斯坦全国联盟"举行游行示威，抗议布托政府"欺骗国家"，要求重新举行选举。但布托仅仅同意纠正少量选举舞弊事件，并且试图通过取消自1971年印巴战争以来一直实施的紧急状态、释放主要反对派领导人等措施引诱反对派接受大选结果，但双方的矛盾持续激化。4月9日，布托在拉合尔期间，当地再度爆发较大规模示威游行，最终引爆了政府保安部队与示威群众以及支持布托与反布托两派示威群众之间的矛盾。为了控制局面，布托宣布对拉合尔、卡拉奇和海德拉巴实行军事管制，但也未能控制局面。布托政府治下的巴基斯坦动荡不安为巴军再度介入提供了机会。1977年7月5日，时任巴基斯坦陆军参谋长的齐亚·哈克发动军事政变，结束了布托对巴基斯坦的统治。

第三节　齐亚·哈克实施军法管制（1977—1988）

1977年7月至1988年8月，巴基斯坦处于齐亚·哈克军政权的统治下。1977年3月，巴基斯坦举行国民议会和省议会选举。选举一方是9个反对党组成的"巴基斯坦全国联盟"，其中包括"伊斯兰促进会""贤哲会""巴基斯坦贤哲会"3个宗教政党、4个中间政党及2个左翼政党。宗教政党主张建立神权国家，按照"沙里亚法"治国；中间政党支持议会民主制，要求恢复私营经济；左翼政党则主张在一定程度上实施资本国有，要求分散中央政府的权力。选举的另一方是布托领导的"人民党"。由于"人民党"政府控制了一切舆论工具，主要反对党领导人被逮捕，"人民党"在国民会议和省议会选举中大获全胜。"巴基斯坦全国联盟"举行大规模游行示威，要求重新举行大选，但遭到拒绝。鉴于两派势力相持不下，巴基斯坦军队再次出面收拾残局。7月5日，巴基斯坦陆军参谋长齐亚·哈克发动军事政变，结束布托政府的统治，担任军管首席执行官，开启了巴基斯坦历史上第三次军管时期。

齐亚·哈克主要施政措施

哈克1924年出生于印度旁遮普邦，第二次世界大战期间曾在英国军队服役，后在军事学院毕业并担任教官。哈克曾经两次赴美接受军事培训，于1976年3月晋升为上将，出任巴基斯坦陆军参谋长。在多年军事生涯中，哈克一直以为人正直和虔信伊斯兰教而备受尊敬，此前从未涉足国内政治斗争。然而，1977年3月议会选举造成国内局势动荡不安，哈克被迫在支持布托和反对布托之间做出选择。事实上，在1977年3至5月期间，哈克曾下令禁止军队卷入政治，甚至发表声明支持布托政府。然而，军队内部的反布托力量，特别是中、下级军官们普遍反对布托大权独揽，认为议会选举造成了巴基斯坦动荡不安。据称，当时巴基斯坦六大军区司令部中有3位军区司令公开反对布托政府。哈克最终改变立场，下令逮捕布托和"巴基斯坦全国联盟"领导人，接管布托政府，指控布托本人及其同僚操纵1977年大选、滥用政治权力、挪用公款、命令治安防卫部队迫害反对派领导人等。巴基斯坦高等法院认为哈克的军管属于"必须的活动"，具有合法性，认可了哈克作为军管首席执行官拥有合法权力。1979年2月，巴基斯坦最高法院以谋杀罪判处布托绞刑。尽管哈克军政权得到最高法院的法律背书，但因迟迟不举行全国大选而导致各政党不满情绪上升，遭哈克打压的"人民党"也借机发难。哈克认识到单纯军管无法长期维系政权生存，迫于国内压力同意分享权力。1985年3月，齐亚·哈克以总统法令对1973年宪法进行重大修改。3月10日，哈克发布另一项总统法令，即"宪法第八修正案",部分恢复了1973年宪法。宪法第八修正案改变了1973年宪法中总理独揽大权、总统没有实权的局面,大幅度强化了总统的权力。例如,总统有权任命总理、内阁部长、参谋长联席会议主席、三军参谋长、各省省督以及选举委员会首席专员;总统在与总理协商之后有权解散议会,也可以不经过总理自行决定解散议会。从中可以看出,由于总统有权任命省督,省督又有权解散省议会和省政府,总统由此可以通过省督架空总理。简而言之,哈克通过宪法第八修正案塑造了以总统为中心、以军队为最后仲裁人,总理在前者支持之下管理国家日常政治事务。总理在总统面前明显处于弱势地位。除了通过修宪巩固自身地位之外,哈克还从意识形态领域着手强化控制力。为此,哈克推出"全面伊斯兰化"政策,即巴基斯坦穆斯林有义务按照伊斯兰教的规定和要求安排自己的生活。[1]与前任政府在推动伊斯兰化方面"说得多,做得少"不同,哈克迅速与"伊斯兰促进会"结成政治同盟,并颁布和实施了一系列具有鲜明宗教色彩的政策和措施。[2]

法律上,在巴基斯坦全面推行"沙里亚法"。通过与哈克军政权结盟,宗教政党在司法改革等方面获得更大的发言权,推动颁布了一系列法律,在各大城市重建宗教法庭,在首都伊斯兰堡设立最高伊斯兰法院;强化"伊斯兰意识形态咨询委员会"的权力,使之成为推动社会伊斯兰化的政策实体,允许更多具有原教旨主义倾向的"乌里玛"加入委员会;1978年12月,哈克宣布成立一个常设法律委员会,负责研究如何使现行法律与伊斯兰教义保持一致,最终将"沙里亚法"作为巴基斯坦法律体系的基础;从1979年2月10日起,实施"全面伊斯兰化"政策,颁布和实施《侯杜德条例》[3](Hudud Ordinance),开始对所有巴基斯坦人实行《古兰

---

[1] Anas Malik, Political Survival in Pakistan Beyond Ideology, Abingdon: Routledge Advances in South Asian Studies, 2011, p.96.

[2] John R. Schmidt, The Unraveling Pakistan in The Age of Jihad, New York: Farrar, Straus and Giroux, 2001, p.62.

[3] 旨在对巴基斯坦违法公民实行宗教惩罚的法律体系。

经》中规定的刑罚。例如，饮酒者鞭笞80下，未婚通奸者鞭笞100下，已婚通奸者乱石砸死，偷窃840卢比以上者砍掉右手，抢劫但未造成人员和财产损失者判处鞭笞30下并判处监禁3年，造成财产损失者砍掉右手和左脚。①在《侯杜德条例》中出现对妇女和少数教派的歧视性待遇。例如，妇女如果控告遭到强奸，必须找到至少4名男性目击证人为其作证。这一规定在司法操作中几乎是"不可能完成的任务"。如果妇女不能提供足够证据，那么会被处以通奸罪的处罚。②《侯杜德条例》中关于禁止亵渎先知的规定还为极端势力迫害少数教派提供可乘之机。1985年，哈克政府宣布重新实施穆斯林、非穆斯林分开选举制度（该制度在1956年已被废除），1986年实施《亵渎神明法案》，规定任何以口头或书面等形式，直接或间接亵渎先知的行为都应被判死刑或终生监禁。③1988年6月，哈克正式宣布"沙里亚法"为巴基斯坦最高法律，标志着巴基斯坦法律"伊斯兰化"的最终实现。

经济上，建立没有剥削的经济制度。首先，征收天课和什一税，无偿分配给穷人。1979年2月，哈克下令于1980年6月开始征收天课和什一税。所谓天课就是指除去生活费用每年余存1.2万卢比以上的穆斯林，必须向政府缴纳其财富的2.5%，④由政府分配给穷人。哈克政府设立中央和地方两级天课基金委员会。此外，沙特阿拉伯还提供专款资助巴基斯坦的天课基金。天课基金深受巴基斯坦民众，特别是中下层民众的欢迎。然而，什叶派表示反对，并为此成立了"执行加法尔学派伊斯兰教法运动"组织。什

---

①Surendra Chopra, Islamic Fundamentalism, Pakistan and the Muslim World, New Delhi: Kanishka Publishers, Distributors, 2009, p.26.

②John R. Schmidt, The Unraveling Pakistan in The Age of Jihad, New York: Farrar, Straus and Giroux, 2001, p.63.

③Ishtiaq Ahmed, "Chapter 1 Religious Minorities in The European Union and Pakistan: Historical Comparisons", Political Role of Religious Communities in Pakistan, November 2008, p.8.

④Surendra Chopra, Islamic Fundamentalism, Pakistan and the Muslim World, New Delhi: Kanishka Publishers, 2009, Distributors. p.31.

一税即农业税，哈克下令成立联邦、省和地方三个层面的征收委员会，将征税所得分配给穷人。其次，取消银行利息，建立无息存款制度。1978年11月，哈克组织经济学家和银行家组成委员会研究利率问题。1979年，巴基斯坦三大国家投资机构，即巴基斯坦民族投资公司、民用建筑金融公司和巴基斯坦投资公司宣布取消利息，向渔民和农民提供无息贷款，并将上述机构发放的生息证券改为利益分享证。1981年1月1日开始，巴基斯坦所有国有银行及其分支机构均开设了无息存款账户，即存款者不领取固定利益，银行将吸纳的存款投资工商业，银行与存款者共担风险，共享收益。

教育上，哈克政府将促使民众接受"伊斯兰化"政策作为新的教育目标。所有巴基斯坦公民，无论是基督教、拜火教还是艾哈迈迪亚教派都要学习宣扬伊斯兰教义的教材，客观上造成这样一种印象，即"如果你不信仰伊斯兰教，你就不是巴基斯坦的公民"。在高等教育阶段，若想获得学士学位就必须完成伊斯兰课程，包括了解伊斯兰教基本信仰、如何祈祷及伊斯兰历史。[1]1982年，哈克政府实施一项新政策，规定穆斯林进入大中专院校学习前先要进行伊斯兰教基本知识的考试。哈克政府还出资修建清真寺和宗教学校，其中部分宗教学校成为宗教极端武装组织的宣传阵地和活动基地。

社会上，清除外来文化的影响。哈克下令对电视节目、电影等进行严格审查，确保大众传媒严格遵守伊斯兰道德伦理，在电视和广播节目中增加宗教内容；严格遵守《古兰经》关于宗教仪式的各项规定，如穆斯林在斋月必须封斋、在礼拜时要停止一切公务活动等；强化日常生活中的宗教符号，如取消街道和建筑物的英文名称，转而以穆斯林英雄的名字命名。

宪政上，按照《古兰经》教义修改选举制度。哈克政权要求参加竞选的候选人必须敬畏真主，且以无党派身份参加全国选举；在省和联邦层面建立伊斯兰议会；通过修改宪法以平衡总统和总理的权力；进一步扩大"伊斯兰意识形态咨询委员会"的权力，如制定实施伊斯兰化的计划，提

---

[1] Surendra Chopra, Islamic Fundamentalism, Pakistan and the Muslim World, New Delhi: Kanishka Publishers, Distributors, 2009, p.30.

出如何使现行法律与《古兰经》《圣训》保持一致的建议。"伊斯兰意识形态咨询委员会"成为制订伊斯兰化计划的实体。[①]此外,哈克还强化了宗教事务部及其他机构的宗教职能。

在外交领域,哈克政府基本上继承布托的外交政策,强调巴基斯坦是海湾国家的后院,巴基斯坦领土若存在敌对势力将威胁海湾国家安全,必须强化巴基斯坦与海湾国家的联系等。

齐亚·哈克影响深远

客观上看,哈克的"全面伊斯兰化"政策对维持其军政权统治、增强巴基斯坦的凝聚力发挥了巨大作用。

首先,提升了军政府的支持度。巴基斯坦以伊斯兰教立国,各届政府都强调巴基斯坦公民应该按照伊斯兰教教义生活,然而几乎没有政府采取措施予以落实和监督。哈克政府从各方面入手推动巴基斯坦的"伊斯兰化",将"按照伊斯兰教规定的方式生活"做到了实处。因此,哈克政府可以自称为"真正继承国父真纳遗训的政府",这对广大民众具有强大吸引力,大大改善了军政府形象。

其次,压制"人民党"等竞争对手。巴基斯坦97%以上的人口是穆斯林,伊斯兰教是将各种族、各阶层联系在一起的关键纽带。哈克政府通过大力推动"伊斯兰化"将自己塑造成为"伊斯兰教的捍卫者和守护神",造成了一种"反对哈克政府就是反对全盘'伊斯兰化'、反对《古兰经》、反对真主、反对伊斯兰教"的印象,这无疑将政治对手置于极为不利的境地。同时,哈克在经济和社会层面采取的"全面伊斯兰化"措施,的确给下层民众带来了切实可见的收益,进一步增强了哈克的支持率。

第三,提高了巴基斯坦的国际地位。哈克政府推行的"全面伊斯兰化"政策符合当时世界、特别是中东地区的伊斯兰复兴潮流。为了应对西方意识形态渗透,很多伊斯兰国家将恢复伊斯兰教教义作为明确身份认同

---

①Surendra Chopra, Islamic Fundamentalism, Pakistan and the Muslim World, New Delhi: Kanishka Publishers, Distributors, 2009, p.29.

的重要武器,甚至出现了"不要东方,不要西方,只要伊斯兰"等口号。哈克政府的"全面伊斯兰化"政策显然迎合了这股潮流,提高了巴基斯坦在伊斯兰世界中的声望,赢得了中东国家的支持,海湾石油出口国向巴基斯坦提供了大量援助和支持。

但必须指出,长远的看,哈克的"全面伊斯兰化"政策在深度和广度上不断强化,也给巴基斯坦社会发展带来一些不利影响。法律上,包括贝·布托和穆沙拉夫在内等"后哈克时代"领导人都曾采取一些措施弱化司法领域强烈的宗教色彩。然而,在哈克时代壮大起来的各类势力已经"尾大不掉",千方百计阻挠政府弱化宗教司法体系,导致巴基斯坦历届政府的努力都以失败告终。巴基斯坦国父真纳在1948年关于"维护巴基斯坦所有宗教信仰和种族群体的自由"的设想由此落空。经济上,无息银行等做法与世界经济发展趋势格格不入。无息银行等做法实际上否定了世界通行的、以利润为基础的投资模式,而巴基斯坦接受外来援助和国外投资等也都是以利润为基础。此外,无息银行仅仅在巴基斯坦和沙特阿拉伯等极少数国家存在,这在一定程度上割裂了巴基斯坦经济与世界经济的联系。

1988年8月7日,哈克总统因航班发生爆炸而遇难。参议院议长伊沙克·汗继任总统,并于当年11月举行国民议会和省议会选举。巴基斯坦由此结束了哈克将军11年的统治,开始了新一轮民选政府阶段。

第四节 纳瓦兹·谢里夫与贝·布托轮番上台(1988-1999)

从1988年哈克军政权结束对巴基斯坦的统治至1999年10月穆沙拉夫将军再度接管政权的11年期间,巴基斯坦处于动荡不安的民选政府时期。这一时期的突出特点就是主要政党领导人权力斗争激烈,频繁解散政府,其中占主导地位的是纳瓦兹·谢里夫领导的穆斯林联盟和贝·布托领导的人民党。据统计，从1988年12月贝·布托首次上台执政到1999年穆沙拉夫将军接管政权，巴基斯坦在11年间出现了9位总理。巴基斯坦这一时期政局动荡的主要原因在于总统与总理之间的权力角逐。如上文所述，哈克1985年推动通过了宪法第八修正案，巴基斯坦总理与总统之间的权力平衡被打破。纵观整个90年代，总理在政治博弈中始终处于弱势地位。总统往往在军方的支持下宣布解散议会和政府，或者总理与总统争执不下、陷入僵局，军队出面干预后同时辞职。

贝·布托执政

1988年，贝·布托及其母亲领导人民党赢得了议会选举，开始了人民党的第三次、贝·布托个人的第一次执政。在此次选举中，人民党获得国民议会的主导权，组织联邦政府，在四省中的两个省执政。穆斯林联盟作为反对党，在参议院占据席位优势，并且执掌巴基斯坦最富裕省份旁遮普省。整体看来，人民党与穆斯林联盟平分朝野，彼此权力制衡。贝·布托赢得大选之后，认为尽管让民选政府上台执政，但巴基斯坦军队对于政治具有巨大影响力，因此非常谨慎地处理与巴军的关系，例如保留了哈克将军时代的外交部长塔库布·阿里·汗，确保对阿富汗外交政策保持连续性，承诺不会削减军队预算。然而，贝·布托执政之路并不顺利，经常要处理异常复杂的政治局面。在反对党穆斯林联盟的根基旁遮普省，反对党不仅不断攻击布托领导的人民党政府，还经常鼓励宗教保守势力联合反对妇女干政。在人民党的根据地信德省，教派部族关系持续紧张，还不时爆发暴力冲突。1990年8月，穆斯林联盟的伊沙克·汗总统在军方支持下，以贝·布托政府滥用职权、贪污腐败、试图控制军队等罪名，宣布解散国民议会，并且取消了贝·布托的总理职位。

1990年，穆斯林联盟在议会选举中获胜，谢里夫出面组阁。然而，1993年，谢里夫因为推动经济计划遭到反对党的联合反对，被迫辞职。1993年10月，巴基斯坦举行议会选举，贝·布托领导人民党组成竞选联盟赢得选举，组建联邦政府。在贝·布托执政的前两年，人民党所面临的整体形势较为有利。然而，1996年以来，贝·布托与同属于人民党的莱加利总统矛盾激化。莱加利总统向最高法院提交申请，要求后者裁决总统与总理的权限，尤其是总统任命法官是否需要与总理协商。贝·布托则不顾党内的反对意见，吸收一

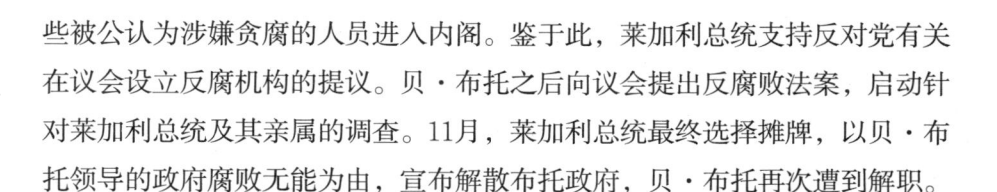

些被公认为涉嫌贪腐的人员进入内阁。鉴于此，莱加利总统支持反对党有关在议会设立反腐机构的提议。贝·布托之后向议会提出反腐败法案，启动针对莱加利总统及其亲属的调查。11月，莱加利总统最终选择摊牌，以贝·布托领导的政府腐败无能为由，宣布解散布托政府，贝·布托再次遭到解职。

谢里夫时期

1997年，纳瓦兹·谢里夫在国民议会选举中大获全胜，获得了议会中三分之二以上的议席。谢里夫再次担任总理。上台后，谢里夫利用在议会中的超强地位，推动修改宪法第八修正案。当年4月1日，巴基斯坦参议院和国民议会相继以高票通过了宪法第十三修正案。根据宪法第十三修正案，废除了第八修正案中有关总统大权独揽的规定，例如取消总统解散国民议会和政府内阁的权力，取消总统任命省督、参谋长联席会议主席、三军参谋长以及最高法院法官的权力，赋予总理权力提名上述重要人事任命。总体看来，巴基斯坦宪法第十三修正案改变了第八修正案以来的政治生态，总理从巴基斯坦政治权力三驾马车中的弱势一方转变为强势一方，总统的权力遭到很大程度的削弱。巴基斯坦政治制度再度倾向议会民主制度。同年，谢里夫再接再厉，推动国民议会和参议院通过了宪法第十四修正案，即"反跳槽法"。谢里夫推动这一修正案的意图在于强化政党领袖对于本党的控制，避免国会议员因为对党领袖不满或者受到其他派别的拉拢，脱离本党加入其他派别，导致政党内部以及巴基斯坦政局不稳定。第十四修正案明确规定，任何议员若背叛本党就将被自动取消议员的资格。与第十三修正案获得高票通过不同，该修正案面临比较大的争议，有反对者认为这将赋予各个政党领袖生杀予夺的权力，可能导致国内独裁等其他问题。

1998年5月，印度在靠近印巴边境的拉贾斯坦邦连续进行地下核试验，从此成为实际上拥有核武器的国家。印度在宣布拥核之后在印巴关系方面表现得更加咄咄逼人，其当时的国防部长费尔南德斯公开表示，"印度拥有了核武器，巴基斯坦必须在克什米尔问题上对印度做出重大让步"。面对印度的威胁，谢里夫政府领导下的巴基斯坦不甘示弱，当月进行了6次核试验，也成为事实上的拥核国家。在印度和巴基斯坦都拥有核武器之后，南亚两大国之间的竞赛加入核武器对峙的内容，危险性大大提高。

1999年4月，数百名穆斯林游击队员进入克什米尔地区印度控制一侧卡吉尔地区，并且占领了若干重要的战略制高点，控制了当地交通，事实上切断了沟通印控克什米尔重镇斯利那加和列城的交通线。此后，印度陆军和空军进行大规模反击，引爆了两国军队在克什米尔地区的一系列武装冲突，两国事实上已经走向战争边缘。在美国等西方国家施加压力以及其他国家的积极斡旋之下，印巴最终保持克制，穆斯林战士撤出卡吉尔地区，印度恢复了对卡吉尔地区的控制。由于谢里夫政府在下令实施核试验之后面临国际制裁，外部经济援助和外资基本停顿，巴基斯坦经济陷入极端困难的局面，反对派趁机发动游行示威，导致谢里夫政府的处境艰难。卡吉尔冲突更是导致谢里夫政府雪上加霜，大动干戈却未能改变卡吉尔的实际情况以及事后处理等均引发了军队强烈不满。1999年10月12日，谢里夫宣布解除陆军参谋长兼参谋长联席会议主席穆沙拉夫将军的职务，并禁止正从斯里兰卡返回的穆沙拉夫座机在巴基斯坦降落。然而，穆沙拉夫则依靠忠于自己的巴军部队顺利降落，随后指责谢里夫导致国家处于崩溃的边缘，宣布国家实行紧急状态，暂时中止宪法，解职总理、各省省督，解散联邦和省政府，但总统留任。穆沙拉夫担任首席执行官，成立以己为首的国家安全委员会，成立新的中央和地方政府，维持国家运行。巴基斯坦由此开始了另外一个军政府统治时期。

第八章 进入21世纪的巴基斯坦

进入21世纪以来,巴基斯坦国内局势的演变与美国在全球范围内,特别是在阿富汗发动的反恐战争联系密切。出于内政外交的需要,穆沙拉夫将军等巴基斯坦领导人大幅调整内外政策,引起一系列连锁反应。期间,巴基斯坦国内还伴随着军人政权与议会政党、不同政党领导人之间的斗争与妥协。

第八章 进入 21 世纪的巴基斯坦

第一节 穆沙拉夫时代（1999-2008）

1999年穆沙拉夫接管政权之时，巴基斯坦面临严峻的内政外交形势。在国内，巴基斯坦经济增长缓慢，外债数额巨大，一度高达390亿美元，民众生活水平低，贫困率居高不下。在国际上，穆沙拉夫推翻民选政府引起美国等西方国家的不满，要求其迅速恢复民选政权。同时，巴基斯坦进行核试验也导致规模空前的国际制裁，如禁止美国企业向巴基斯坦投资，英联邦暂时中止了巴基斯坦的成员国资格。

穆沙拉夫支持反恐战争

面对严峻的国内外形势，穆沙拉夫采取了较为明智的处理方法，没有宣布实行军法管制，而是表示："只是暂时停止执行宪法，一旦恢复民主政治的时机成熟，军队将立即退出政治事务。"2000年5月，巴基斯坦最高法院裁定穆沙拉夫罢黜谢里夫政府、接管国家政权合法，允许穆沙拉夫政府执政3年，但必须在3年内实施政治和改革计划，并在规定时间内组织选举，成立文官政府，进而还政于民。2001年6月，穆沙拉夫发布政府命令，取消总统拉菲克的职位，自己亲自担任总统。2002年，巴基斯坦举行全民公投，穆沙拉夫以97.5%的得票率当选总统，其任期为5年。

2001年9月11日，美国纽约世界贸易大楼等地遭受重大恐怖袭击，这既给穆沙拉夫政府带来了巨大挑战，也提供了提升巴基斯坦国际地位，改善经济环境，稳定军政权的重大契机。"9·11"恐怖事件之后，美国立即认定阿富汗塔利班庇护之下的本·拉登及其创立的"基地"组织为袭击者，并决定采取军事行动摧毁"基地"组织。为此，美国要求巴基斯坦在情报共享和后勤补给等方面提供全方位合作，否则将采取报复行动。长期以来，巴基斯坦与阿富汗塔利班政权保持密切关系，并且是承认塔利班政权的少数国家之一。面对美国的巨大压力，穆沙拉夫政府必须进行抉择。在权衡利弊之后，穆沙拉夫选择支持美国的战争，在多次谈判无果之后切断了巴基斯坦与阿富汗塔利班政权的特殊关系。穆沙拉夫此举可谓影响深远。

穆沙拉夫执政影响

对内，巩固了执政基础。鉴于20世纪90年代，人民党和穆斯林联盟两大议会制政党党争不断，影响经济增长，导致民众生活水平不升反降。穆沙拉夫采取以稳定政局为主的政策，振兴经济，加强反腐。

其一，弱化职业文官制度。巴基斯坦在英印文官制度的基础上建立了公务员行政体系。长期以来，职业文官在巴基斯坦政府治理中发挥极其重要的作用，不仅负责很多具体行政事务，还担任很多关键决策职位。文官的选拔、培训等等也基本上由文官自行决定，在体制内形成了强大的文官集团。穆沙拉夫则认为职业文官素质不高、官僚化程度太高，难以执行真正的改革措施，为此采取了一系列措施降低职业文官的地位与作用。巴军派遣了大批中、低层军官进驻政府部门。根据统计，除了政府部门给军方的10%保留名额之外，还有1000多名现役或者退役军官进入政府各个部门参与管理，全面强化了军队对政府的影响力。同时，军方强化对文官各个执政流程的介入，其中包括了招募、培训等环节。

其二，限制宗教极端势力。在"9·11"事件前后，穆沙拉夫采取了一系列措施限制宗教极端势力。例如2000年5月，穆沙拉夫提议修改《亵渎神明法案》，以避免该法案遭滥用。此举立即引发宗教保守势力的强烈反弹，并威胁举行大规模游行示威。时任宗教事务部长的阿卜杜勒被迫代表穆沙拉夫出面平息事态，走访很多著名的清真寺和宗教学校，宣布"不会修改《亵渎神明法案》"。穆沙拉夫还决定强化对宗教学校的监管，清查没有在政府登记在册的宗教学校，要求宗教学校除了传授宗教课程之外，还需开设包括数学、计算机等适合社会需要的现代科学课程。2004年1月12日，穆沙拉夫宣布再次针对宗教学校展开重点整顿行动，强化政府对宗教学校的监督，审查宗教学校的课程设置，禁止利用宗教学校进行

第八章　进入21世纪的巴基斯坦

极端主义思潮宣传，建立宗教学校的运行规范等。在穆沙拉夫宣布支持美国的反恐战争后，巴政府取缔了一批宗教极端武装组织，例如"简格维军""穆罕默德军""虔诚军""圣门弟子军""执行先知法典运动"等等，逮捕了数千名成员，关闭了数百个办公室。在巴控克什米尔地区，很多宗教极端武装组织的训练营遭到关闭。以"穆罕默德军"为例，该组织于2000年2月由大訇马苏德（Maulana Masood Azhar）创立，得到了"圣战者运动""圣门弟子军"等组织的支持。"9·11"事件后，该组织至少涉嫌参与25起重大恐怖袭击活动，直至被巴基斯坦政府取缔。尽管穆沙拉夫此举引起了巴基斯坦国内宗教极端势力的反弹，但整体上仍有利于巩固其执政地位，这主要缘于大量西方援助资金的进入。在宣布支持美国的反恐战争之后，美国等国家承诺向巴提供14亿美元援助，免除10亿美元债务，重新安排125亿美元债务。国际货币基金组织、亚洲银行等纷纷提供各类优惠贷款。在大批国际援助资金的刺激下，穆沙拉夫时代的巴基斯坦经济表现远远好过20世纪90年代，呈现快速复苏的局面。

对外，打破国际孤立局面。如上文所言，穆沙拉夫上台之时面临严峻的国内外局势，特别是在国际上面临西方世界的孤立与制裁。穆沙拉夫宣布支持小布什政府的反恐战争之后，巴基斯坦成为反恐"前线国家"，国际地位迅速上升。例如，美国在巴基斯坦表示支持美国反恐战争之后迅速调整印巴政策，大幅提升巴基斯坦在美国南亚政策中的地位。穆沙拉夫2002年初访问美国、英国和法国都受到高规格礼遇。

除了参加小布什政府的"反恐战争"之外，穆沙拉夫还重新调整了巴基斯坦权力结构。2002年6月，穆沙拉夫通过新的宪法修正案，再次调整了巴基斯坦最高权力三驾马车之间的复杂关系。根据最新宪法修正案，总统再次被赋予任命参谋长联席会议主席和三军参谋长的权力，有权否决由总理任命的最高法院院长。同时，成立以总统为首，由总理、三军首脑和在野党首脑组成的国家安全委员会，委员会有权解散议会和解职总理，权力极大。该修正案通过之后，总理再度成为权力结构中的弱势一方。2004年1月，穆沙拉夫获得参议院、国民议会和省议会的信任投票，其总统地位再一次得到确认，将执政直到2007年11月。整体而言，相较20世纪90年代议会政党的"你方唱罢我登场"以及混乱的政治和经济局面。穆沙拉夫政权在2007年之前非常稳固，执政有力，国民经济实现高速增长。

然而，2007年后穆沙拉夫政权合法性不断遭遇挑战，并集中表现在穆沙拉夫与司法机构的矛盾激化。穆沙拉夫一度与巴基斯坦最高法院，特别是大法官乔杜里保持密切合作关系。早在1999年12月，乔杜里作为最高法院的法官，曾经为穆沙拉夫发动推翻谢里夫政府的军事政变提供法律层面的背书。此后，乔杜里还在2002年巴基斯坦举行认可穆沙拉夫总统的全民公决、2003年宪法修正案以及穆沙拉夫在首任总统任期之内兼任陆军参谋长等事项上支持穆沙拉夫。然而，2005年，乔杜里出任最高法院首席大法官之后，与穆沙拉夫的关系逐渐恶化。乔杜里先后采取以司法手段管制基本生活用品价格、追溯恐怖主义嫌犯失踪事件等措施，导致军政府与司法机构的关系持续恶化。2007年3月，穆沙拉夫将时任最高法院首席大法官的乔杜里等免职，并且为此辩称乔杜里等人涉嫌腐败和滥用职权。然而，这一事件却导致各种对穆沙拉夫不满的集中宣泄。很多媒体分析认为，穆沙拉夫将乔杜里等法官解职是为了防止其对2008年连任制造障碍，此举严重威胁了巴基斯坦司法独立性。此后，巴基斯坦各议会政党举行大规模游行示威和罢工活动，并且组织了"向伊斯兰堡进军"等行动。此事沉重打击了穆沙拉夫的威望与执政基础，大大削弱了其对巴基斯坦国内局势的掌控。此后，穆沙拉夫被迫同意巴基斯坦两大政党主席，即人民党领袖贝·布托和穆斯林联盟（谢里夫派）领导人谢里夫回国参加选举。此后，穆沙拉夫通过对贝·布托许诺分享政治权力等措施实现妥协，避免了人民党和穆斯林联盟（谢里夫派）走向联合，进而赢得2007年10月巴基斯坦选举，开启了第二任总统任期。

然而，最高法院则质疑穆沙拉夫的参选资格问题，表示总统选举结果须待最高法院裁决之后方能公布。11月3日，穆沙拉夫强力出手，宣布实施紧急状态，颁布实施临时宪法令，规定所有最高法院的法官必须宣誓效忠政府，并且逮捕不愿意宣誓的法官。然而，当年12月，贝·布托不幸在竞选集会中遭遇恐怖袭击并不治身亡，这导致穆沙拉夫与人民党的政治联盟落空。贝·布托的丈夫扎尔达里与谢里夫逐渐走向联合。同时，巴基斯坦军队虽然支持穆沙拉夫实施紧急状态,但不赞同其连任总统。军队中部分中下层官兵对于穆沙拉夫参与美国的"反恐战争"也多有不满。巴军高层将领普遍希望穆沙拉夫脱下军装参加选举。美国小布什政府从输出民主价值观考虑,也强烈要求穆沙拉夫脱下军装之后举行大选。在此情势下,穆沙拉夫被迫宣布辞去陆军参谋长职务,成为文职总统,并且承诺在2008年举行议会选举。2008年2月,人民党和穆斯林联盟(谢里夫派)赢得议会选举多数,并组建了联合政府,支持穆沙拉夫的穆斯林联盟(领袖派)仅为第三大党。鉴于穆沙拉夫已经辞去军队职务,又缺乏人民党、穆斯林联盟(谢里夫派)等议会政党的传统政治基础,迅速被民选政府架空。2008年8月7日,人民党与穆斯林联盟(谢里夫派)就联合弹劾穆沙拉夫一事达成合作,省议会通过决议,要求穆沙拉夫在国民议会举行信任投票或者自行辞职,否则将启动弹劾程序。在此形势下,坊间盛传穆沙拉夫可能解散议会和政府,然而军队并不支持已经辞去军职的穆沙拉夫采取非常行动。最后,穆沙拉夫宣布辞去总统职位。

第二节 扎尔达里执政时期(2008-2013)

穆沙拉夫黯然离职之后,执政的人民党联合主席扎尔达里出任巴基斯坦总统,穆斯林联盟(谢里夫)领导人纳瓦兹·谢里夫及及其兄弟沙赫巴兹·谢里夫则趁机卷土重来,掌控了传统根据地旁遮普省。

扎尔达里时代

在扎尔达里执政期间,巴基斯坦军队在时任陆军参谋长基亚尼的领导下远离政治,专心安全和外交事务。例如,2008年2月,巴基斯坦举行国民议会选举期间,军方并未刻意对选举施加影响。在民选政府执政期间,基亚尼将穆沙拉夫时期派遣到政府各部门的几百名现役军官撤回,并且取消了三军情报局下属的专责政治事务部门。

在此情况下，巴基斯坦政坛重现了20世纪90年代谢里夫和布托两大政治家族你来我往、彼此争斗的局面。

首先，两大政党彼此争斗不休。在联手迫使穆沙拉夫总统辞职之后，谢里夫和布托两大政治家族之间的短暂联盟宣告破裂，穆斯林联盟（谢里夫派）宣布退出以人民党为主的执政联盟。2009年2月，巴基斯坦最高法院以曾经犯下绑架和腐败等罪行裁定纳瓦兹·谢里夫和沙赫巴兹·谢里夫不得担任公职，此事正式引爆了两大政治势力之间的较量。巴基斯坦各地不断发生游行示威和骚乱，频繁要求恢复大法官乔杜里的职务、撤销禁止谢里夫担任公职的裁决。在国内强大压力中，人民党政府被迫于3月宣布，正式恢复乔杜里的最高法院首席大法官职务。乔杜里恢复职务之后，裁定谢里夫有权参加巴基斯坦议会选举。2010年4月，旨在限制总统权力的"宪法第十八修正案"生效，巴基斯坦最高权力结构再一次向总理倾斜。

其次，司法干政现象突出。巴基斯坦自建国以来，权力结构一直由总统、总理和陆军参谋长"三驾马车"主导。21世纪以来，巴基斯坦最高法院首席大法官作用大幅抬升，成为除原有"三驾马车"之外巴政坛另一大角色，司法体系所发挥的政治仲裁作用在近年来政治角逐中的作用不断凸显。事实上，早在2007年穆沙拉夫执政期间，就与最高法院发生冲突。当年3月，穆沙拉夫解除了首席大法官乔杜里的职务，这反而提振了乔杜里在巴基斯坦法律界的地位，引起媒体、律师和反对党的抗议。7月，最高法院宣布恢复乔杜里的最高法院首席大法官职务，此后推翻穆沙拉夫的行政命令，允许长期流放在外的巴基斯坦前总理谢里夫回国参加政治。当年10月，穆沙拉夫得以连任总统，但其作为现役军人的身份却与巴基斯坦宪法规定军人不得担任政府公职的规定相违背。12月，穆沙拉夫宣布辞去军职，为第二任期准备条件。然而，2008年8月，穆沙拉夫仍然因为巴基斯坦国内各界的强烈反对而被迫辞去总统职务。

司法干政明显

整体而言，穆沙拉夫下台虽然主要是势力政治角力的结果，但以首席大法官乔杜里为首的司法力量显然发挥了极为重要的作用。2010年1月，巴基斯坦最高法院正式发布针对"全国和解令"的裁决书，宣布"全国和解令"违反宪法，要求重新审理在"全国和解令"下结束的案子，要求巴基斯坦政府向瑞士重新提出审查时任总统扎尔达里腐败案的请求。吉拉尼则表示，现任总统有司法豁免权，拒绝了法院要求。

2012年6月19日，巴基斯坦最高法院裁决，总理吉拉尼未能按照最高法院要求申请瑞士重新审理扎尔达里涉嫌腐败而犯下蔑视法庭罪，进而剥夺了其担任总理的资格。人民党不得不推荐前水电部长阿什拉夫接替吉拉尼。此事被部分外国媒体形容为"司法政变"，表明了巴基斯坦司法机构的政治影响力。在吉拉尼下台之后，巴基斯坦最高法院仍然对政府施压，例如7月要求新总理阿什拉夫致函瑞士执法部门，重新启动针对扎尔达里案件的调查。在最高法院的持续施压之下，阿什拉夫最终在法院出庭中表示，已经根据最高法院的要求，致函瑞士政府重启针对总统扎尔达里的审判，并且被迫按照法院的要求而修改信件内容。尽管总统扎尔达里因为担任国家元首拥有豁免权而最终免于起诉，然而这次以乔杜里为首的司法体系仍然在与扎尔达里为首的行政机构的博弈中获得胜利，创造了司法机构通过施加压力迫使行政机构针对在任的国家总统启动案件调查的先例，其象征意义非常明显。同年12月，巴基斯坦最高法院宣布"全国和解令"丧失效力。"全国和解令"由时任总统穆沙拉夫在2007年10月颁布，该和解令使1986年至1999年之间3000多件涉及谋杀、贪污、滥用职权等案件撤诉，包括人民党领袖扎尔达里、统一民族运动党领导人侯赛因等巴基斯坦政坛重要人物因此获益。最高法院此举使得时任总统扎尔达里面临因为此前涉嫌腐败案件遭到重申的现实危险。

但也必须指出，这一时期巴基斯坦司法体系干政具有其特殊性。最高法院首席大法官乔杜里因为之前与人民党以及穆斯林联盟（谢里夫派）联手迫使前总统穆沙拉夫辞职而享有重要的政治地位，这是其他首席大法官所不具备的条件，只能将其看成是单独案例。此外，乔杜里此后针对扎尔达里的一系列措施得到了反对党穆斯林联盟（谢里夫派）的强力支持，这也是其能够频繁施压政府的重要因素。在乔杜里结束首席大法官任期之后，后任大法官再也没有拥有类似的政治影响力。巴基斯坦权力结构的核心再度返回由总理、总统和陆军参谋长组成的"三驾马车"。

在扎尔达里执政期间，巴基斯坦政坛角力不断，起初并不被普遍看好的扎尔达里却在政治上面临穆斯林联盟（谢里夫派）强力挑战，司法遭到大法官强力干政的情况下保持在议会的多数地位，顺利完成了任期。除了军方无意干政、扎尔达里政治手腕娴熟等原因之外，人民党和穆斯林联盟（谢里夫派）在维护民选政治方面存在共识也成为重要原因。两政党都认为，在20世纪90年代，两党你争我夺，借助军队打击对手，反而导致双双受损。为此，两党于2006年签署《民主宪章》，彼此承诺不会加入军政权及军方主导的政府；不利用军队推翻民选政府或者借助军队上台执政；军队及其情报机构必须向政府负责；取消总统解散议会、解职总理的权力；撤销国家安全委员会，由内阁国防委员会控制核武器，有权审查国防预算等事项。

2013年5月，巴基斯坦举行议会选举，穆斯林联盟（谢里夫派）赢得选举，并组织政府。巴基斯坦政治权力实现了平稳的交接，创造了民选政府首次完成任期的历史记录。

第三节　谢里夫三度出任总理

执政成果斐然

2013年5月，纳瓦兹·谢里夫领导穆斯林联盟（谢里夫派）以绝对优势赢得议会选举，不仅在国民议会中占据绝对多数席位，并且在旁遮普等省份执政。鉴于谢里夫以发展经济、改善民生等等口号上台，其执政重中之重就是全力刺激巴基斯坦经济增长，并为此推出一系列新政，并且已经取得了积极效果。

首先，制定整体发展规划。2013年11月，巴基斯坦政府举行全国范围的咨询会议，讨论指明巴国未来发展方向的"2025年远景规划"。该远景规划的核心是七大支柱。第一支柱是以人为本，发展人力资源和社会资本。为此，巴政府教育支出将超过GDP的4%，医疗支出超过GDP的3%，最终实现将人口接受初级教育率提升至100%，接受高等教育率从7%提升至12%，获得良好医疗服务率从48%提升至90%。第二支柱是实现可持续、内生性和包容性增长。巴政府计划到2025年成为世界前25大经济体，进入中高收入国家行列，将年均出口从250亿美元提升至1500亿美元。第三支柱是治理和政府改革。巴政府计划在政治稳定方面进入世界银行全球治理指数的前50名，彻底铲除恐怖主义，减轻腐败现象。第四支柱是能源、食品和水安全。巴政府计划将发电量翻倍，达到4.5万兆瓦，将居民获得电力供应率从目前67%提升至100%，将农业水资源利用率提升20%，食品供给不足人口从目前60%降至30%。第五支柱系私营部门引领经济增长。巴政府计划到2025年将巴基斯坦建设成具有高度投资吸引力的国家，进一步释放私营经济的活力，进入世界银行经商指数排名前50名，私营部门所获海外投资达到400亿美元。第六支柱是发展具有竞争力的知识经济。巴政府计划将全要素生产力对经济增长的贡献率扩大4倍，将世界银行知识经济指数从目前的2.2增长到4.0。第七支柱是交通设施现代化，推动地区互联互通。降低交通成本，确保运输速度，扩展运输范围，在经济中心之间构筑完善的运输网络，提升巴基斯坦与地区国家之间的互联互通水平，最终将巴基斯坦建设成地区商贸中心，将公路密集度从32公里／平方公里提升至64公里／平方公里，将铁路运量占总运量比重从目前的4%提升至20%。 正如巴基斯坦计划发展部长伊克巴尔所言，巴基斯坦到2025年将成为以出口为主导的发达经济体，国内生产总值居世界前25位。

其次，经济状况显著改善。2015-2016财年，尽管面临反恐战争及周边环境的严峻考验，巴基斯坦政治形势总体稳定，国家整体实力和对外影响力增强。得益于中巴经济走廊建设推进顺利以及重要宏观经济指标改善，巴经济形势延续了向好趋势。GDP同比增长4.7%，创8年来最高增速,但较5.5%的增长目标仍有差距,从主要经济指标看,外汇储备创新高,卢比币值保持稳定,税收收入和外资流入均实现大幅增长,财政赤字和经常项目赤字状况有所改善。

第三,产业结构向好调整。巴基斯坦已经形成第三产业为主体的产业结构。巴基斯坦财政部《2014-2015财年经济调查》数据显示,农业占GDP比重20.9%,工业占20.3%,服务业占50.8%。第三产业已成为拉动经济增长的引擎。同财年,农业对真实GDP增长贡献为14.39%、工业为17.45%、服务业则达68.16%。2015-2016财年,巴基斯坦主要产业表现如下。农业负增长,主要农作物歉收。农业产值同比下降0.2%,2014-2015财年2.5%的增长趋势被终止。主要农作物产量下降6.3%,畜牧业、林业和渔业则分别实现了3.6%、8.8%和3.3%的增长。其中,受天气、种子质量及病虫害影响,棉花产量仅980万包,创过去14年新低,同比大降27.8%,大米和玉米产量分别下降2.7%和0.4%,小麦和甘蔗产量则分别增长1.6%和4.2%。第二产业增长超预期,大规模制造业回暖。工业增长创过去8年新高的6.8%,超过6.4%的财年增长目标。得益于电力和天然气供应的增长,占制造业产值近80%的大规模制造业增长4.7%,高于2014-2015财年2.8%的增速。其中,汽车、化肥、皮革、橡胶、化工、制药等分别实现23.4%、15.9%、12.2%、11.7%、10.0%和7.2%的增长。此外,主要受中巴经济走廊框架之下大型电力和交通基础设施项目的拉动,建筑业产值实现了13.1%的增长。第三产业增长提速,占比继续提高。第三产业同比增长5.7%,高于前一财年4.1%的增速,占GDP之比从56.6%增至59.2%,继续良好发展势头,成为巴经济增长最重要的驱动力。其中,一般政府服务、金融保险、住房服务、仓储、批发零售和交通运输分别增长11.1%、7.8%、4.6%、4.1%和4.0%。

第四,国际贸易整体稳定。2016年11月2日,世贸组织公布《2016贸易统计报告》。报告显示,2015年巴基斯坦货物进、出口额分别为442.19亿美元和221.88亿美元,同比下降7%和10%,占全球货物贸易的份额分别为0.26%和0.13%。2010年至2015年间,进、出口额年均分别增长3%和1%。

从商品结构看，主要进口产品依次为工业制成品、能源和矿产品、农产品、其他产品，占比分别为56.5%、26.5%、16.2%和0.7%；主要出口产品分类依次为工业制成品、农产品、能源和矿产品、其他产品，占比分别为75.7%、21.0%、2.7%和0.5%。

从国别结构看，主要进口来源国依次为中国、阿联酋、欧盟和沙特，进口额占比分别为25.0%、13.0%、9.7%和6.8%；主要出口目的地依次为欧盟、美国、中国和阿富汗，出口额占比分别为30.1%、16.6%、8.8%和7.8%。

农产品方面，进、出口额分别为60.76亿美元和46.00亿美元，同比分别下降4%和10%。主要出口产品依次为大米、小麦及面粉、超过80%浓度的酒精、食糖、鲜或干的柑橘属水果，出口额分别为19.27亿美元、3.23亿美元、3.08亿美元、2.34亿美元和1.85亿美元；主要进口产品依次为棕榈油、棉花、蔬菜、茶叶、大豆油渣，进口额分别为16.53亿美元、5.44亿美元、4.93亿美元、4.58亿美元和3.97亿美元。

非农产品方面，进、出口额分别为378.73亿美元和174.84亿美元，分别下降8%和11%。主要出口产依次为：床上、餐桌、盥洗及厨房用的织物制品，85%以上含棉量的棉纱线，男性服饰，85%以上含棉量的机织物，女性服饰，出口额分别为29.08亿美元、15.30亿美元、11.73亿美元、10.06亿美元和7.81亿美元；主要进口产品依次为成品油、原油、废铁、机动车和发电设备，进口额依次为58.98亿美元、30.23亿美元、10.25亿美元、8.91亿美元和8.01亿美元。

根据世界银行《2016年营商环境报告》，在统计的189个经济体中，巴基斯坦排名第138名，较上年下滑两位，多个分指标出现不同程度下滑，反映了巴基斯坦在营商环境上依旧存在多个方面的不足。世界经济论坛（WEF）《全球竞争力指数报告2015-2016》数据显示，巴基斯坦在统计的140个经济体中排名122名，较上年提升3位，营商环境中前五大不利因素依次是腐败、税率、通胀、融资渠道和低效。

政坛争斗频仍

整体而言，各方均看好谢里夫的执政前景，认为其有望像上届人民党政府一样顺利完成任期，但谢里夫执政并未高枕无忧，仍面临不同类型的挑战。例如，2014年8月16日起，巴基斯坦"正义运动党"和"人民运动党"在首都伊斯兰堡发动数万人参与的大规模游行示威，要求谢里夫辞职，重新举行议会选举。谢里夫反复邀请两党举行政治对话，解决政治危机，但拒绝辞职。此次巴基斯坦政治危机呈现明显的阶段性，可分为酝酿发酵、集中爆发和持续发展三个阶段。

首先，酝酿发酵。"正义运动党"和"人民运动党"系此次政治危机的主要挑起方。7月中旬，"正义运动党"领袖伊姆兰·汗宣布，将于8月14日在首都伊斯兰堡发动"长征"，抗议2013年巴基斯坦议会选举中的舞弊行为。早在6月，"人民运动党"领袖卡德里就指责2013年议会选举的选举机构组成"不符合宪法规定"，从加拿大返回巴基斯坦，谋划实施示威活动。然而，谢里夫政府不允许卡德里的飞机在伊斯兰堡降落，其被迫降落在拉合尔。6月17日，巴基斯坦旁遮普省警察试图移除"人民运动党"位于拉合尔总部门前的路障，而与该党党员和支持者爆发激烈冲突，至少导致14人死亡、80多人受伤。事后，巴基斯坦法院以卡德里涉嫌指使谋杀1名警察为由展开调查，此举激怒了卡德里，强化了其反政府情绪。8月10日，"人民运动党"举行烈士日，纪念6月冲突中丧生的党员，誓言"让政府为所作所为负责，必须要有所交代"，结束巴基斯坦的"不公平现状"，并将在8月14日与伊姆兰·汗同时举行示威活动。①

为了从萌芽阶段化解"逼宫"威胁，谢里夫政府反复邀请伊姆兰·汗参加8月14日当天的巴基斯坦国家独立日庆典活动，但却遭到拒绝。迫于伊姆兰·汗的压力，谢里夫宣布从8月1日起的3个月之内，由军方接管首都地区的治安工作。消息一出，巴基斯坦各政党纷纷表示反对，认为将首都治安交由军队无异于实施戒严。7月27日，巴基斯坦人民党、穆斯林联

---

① "Imran Khan welcomes Qadri's decision to march on Aug 14". http://www.dawn.com/news/1124471（上网时间：2014年10月2日）

盟（领袖派）等政党纷纷发表声明，认为政府求助于军方显示其无力应对紧急事态，是自身执政失败的表现。人民党省支部主席汗扎德·汗认为："如果内政部长无法确保首都安全，那么如何控制全国形势？内政部长应该辞职"①，同时也呼吁伊姆兰·汗停止操弄"长征政治"，专心服务开伯尔—普什图赫瓦省人民。②

其次，集中爆发。8月14日，伊姆兰·汗和卡德里各自率领数万名示威者从拉合尔向首都伊斯兰堡"进军"。15日深夜，两派人马约6万人抵达伊斯兰堡。16日，两派人马在伊斯兰堡展开静坐示威，向政府施压。卡德里发表声明，要求谢里夫总理及其弟弟、旁遮普省首席部长沙赫巴兹·谢里夫立即辞职，限制两人出境；进行选举制度改革，组建中央联合政府，举行地方政府选举，提高妇女和儿童的福利水平；提出政府必须在48小时之内解散议会。伊姆兰·汗也表示："谢里夫若不辞职，就不会停止游行"，号召民众在谢里夫下台之前拒绝缴纳税款和水电费。③18日夜，要求政府辞职的最后通牒到期，卡德里在其支持者的集会上要求追随者做好"牺牲的准备"，鼓励他们与"专制政府"对抗，筹划覆盖巴基斯坦全境的全国性示威游行以推动"民主革命"的最终成功。19日晚，"正义运动党"和"人民运动党"率领的示威人群进入首都伊斯兰堡的"红区"（联邦政府办公区、议会、最高法院和使馆区所在地）。示威人群在议会门前举行抗议活动，封锁了议会的主要入口，宣称在谢里夫辞职前不会允许任何部长或议员离开。30日夜，示威人群强行移除堵塞道路的集装箱，试图进入总理府。警察则用警棍、催泪瓦斯和橡皮子弹驱散抗议人群。双方发生激烈冲突，至少导致3人死亡，另有300多人受伤。在冲突

---

① "Political parties oppose govt move to deploy army in Islamabad"，Dawn. http: //www.dawn.com / news / 1122100 / political-parties-oppose-govt-move-to-deploy-army-in-islamabad（上网时间：2014年10月2日）

② 根据2013年5月巴基斯坦议会选举结果，伊姆兰·汗领导"正义运动党"在开伯尔—普什图赫瓦省执政。

③ "Imran Khan: 'I will stay here until Nawaz Sharif resigns'". http: //www.bbc.com / news / world-asia-28818468（上网时间：2014年9月30日）

中，警方逮捕了500多名抗议者。9月1日上午，部分示威者冲击了巴基斯坦国家电视台，造成节目播出一度中断。

面对两大反对党在伊斯兰堡的大规模示威，谢里夫"软硬兼施"予以应对。一方面，寻求多方支持，拒不辞职。谢里夫同意示威人群在指定区域抗议，但禁止进入政府机构、外国使馆云集的"红区"，出动3万余名警察在前往"红区"的道路上布置集装箱设卡。19日，示威人群进入"红区"后，谢里夫将"红区"安保交由军方。谢里夫反复表示，现政府将依宪法完成五年任期，并积极寻求其他政党和最高法院的支持。23日，谢里夫会晤前总统、人民党主席扎尔达里。扎尔达里表示，不赞同"正义运动党"和"人民运动党"通过非正常途径夺权，称"各方应通过对话方式解决争端，民主原则不容亵渎。"①人民民族党主席瓦里·汗表示，"一场闹剧正在以'革命'和'变革'之名在伊斯兰堡上演。如果这种情况继续，将没有国家愿意与巴基斯坦打交道。"②最高法院也支持谢里夫政府。20日，最高法院表示，鉴于有人控告伊姆兰·汗和卡德里的行为"违反宪法"，要求两人于21日出庭解释其抗议行为。25日，最高法院以影响大法官正常工作为由，要求示威者在24小时内离开宪法大道。

另一方面，提议通过对话解决分歧。谢里夫16日表示，愿意在宪法框架内，与两派就选举和改革等问题展开谈判。17日，谢里夫组建了以伊尔凡·西迪基为首的谈判委员会。旁遮普省首席部长沙赫巴兹·谢里夫甚至表示，愿意辞职以化解政治危机。20日，巴基斯坦政府和反对派的谈判代表举行了对话。在30日晚发生流血事件之后，新闻广播部长佩尔瓦伊兹表示，政府的谈判大门依然敞开，愿意采取措施缓和紧张局势。此外，人民党和统一民族运动党都同意帮助谢里夫斡旋，尽快平息当前事态。

第三，持续发展。在经历了8月30日晚总理府流血事件和9月1日上午

---

① "Zardari calls Imran, discusses current political crisis" http://arynews.tv/en/zardari-calls-imran-discusses-current-political-crisis/（上网时间：2014年8月28日）

② "Imran, Qadri to blame if democracy harmed: ANP" http://www.dawn.com/news/1126987（上网时间：2014年10月2日）

示威者冲击国家电视台事件之后，巴基斯坦国内各派及国际社会均担心巴安全形势最终失控。8月31日晚，巴基斯坦军方召开紧急会议讨论当前局势，随后发表声明对国内政治危机及暴力事件表示严重关切，呼吁各派立即通过政治方式解决危机。伊姆兰·汗和卡德里坚持要求谢里夫下台，继续在伊斯兰堡示威。伊姆兰·汗表示，只要谢里夫不辞职，就不会离开。9月3日起，在伊斯兰堡街头的示威者有所减少，大约有数千人仍在议会大厦外集会。9月28日，伊姆兰·汗又在旁遮普省首府、穆斯林联盟（谢里夫派）的大本营拉合尔发动了万人规模的游行示威，继续向谢里夫施压。与此同时，伊姆兰·汗在政治表态上有所软化，表现出一定的灵活性。伊姆兰·汗的副手表示，"正义运动党"一直按军方指令行事，谴责示威者试图占领总理府。[①]伊姆兰·汗本人则表示准备与政府谈判，并已经与作为斡旋中间人的"伊斯兰促进会"领导人会面。

　　面对国内紧张局势，谢里夫重申既不会辞职，也不会离开，绝不允许少数抗议者挟持数百万民众的意志。为此，谢里夫主持召开议会紧急会议，名为讨论当前紧张政治局势，实际上是向外界彰显其权力基础牢固。人民党在议会紧急会议上明确表示，议会全体成员均表态支持谢里夫，谢里夫不会辞职。内政部长尼萨尔·汗表示，这（示威活动）不是抗议，也不是政治集会，而是针对巴基斯坦国家制度的一场暴动。[②]同时，政府与反对派对话的大门仍然敞开。巴基斯坦参议院国防委员会主席穆沙希德·侯赛因表示，政府仍希望通过协商对话平息事态。

　　此次巴基斯坦政治动荡在偶然中存在着必然性，既有伊姆兰·汗和卡德里的个人因素，也是该国政治痼疾的再次爆发。

　　首先，直接原因系伊姆兰·汗和卡德里两人与谢里夫的"新仇旧

---

① "Pakistan parliament backs embattled prime minister as crisis deepens". http://in.reuters.com/article/2014/09/02/pakistan-crisis-idINKBN0GX0GR20140902（上网时间：2014年9月6日）

② "Pakistan parliament backs embattled prime minister as crisis deepens". http://in.reuters.com/article/2014/09/02/pakistan-crisis-idINKBN0GX0GR20140902（上网时间：2014年9月6日）

恨"。2013年5月，巴基斯坦举行议会选举，谢里夫领导的穆斯林联盟（谢里夫派）获得190席（共342席），赢得议会多数，成为第一大党，执掌中央政权。伊姆兰·汗领导"正义运动党"获得34席，成为议会第三大党，在开伯尔—普什图赫瓦省联合执政。选举结束之后，伊姆兰·汗随即提出至少有4个选区存在舞弊现象，要求予以彻查。随后，伊姆兰·汗前往巴基斯坦相关政府部门投诉，但没有受到高度重视，这导致伊姆兰·汗对谢里夫政府逐渐不满。此后不久，伊姆兰·汗又提出巴基斯坦现行选举制度未能反映人口变化情况，要求重新划分选区，得到了其他主要政党的支持。谢里夫政府对此原则上予以同意，但在落实上则需要时间。伊姆兰·汗由此认为谢里夫政府屡次无视其"合理诉求"，不满情绪持续积累。

卡德里与谢里夫的矛盾也是由来已久。在20世纪80年代，卡德里曾经充当谢里夫和沙赫巴兹·谢里夫的宗教顾问，但双方最终分道扬镳。卡德里曾经表示："谢里夫兄弟不听人言，为了达到目的不择手段"。[①]随后，卡德里转而与谢里夫的对头、时任人民党领袖贝·布托结盟，并曾经在2002年当选国会议员。卡德里系巴基斯坦重要的逊尼派宗教领袖，信奉苏菲和现代主义思潮。虽然长期旅居加拿大，但却在巴基斯坦掌控600多所清真寺。一方面，卡德里坚持温和的宗教立场和非暴力主张，曾经签发反对恐怖主义的宗教法令，主张取缔滋生暴力的"宗教学校"，认为"沙特阿拉伯传播极端思想，是穆斯林世界的最大问题"。[②]另一方面，卡德里反复要求在巴基斯坦"进行革命"，举行多次大规模示威活动，其诉求涉及执政效率、电力短缺等各种议题。2013年1月，卡德里在伊斯兰堡举行大规模游行示威抗议政府腐败，严重威胁当时的人民党政府。在

---

① "Anti-Taliban Cleric Rises on Message of Peace in Pakistan". http: //online.wsj.com / articles / anti-taliban-cleric-tahir-ul-qadri-rises-on-message-of-peace-in-pakistan-141037236（上网时间：2014年10月2日）

② "Anti-Taliban Cleric Rises on Message of Peace in Pakistan". http: //online.wsj.com / articles / anti-taliban-cleric-tahir-ul-qadri-rises-on-message-of-peace-in-pakistan-141037236（上网时间：2014年10月2日）

此次示威中，卡德里的诉求主要有二：一是为在6月冲突中死亡的支持者"讨个说法"；二是用"真正的民主制度"取代巴基斯坦现行体制，但未说明其确切内涵。①卡德里的号召力和动员能力远不如伊姆兰·汗，但拥有一些热衷于参与街头政治的铁杆支持者。有传闻称，卡德里花钱雇佣穷苦人参加示威。例如，有在伊斯兰堡示威的匿名民众对外媒表示，"人民运动党"付钱让他们游行三至四天，现在却又不允许他们离开了。另有一名16岁的学生称："'人民运动党'给我父母6000卢比，我才和其他学生一起来伊斯兰堡示威"。国防部长阿西夫表示："卡德里花钱雇人举行示威。"②"人民运动党"副书记阿巴斯对此予以否认，表示"人们都是自愿参加'长征'"。③

此外，有一些巴基斯坦民众，特别是年轻人憎恶当前"让富人更富、穷人更穷"的制度以及家族政治现状，通过参加游行示威发泄对政府的不满情绪。

其次，深层原因则在于巴基斯坦政治痼疾难解。自建国以来，巴基斯坦政治发展历程可谓"命运多舛"，不仅民选政府与在野党互相拆台，还曾发生3次军事政变。例如，20世纪50年代，巴基斯坦政局动荡，从1947年独立到1958年10月的11年间，五次更换总统，平均两年多换一个。七次更换总理，平均一年多换一次。1958年，鉴于民选政府无法控制国内局势，陆军总司令阿尤布·汗宣布实行军管，并于1960年当选总统，开启了巴基斯坦历史上首个军政权执政期。1969年3月25日，阿尤布·汗将权力移交给时任陆军总司令叶海亚·汗，结束了长达十年的军管期。1977年3

---

① "Pakistani cleric Tahir-ul-Qadri – 'A man of immense contradictions'". http://www.dw.de/pakistani-cleric-tahir-ul-qadri-a-man-of-immense-contradictions/a-17848131（上网时间：2014年10月2日）

② "Anti-Taliban Cleric Rises on Message of Peace in Pakistan". http://online.wsj.com/articles/anti-taliban-cleric-tahir-ul-qadri-rises-on-message-of-peace-in-pakistan-141037236（上网时间：2014年10月2日）

③ "Pakistan Qadri protesters 'paid'". http://www.bbc.com/news/world-asia-29106266（上网时间：2014年10月2日）

月，巴基斯坦举行国民议会和省议会选举，阿里·布托领导人民党获胜，但由9个反对党组成的"巴基斯坦全国联盟"指责布托在选举前几乎软禁了所有反对派领导人。双方就选举结果争执不下，国内局势再次出现动荡。7月5日，巴基斯坦陆军参谋长齐亚·哈克发动军事政变，担任军管首席执行官，开始了巴基斯坦第二次军管期。1999年，时任陆军参谋长穆沙拉夫发动军事政变，迫使谢里夫政府下台。由此可见，巴基斯坦政治演进从来不是一帆风顺。其中，民选政府能否处理好与军队的关系显得尤为重要。

2013年6月，谢里夫出任总理，成为巴基斯坦历史上首位三次出任总理的政治家。从历史上看，谢里夫与军方的关系谈不上和睦。1999年10月12日，二度出任总理的谢里夫下令解除陆军参谋长穆沙拉夫职务，却反遭穆沙拉夫指挥军队解散了政府。2000年1月19日，卡拉奇反恐法庭以"谋杀、劫机、从事恐怖活动"罪名起诉谢里夫，判其无期徒刑，罚款50万卢比并没收其全部财产。后来在美国、沙特外交压力下，谢里夫与军方达成秘密协议，谢里夫同意流亡海外10年、21年内不参与政治并交付50万美元罚款。①被迫下台和长期流亡海外的经历深刻影响了谢里夫对军队的态度，如2007年回国后经常猛烈抨击军方，甚至穆斯林联盟（谢里夫派）内部都有声音认为其"走得太远"。2013年5月13日，谢里夫在接受印度媒体采访时强调："总理才是'大老板'，军队必须向总理负责"，要求"军队待在自已合适的地方"。②

自2013年6月上台执政以来，谢里夫与军方的分歧逐渐显现。首先，在外交层面上，谢里夫采取一系列措施改善与印度方面的关系，例如参加印度新总理莫迪的就职典礼、密切两国经贸关系等。军方则出于现实主义角度考虑，在改善印巴关系方面持保留态度。其次，在内政方面，谢里夫

---

① "Pakistan frees Sharif to exile in Saudi Arabia", The Guardian, UK, December 11, 2000.

② "Nawaz Sharif says will not allow anymore Kargils, 26/11s", http://mobile.jang.com.pk/GeoDetail.aspx?ID=100832（上网时间：2013年7月6日）

在当选总理之前就反复表示"枪弹解决不了问题",主张与巴基斯坦塔利班达成和平协议,进而解决国内安全问题。军方则认为,在彻底打垮巴基斯坦塔利班之前和谈不会有任何结果,坚决主张武装打击巴基斯坦塔利班。最后,谢里夫政府在审判前总统穆沙拉夫问题上引起军方不满。谢里夫重新上台之后,对"老冤家"穆沙拉夫穷追不放,如以"违宪"罪名起诉穆沙拉夫,将其软禁在家。有分析认为,巴基斯坦军队历来注重维护陆军参谋长等军方高层的荣誉,认为穆沙拉夫作为前军方领导人被公开审判是对军方极大羞辱,一些将领对谢里夫非常不满,卡德里等人给谢里夫政府制造麻烦,有助于敦促后者尊重军方的利益诉求。[①]

---

① "Anti-Taliban Cleric Rises on Message of Peace in Pakistan". http://online.wsj.com/articles/anti-taliban-cleric-tahir-ul-qadri-rises-on-message-of-peace-in-pakistan-141037236(上网时间:2014年10月2日)

第九章 把脉巴基斯坦的几对关系

巴基斯坦特色鲜明,但又国情复杂,抓住几对主要矛盾对于全面而深入地理解巴基斯坦极为重要,其中最重要的几对关系就是政教关系、军政关系、央地关系、美巴关系和中巴关系。

第九章　把脉巴基斯坦的几对关系

第一节　政教关系

　　巴基斯坦于1947年独立，可以说仍是一个年轻的国家，但其人口近2亿，国情及社情都非常复杂，被称为"一张用多块不可调和的碎片拼成的画布"。[1]一方面，巴基斯坦是农业国家，全国三分之二人口是赤贫群体。在西部的崇山峻岭中，世代栖息着彪悍的普什图部落民，仍然保持着相当传统的古老生活方式。另一方面，在卡拉奇等大城市，操英国口音、毕业于普林斯顿大学的精英们在其花园里悠闲的享受生活。在东部旁遮普省的富庶平原上，四通八达的公路干线可与美国中西部的高速公路相媲美。尽管巴基斯坦拥有一支力量强大的国防军，但因地域性强，缺乏国家认同感，民众普遍不强调自己是巴基斯坦人，而是普什图人、旁遮普人和信德人。[2]然而，这块土地上不同种族、不同背景的人民却拥有共同的属性——伊斯兰教信仰。事实上，自建国以来，宗教因素一直以各种方式，或明或暗地影响着巴基斯坦的政治演进和未来发展方向。

　　巴基斯坦鲜明的宗教属性可以从"政治伊斯兰"和"伊斯兰极端主义"两个层面分析。一方面，政治伊斯兰在决定巴基斯坦建国、制定《宪法》、发展道路以及统治方式等方面发挥着举足轻重的作用。宗教色彩浓重的世俗政党"穆斯林联盟"信奉"两个民族"理论，最终建立了南亚穆斯林的独立国家——巴基斯坦。在"伊斯兰促进会""贤哲会"等宗教政党及其他政治伊斯兰势力的推动下，巴基斯坦《宪法》中体现了"真主意

---

[1] Sabrina Tavernise, "Clashing pieces in Pakistan's crazy quilt", International Herald Tribune, May 4, 2009.
[2] Sabrina Tavernise, "Clashing pieces in Pakistan's crazy quilt", International Herald Tribune, May 4, 2009.

志"，其政治道路在世俗主义和神权政治之间摇摆不定。此后，巴基斯坦军政权及民选政府出于政治利益考量，均在不同程度上拉拢、借力宗教政党，助推宗教势力不断壮大，进而在国家立法、司法、行政等方方面面烙上了浓厚的宗教色彩。在20世纪的大部分时间里，伊斯兰教在巴基斯坦政治中的地位逐步提高。自建国至今，巴基斯坦逐渐从一个穆斯林国家发展成为一个伊斯兰国家，从一个伊斯兰教的地位未得到明确界定的国家发展成为一个明确宣布伊斯兰教为国教的国家，从宗教色彩不浓的国家发展成为在政治、法律、经济和社会文化等各方面全面实施伊斯兰化的国家。巴基斯坦以伊斯兰教立国，此后在政治、经济、安全、社会和教育等各个领域都打上了深深的"宗教烙印"。

另一方面，宗教极端主义越来越深刻地影响着巴基斯坦的发展方向。历史上，巴基斯坦民众深受主张神秘主义的苏菲教团熏陶。但到了19世纪，逊尼派迪奥班德派（Deobandis，发端于印度）在次大陆兴盛，该派别否定一切现代事物，甚至民族国家概念，要求回归到7世纪伊斯兰教初创岁月。尽管迪奥班德等原教旨主义派别的出现源自伊斯兰国家寻求摆脱西方控制、实现国家现代化和繁荣富强的合理诉求，但原教旨主义派别普遍无视当前国情及国际形势，只知道强调"返回先知及四大哈里发时期的伊斯兰黄金岁月"，对如何解决伊斯兰国家面临的各种现实问题却没有提出任何切实可行的路径和方法。同时，原教旨主义派别往往以"反抗西方侵略和控制"为借口拒绝源自西方的政治体制、治理方式、科学技术等文明成果，因此在很大程度上反而成为巴基斯坦维护国家安全、促进经济发展、构建公民社会等道路上的重大障碍。20世纪70年代末，苏联入侵阿富汗，全世界穆斯林以各种方式支援阿富汗的抗苏斗争。巴基斯坦随即成为抗苏战争的前线国家，数目众多的国际"圣战者"奔赴巴基斯坦接受训练后前往阿富汗战场。在此期间，众多伊斯兰武装组织在巴基斯坦落地生根，并在美国和海湾国家的资助下发展壮大。自此之后，巴基斯坦的部分伊斯兰势力逐步走向极端化。21世纪以来，随着巴基斯坦政府参与美国主导的阿富汗反恐战争，特别是2007年"红色清真寺"事件之后，巴基斯坦境内众多激进武装组织高举"捍卫伊斯兰"的大旗，将斗争矛头对准了巴基斯坦政府。巴基斯坦安全形势呈现整体恶化趋势。目前，巴基斯坦国家面临着各类宗教极端主义势力的严峻挑战。巴基斯坦塔利班和"基地"组织等恐怖势力已将触角伸向巴基斯坦的许多地方（包括一些大城市），国际"圣战者"们在巴基斯坦境内外拥有了更大的活动空间。塔利班等极端分子不只活动在巴阿边境的崇山峻岭，甚至能够在卡拉奇这样的大城市自由行动。同时，巴基斯坦境内反美主义情绪高涨，数目众多的年轻人将美国及西方视为巴基斯坦面临挑战的根源，进而为巴基斯坦塔利班等极端组织提供了源源不断的新鲜血液。尽管巴基斯坦拥有一支强大的国防军，但仍疲于应付塔利班等极端势力层出不穷的"人体炸弹"和"简易爆炸装置"袭击。此外，巴基斯坦教派主义不断抬头，即激进的逊尼派势力不断打压什叶派、艾哈迈迪亚等伊斯兰少数教派以及基督教等其他宗教信徒。近年来，巴基斯坦教派矛盾呈现出越来越明显的暴力化倾向，每年都有很多宗教少数派死于教派暴力活动。

然而，巴基斯坦截至目前为止仍然是一个特征鲜明的世俗主义国家，这在《宪法》、政治制度等各个方面都有明确体现，世俗政党过去是、现在是、将来仍是巴基斯坦政治生活的主角，掌握国家资源的精英阶层大都拥有西方教育背景，对推行神权政体不感兴趣。巴基斯坦在可预见的将来不会成为政教合一的神权国家，更不会建立阿富汗塔利班式"伊斯兰酋长国"。

宗教极端主义并非主流信仰

和平是伊斯兰教的基本宗旨之一。追求和平是伊斯兰教的基本原则之一，穆斯林生活的方方面面都体现出"和平"思想，例如穆斯林见面要互相问候"和平"，真主的美名之一就是"和平"。先知曾经表示："伊斯兰最宝贵的就是使用自身力量和语言促使穆斯林得到和平，保护穆斯林的生命和财产安全。伊斯兰最简单和基本的行为就是为人提供食物，向认识和不认识的人们问候和平"。[①]除了将确保穆斯林之间的和平作为基本宗

[①] 从恩霖："伊斯兰教的和平观"，《中国宗教》，第37期，第33页。

旨之外，伊斯兰教还鼓励其信徒与非穆斯林和睦相处，例如彼此探望、馈赠礼物等。如果穆斯林与非穆斯林为邻，就有责任善待非穆斯林。这实际上规定了穆斯林在与非穆斯林相处时也要遵循和平原则。

巴基斯坦民众主体是温和的穆斯林，政治伊斯兰只得到部分穆斯林的支持，而激进乃至极端宗教团体的受众更少。从教派上分析，巴基斯坦大部分穆斯林为继承了苏菲神秘主义的波莱维教派，普通巴基斯坦人信仰的仍然是"调和的、宽容的、虔诚的，并且渗透着印度河流域神秘主义精神性的伊斯兰教"。苏菲意为"道路""方式""途径"，是指穆斯林在著名导师的指引下、遵循导师所倡导的苏菲学理和修炼方式，在修道场所潜心修炼所组成的宗教社团。苏菲教团的突出特点是逃离现实，偏重个人修养，因此对政治不感兴趣。逊尼派和什叶派中都有苏菲教团，尽管教义和规章制度并不相同、各有独特道统和仪式，但整体上都崇尚神秘主义，保留了大量当地的传统信仰，例如崇尚圣地、圣陵，在节日举行伴有舞蹈、音乐的祭祀活动等，与极端逊尼派格格不入。迪奥班德派虽然拓展迅速，来势汹汹，但始终无法成为巴基斯坦穆斯林的主流教派。与瓦哈比主义关系密切的圣训派从根本上讲仍然是外来思想，很难在巴基斯坦社会土壤中牢牢扎根。[1]以否认多元主义、歧视女性、通过"圣战"反对一切异己者为代表的宗教极端势力无法得到巴基斯坦主流社会的认可。巴基斯坦大多数穆斯林不会支持激进伊斯兰势力提出的"推翻世俗政府""展开全球'圣战'"等口号，而是更关心政府能否提供更多就业机会、改善基础设施等民生议题。

21世纪以来，巴基斯坦安全形势恶化，社会风气趋于保守，袭击少数教派等极端行为层出不穷，但这并不意味着逊尼派极端势力已经占据了巴基斯坦伊斯兰信仰的主流，普通民众仍然追随温和的波莱维派，只不过是出于自身安全的考虑在伊斯兰极端势力的威胁面前成为"沉默的大多数"。

近年来成为巴基斯坦主要安全威胁的"巴基斯坦塔利班"并未对巴基

---

[1] Anatol Lieven, Pakistan A Hard Country, New York: Public Affairs, 2011, p.132.

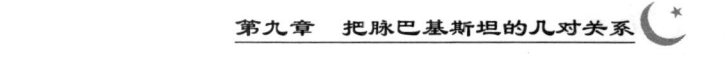

斯坦生存安全构成战略威胁。

其一，"巴基斯坦塔利班"只是一个由部落区武装分子组成的松散联盟，实际上并没有在全国范围实施"沙里亚法"的战略目标和政治议程。

其二，"巴基斯坦塔利班"并未得到任何一个巴基斯坦政党的支持。"巴基斯坦塔利班"作为极端宗教势力的代表，尽管打着伊斯兰旗帜，但"伊斯兰促进会""贤哲会"等伊斯兰政党对其并不认可，世俗政党更是与其格格不入。因此，"巴基斯坦塔利班"不可能对巴基斯坦政治产生重大影响。此外，信徒众多的"宣教团"也公开表示不支持"巴基斯坦塔利班"，宣布其实施的并非"沙里亚法"。

其三，"巴基斯坦塔利班"即使在部落区也没有得到民众的普遍支持。"巴基斯坦塔利班"的大小头目为了扩大自身影响杀害了很多部落长老，其从部落区向旁遮普省扩展势力的举动更是造成数百万民众逃离家园而沦为难民。没有逃离家园的民众的日常生活也遭受严重影响。因此，当地民众在情感上支持巴基斯坦军队在部落区打击极端分子，甚至向军方提供"巴基斯坦塔利班"藏身处的情报。巴基斯坦政府也一直鼓励巴阿边境地区的民众设立民兵武装对抗"巴基斯坦塔利班"。过去当地民众因害怕"巴基斯坦塔利班"报复以及无法得到巴军足够安全保证而不敢与其直接对抗，随着巴军对"巴基斯坦塔利班"的态度逐渐强硬及在部落区不断扩大军事存在，民众对政府的信心也在逐渐增长。2012年皮尤调查中心数据显示，巴基斯坦主流民众仍然不支持"塔利班化"，55%的受访民众反对"基地"组织，66%的受访民众反对"巴基斯坦塔利班"。[1]此外，"巴基斯坦塔利班"的领导人也不断被击毙。2013年，哈基姆拉·马赫苏德等多名领导人在部落区被美国无人机击毙。目前，接替哈基姆拉·马赫苏德出任"巴基斯坦塔利班"大头目的法兹鲁拉并非联邦直辖部落区的本土力量，其"老巢"位于斯瓦特地区，2013年以来在阿富汗东部地区藏身。

---

[1] "The 'Talibanization' of Pakistan". http://www.islamopediaonline.org/country-profile/pakistan/transnational-influences-and-militancy/talibanization-pakistan.（上网时间：2014年4月30日）

宗教激进化源于多重因素

从1947年巴基斯坦建国到1979年苏联入侵阿富汗的30余年间,世俗政治与宗教属性展开了激烈较量。在整个80年代,阿富汗战争对巴基斯坦的"外溢"效应明显,全球圣战者云集巴基斯坦部落区,以此为基地开展抗苏"圣战"。大批宗教极端武装组织就此涌现,激进宗教思潮开始对巴基斯坦社会进行全面渗透。21世纪以来,巴基斯坦政府因为支持美国反恐战争而成为境内宗教极端武装组织的袭击目标,暴恐事件发生区域涵盖巴基斯坦本土和周边地区,成为巴基斯坦国家安全和社会稳定的重大威胁。

巴基斯坦激进化源于内外多重因素。首先,伊斯兰现代主义和原教旨主义的斗争使然。上述两大派别的博弈贯穿巴基斯坦整个建国过程,既共同推动了巴基斯坦的独立,又为日后巴基斯坦宗教走向激进埋下了种子。如上文所述,国父真纳的突然离世导致巴基斯坦的领导层分裂为两大对立派别,巴基斯坦由此历经了坎坷崎岖的制宪之路,在世俗治理和神权统治之间纠结徘徊。世俗政治力量为了争取更多支持和维护国家统一,竞相拉拢宗教政党和"乌里玛"阶层。后者则借机提出恢复"哈里发国家"、以"沙里亚法"作为唯一法律等原教旨主义诉求,并在巴基斯坦各个历史阶段不断强化这一诉求。

其次,巴基斯坦政府的治理缺位为激进宗教势力扩大影响提供了可能。巴基斯坦议会民主政治的突出特点是统治集团和草根阶层严重脱节,统治阶层除了在选举拉票期间之外对普通民众生活疾苦关心不太够,政府社会治理能力薄弱,在联邦直辖部落区、俾路支省等地的影响力则更加弱化。各种非政府组织趁机填补了政府治理的空白,向下层民众提供食物、药品、教育等一系列服务。其中相当一部分非政府组织带有浓厚的宗教主义色彩,或由海湾资金资助,或由巴基斯坦大家族经办。以"虔诚军"的慈善组织"达瓦慈善会"为例,2005年10月巴控克什米尔和开伯尔—普什图赫瓦省发生大地震之后,该组织得到了海外巴基斯坦侨民的大量捐款,积极在震区展开赈灾行动,在民众中赢得了很好口碑。2010年7月,巴基斯坦遭受特大洪灾,很多非政府组织喊出"不让一个人挨饿"的口号,积极展开救灾行动。一方面，这些非政府组织填补了政府在基层的治理缺位，弱化了贫民阶层对权贵阶级的不满和仇恨，成为统治阶层与基层民众之间的"缓冲区"，对于稳定巴基斯坦社会局势发挥了积极作用。另一方面，很多慈善组织背后有国内外激进宗教组织的支持，甚至本身就是极端势力的掩护组织，在为底层民众提供基本社会服务的同时也积极宣传源自海湾地区、包括"圣战"在内的激进思潮，以"自下而上"的方式推动了激进化进程。

第三，境外势力发挥了重要的推波助澜作用。巴基斯坦位于南亚、中亚和西亚的交汇处，战略位置极为重要，易受外界变化的冲击。早在20世纪六七十年代，在海湾地区，特别是沙特阿拉伯打工的巴基斯坦劳工就带回了激进的瓦哈比派思想。1979年，伊朗爆发伊斯兰革命，开始对外"输出革命"，巴基斯坦作为近邻而首当其冲，主要表现在什叶派的政治觉醒以及行动能力的增强。这招致逊尼派，特别是一些极端组织的警觉，并在沙特阿拉伯等逊尼派国家的支持下强化了对什叶派的压制行动，反而促使什叶派进一步强化其行动能力，如成立了激进的什叶派准军事组织。什叶派准军事组织与逊尼派极端组织"圣门弟子军"相互攻击，激化了两大教派之间的矛盾。苏联入侵阿富汗更是巴基斯坦宗教激进化的关键原因。为了将苏联"异教徒"赶出阿富汗，中东伊斯兰国家向巴基斯坦提供了大量的经费、人员和军事援助，在巴基斯坦境内建立了诸多"圣战"营地。苏联从阿富汗撤出之后，埃及、沙特阿拉伯、也门等国家的政府拒绝圣战者回国，大批圣战者从阿富汗进入巴基斯坦，与当地组织建立密切联系。同时，大批巴基斯坦本土圣战者也返回国内，带回了大批武器以及恐怖主义袭击战术。

美国采取实用主义的南亚政策以及西方国家对穆斯林采取的敌对态度刺激了巴基斯坦极端势力的坐大。美国始终根据自身利益调整对巴基斯坦政策。冷战期间，美国将巴基斯坦视为抗击苏联的"前线国家"而提供了大量的经济和军事援助，其中包括为抗苏圣战者提供资金和武器援助。冷战结束之后，巴基斯坦的战略价值相对下降，加上巴基斯坦政府坚持进行核武器试验，美国不仅迅速切断了对巴援助，甚至还会同其他西方国家对巴基斯坦实施制裁。2001年美国在阿富汗发起反恐战争，因巴基斯坦成为反恐"前线国家"而再度向其提供军事和民事援助，甚至将巴基斯坦作为"非北约主要盟友"。美巴关系重返一段短暂的"蜜月期"。然而由于阿富汗战争逐渐陷入僵局、巴基斯坦在反恐问题上并未完全按照其意愿行事，美国开始公开指责巴基斯坦境内存在阿富汗塔利班等极端势力的庇护所，美巴"蜜月期"再度终结。同时，印度近年来加速崛起，美国出于开拓印度市场以及平衡中国地区影响力的考虑，采取日趋明显的亲印疏巴政策。由于历史上反复被美国抛弃，巴基斯坦精英阶层和底层民众都认为美国毫无信誉可言。此外，美国及西方世界在巴以问题上采取偏袒以色列的立场，频繁插手伊斯兰世界内部事务，导致不少伊斯兰国家局势动荡，加深了巴基斯坦民众对美国的仇恨。这显然为宗教极端势力提供了生存和发展空间，例如以反对西方"侵略"为由招募自杀式袭击者。

此外，印度在巴基斯坦宗教激进化过程中的作用显然不能低估。印度、巴基斯坦独立以来，因为克什米尔等地区的归属问题爆发过三次战争和多次武装冲突。面对国土面积、人口规模、经济实力和军事力量占尽优势的印度，巴基斯坦在争夺克什米尔领土、维护自身主权独立和领土完整等问题上面临着严峻挑战。在此情况下，巴基斯坦政府和国内宗教势力在反印和克什米尔问题上找到了共同立场。对巴基斯坦政府而言，宗教极端武装组织不仅可以持续向印度施加压力，还能避免因为巴军直接介入而导致局面彻底失控。

宗教政治势力将持续发挥影响

以"伊斯兰促进会"等为代表的宗教政党在巴基斯坦建国、制定宪法、修改宪法以及抗苏"圣战"等各个历史阶段持续发挥影响。可以认为，在20世纪80年代以前，甚至在美国发动阿富汗反恐战争之前，宗教政党一直是影响巴基斯坦政治走向的主流伊斯兰因素，其与世俗主义势力的博弈持续了巴基斯坦独立之后的半个多世纪。具体说来，巴基斯坦大约有25个积极参加政治活动的宗教政党，其中最重要、影响力最大的莫过于"伊促会"和贤哲会（Jamiat Ulema-E-Islam）。[1]"伊促会"是巴基斯坦组织最严密、章程最规范且具备完整理论体系指导的宗教政党。该党奠基人是赫赫有名的现代伊斯兰复兴运动理论家赛义德·阿布·阿拉·毛杜迪（Sayed Abu Ala Mawdudi）。毛杜迪的伊斯兰复兴理论主要包括：建立真正意义的伊斯兰国家，国家必须承认真主安拉法度的绝对权威；以"沙里亚法"为立国基础，承认先知穆罕默德的尊严和权威，将先知的"圣言""圣行"作为重要的立法依据，任何有悖于伊斯兰教法的政令、法规、政策都必须废止；国家作为安拉的代理人有权代行安拉法度、行使统治、管理国家；实行政治协商，通过全体穆斯林直接协商或推举代表来决定国家大事。在上述思想的指导下，"伊促会"采取了一以贯之的政治立场和相应政策。建国之初，"伊促会"的主要政治目标是推动巴基斯坦《宪法》和法律的伊斯兰化，试图通过少数博学而又虔诚的穆斯林发挥领导作用，进而推动巴基斯坦乃至整个南亚地区的伊斯兰革命，将巴基斯坦建设成现代伊斯兰国家的样板。需要指出，受创始人毛杜迪精英治国思想的影响，"伊促会"在群众基础和财政来源等方面缺乏足够支持。例如，"伊促会"一度依赖卡拉奇和信德省其他城市的穆哈吉尔移民作为主要民众基础。随着1984年穆哈吉尔民族主义政党"联合移民运动"的成立，"伊促会"群众基础受到侵蚀，被迫前往旁遮普和开伯尔—普什图赫瓦省寻求支持。这也在一定程度上促成了"伊促会"与军方的合作。20世纪80年代，"伊促会"支持齐亚·哈克军政权的内政、外交政策，在巴基斯坦与美国、沙特合作对抗前苏联入侵阿富汗的过程中发挥了核心作用，并与巴基斯坦三军情报局（ISI）合作招募、培训圣战者。据称，在前苏联撤出阿富汗之后，"伊促会"继续与军方合作，支持军方在克什米尔地区的军事行动等。[2]

---

[1] "Islamic Parties in Pakistan Executive Summary and Recommendations", International Crisis Group, 12 December, 2012, P1.
[2] "Islamic Parties in Pakistan Executive Summary and Recommendations", International Crisis Group, 12 December, 2012, P8.

贤哲会则是以普什图人为主体的迪奥班德派组织，拥有庞大的经文学校网络。与"伊促会"一味走精英路线不同，该党立足于普通民众，特别是开伯尔—普什图赫瓦省的普什图聚居区，因此在历次议会选举中的表现要好于"伊促会"，如曾于1970年参加人民民族党主导的开伯尔—普什图赫瓦省政府、2008年参加人民党主导的中央政府等。该党创建人是沙比尔·艾哈迈德·乌斯马尼（Maulana Shabir Ahmad Usmani），其前身为1945年成立的"印度贤哲会"。1949年，贤哲会在推动巴基斯坦制宪会议通过《目标决议》①的过程中发挥了重要作用。1970年1月，该党还发表一份《宣言》，要求修改宪法，规定所有的穆斯林都必须承认穆罕默德是最后的先知，将艾哈迈迪亚教徒宣布为非穆斯林，国家元首必须由逊尼派穆斯林担任，禁止各种反对伊斯兰的传教活动等。20世纪80年代，贤哲会以实用主义态度处理与当时齐亚·哈克军政权的关系。一方面，该党与反对哈克政权的人民党合作，要求恢复民主政治制度。另一面，该党又支持军政府在阿富汗进行"圣战"，利用自身的经文学校网络为圣战者提供源源不断的兵员。在与军政府合作的过程中，该党部分中下层成员逐渐改变立场，转而认同军方政策，与领导层产生分歧，最终导致了该党的分裂。80年代中期，该党分裂为贤哲会（萨派）（Jamiat Ulema-E-Islam, Samiul Haq）以及贤哲会（法派）（Jamiat Ulema-E-Islam, Fazlur Rehman）。其中，萨派与军方关系更加密切，但法派拥有更广泛的影响。总体而言，该党在宗教问题上立场比较激进，倾向于支持备受争议的《亵渎神明法案》②。近年来，该党猛烈抨击美国无人机的越境空袭行动。2011年5月，美军特种部队在巴基斯坦境内打死"基地"组织头目本·拉登后，萨派在白沙瓦举行宗教政党联合会议，指责美国侵犯巴基斯坦主权，并试图以此孤立巴基斯坦。据称，贤哲会与阿巴部落区的众多武装组织存

---

① 巴基斯坦制宪会议于1949年2月通过关于未来《宪法》决议，宣称巴基斯坦《宪法》并非模仿西方，而将根据伊斯兰意识形态和民主信仰而制定。

② 1986年，巴基斯坦实施《亵渎神明法案》，规定任何通过口头、书面等形式，直接或间接亵渎先知穆罕默德的行为都应被判处死刑或终生监禁，并处罚金。

在联系。

纵观巴基斯坦历次选举，以人民党和穆斯林联盟（谢里夫派）为代表的世俗政党明显是巴基斯坦政治斗争当仁不让的主要派别，上述两大政党可以被视为全国性政党，背后拥有封建家族或者大资本家的支持，无论是在经济发达、人口稠密的旁遮普省，还是贫穷落后、地广人稀的俾路支省都有其群众基础。两党或者单独赢得议会多数席位，或者与中小政党联合组阁，在民主政治时代基本掌控巴基斯坦的政治资源和经济命脉，成为巴基斯坦事实上的主导者。然而，这并不意味着宗教政党只能扮演无足轻重的配角。事实上，宗教政党不仅直接影响巴基斯坦的诞生，而且在很大程度上作用于巴基斯坦整体的发展方向。

与"财大气粗"的世俗政党不同，宗教政党缺乏足够的财力和人力支撑，难以在议会选举中赢得多数。在1970年议会选举中，"伊促会"、贤哲会和"巴基斯坦贤哲会"（Jamiat-e-Ulema-Pakistan）这三大宗教政党共有299名候选人参加选举，却仅有18人当选。[1]然而，宗教政党却往往能利用较少票数获得较大政治发言权，这与巴基斯坦的政治生态密切相关。在巴基斯坦议会政治舞台上，人民党等往往需要与宗教政党等中小政党结盟才能赢得议会的多数席位。因此，宗教政党在一定程度上扮演了关键第三方的角色，而贤哲会（法派）因在俾路支省和开伯尔—普什图赫瓦省拥有一定民众支持而更受人民党和穆斯林联盟（谢里夫派）的青睐。1993年至1996年贝·布托政府时期，贤哲会（法派）成为人民党的政治盟友，其领导人法兹尔·拉赫曼担任议会外交事务委员会主席。2008年，法派在大选中力挺人民党，支持人民党主导的政府以保护自身政治利益，推进伊斯兰意识形态。作为回报，人民党政府同意重开因2007年"红色清真寺"事件而被关闭的清真寺，并任命法派参议员谢拉尼（Maulana Sherani）担任"伊斯兰意识形态委员会"主席。即使在退出人民党政府之后，法派仍然保持着强大的影响力，其参议员长期出任参议院内政事务委员会主席等。

---

[1] Hassan Abbas, "Pakistan's Drift into Extremism: Allah, the Army and America's War on Terror", 1st edition (August 1, 2004), New Delhi, p63.

除了"伊促会"、贤哲会（法派和萨派）之外，巴基斯坦比较有影响的宗教政党还包括"圣训会"（Markaz-E-Jamiat Ahle Hadith）、"巴基斯坦贤哲会""执行加法尔学派伊斯兰教法运动"（Tehrik-e-Nifaz-e-Fiqh Jafaria）等。2002年，上述六大政党摒弃教派分歧，组成了强大的宗教政党联盟"联合行动阵线"，并在议会选举中斩获颇丰，在开伯尔—普什图赫瓦省单独执政，并在俾路支省联合执政，可谓巴基斯坦宗教政党发展史上的里程碑式事件。

巴基斯坦宗教政党的产生与壮大离不开南亚次大陆的独特历史和社会背景，其诞生源于次大陆民众争取民族独立和实现身份认同的政治诉求，其壮大则是巴基斯坦政治生态演进的必然结果。

（一）宗教政党在南亚次大陆穆斯林政治意识觉醒的过程中诞生。1857年印度民族大起义之后，印度完全沦为英国的殖民地，穆斯林也从统治者沦为被统治者。在这样的背景下，次大陆的伊斯兰复兴运动开始蓬勃兴起。秉承伊斯兰现代主义的世俗政党"全印穆斯林联盟"，主张通过自我调整适应西方统治和西方价值观，以推动伊斯兰现代化进程，并最终于1947年在穆斯林聚居区建立了巴基斯坦。与此同时，信奉伊斯兰原教旨主义、更趋保守的"伊促会"和贤哲会等宗教政党则提倡严格遵循伊斯兰原始教义，反对建立巴基斯坦，认为穆斯林不能用地理界线分割开来。1947年，印度、巴基斯坦分治。为了将巴基斯坦建成一个真正的伊斯兰国家，上述宗教政党又先后迁移到巴基斯坦，继续巩固和壮大自身势力。

（二）巴基斯坦在世俗和神权道路之间摇摆不定，为宗教政党提供了发展空间。巴基斯坦国父真纳虽然信奉"两个民族"理论，但努力避免巴基斯坦成为一个排他性的宗教国家。1947年8月11日，真纳在巴基斯坦第一次制宪会议上表示："无论肤色、种姓和信仰，巴基斯坦公民都拥有平等的权力与义务。巴基斯坦人民是自由的，有权利自由选择神庙、清真寺或其他宗教场所。你可以属于任何宗教、种姓或人种，但这与国家无关。巴基斯坦的立国原则决定了我们都是在同一个国家生存的平等公民。有一天，印度教徒不再是印度教徒，穆斯林也不再是穆斯林。因为，那只是公民的宗教信仰问题，而在政治意义上每个人都是国家平等的公民。我认为这应该成为我们的共同理想。"①然而，真纳的突然离世导致巴基斯坦的领导层分裂为两大对立派别。一派仍主张把巴基斯坦建成自由的世俗主义国家，另一派则主张参照先知穆罕默德麦地那治国经验，通过《古兰经》和《圣训》治国。自此之后，巴基斯坦的发展始终面临世俗与神权的道路之争。例如，1949年3月7日，巴基斯坦总理阿里·汗在国民代表大会提出《目标决议》，宣称只有真主才拥有对巴基斯坦的最高统治权，而不是巴基斯坦民众及其代表。民主制度只能在伊斯兰教义规定的范围内运行。1956年《宪法》宣布巴基斯坦是伊斯兰共和国，总统必须由穆斯林担任。1962年《宪法》也有类似规定。1973年《宪法》则更进一步规定，总统和总理都必须由穆斯林担任。②可以说，正是由于国父真纳的过早去世，巴基斯坦经历了坎坷崎岖的制宪之路，长期在世俗治理和神权统治之间纠结徘徊，宗教政党由此找到了自身的生存土壤和发展空间。

（三）巴基斯坦军政权和民选政府均倚重宗教政党巩固自身统治。早在巴基斯坦建国之初，国父真纳为防止俾路支人和普什图人聚居区从巴基斯坦分离出去，被迫利用伊斯兰教的"超民族认同"制止俾路支和普什图人的"亚民族认同"取向，结果导致了"伊斯兰认同"等同于"国家认同"。20世纪70年代末，齐亚·哈克将军上台后，为巩固其统治大力推行"伊斯兰化"政策，在继续利用伊斯兰认同维护国家统一的同时，还与"伊促会"等宗教政党结成政治联盟，共同对付人民党等世俗主义政党。20世纪90年代民选政府执政期间，无论是人民党，还是穆斯林联盟（谢里夫派）均不同程度地利用宗教政党巩固自身政权。毫无疑问，在军政权和

---

①Ishtiaq Ahmed, "Political Role of Religious Communities in Pakistan", Chapter 1 Religious Minorities in The European Union and Pakistan: Historical Comparisons, November, 2008, p5.

②Ishtiaq Ahmed, "Political Role of Religious Communities in Pakistan", Chapter 1 Religious Minorities in The European Union and Pakistan: Historical Comparisons, November, 2008, p8.

民选政府出于实用主义目的拉拢宗教政党的同时，宗教政党也借机扩大了自身的政治影响。

（四）外部势力介入助推宗教政党发展壮大。1979年，前苏联入侵阿富汗，引发阿富汗境内反抗苏联侵略的"圣战"大潮。美国和巴基斯坦联手支持阿富汗抗苏"圣战"，"伊促会"等宗教政党和组织更是成为沟通美、巴情报机构和圣战者的关键桥梁。在国内和国际环境的共同作用下，"伊促会"和贤哲会等在此期间势力发展迅速。前苏联撤出阿富汗之后，大量巴基斯坦籍圣战者返回国内，挑战巴基斯坦、特别是西北部落区原有的传统社会结构和领导权威，加速了巴基斯坦的伊斯兰化以及部分宗教势力的激进化，进而为宗教政党的生存和发展提供了更有利的环境。此外，境外教派之争也传导入巴基斯坦。20世纪70年代中期，沙特阿拉伯等海湾国家依托源源不断的"石油美元"在世界范围内传播以瓦哈比派为代表的原教旨主义思想，而巴基斯坦正是沙特的重点支持国家。1979年，伊朗发生伊斯兰革命，并建立以宗教领袖为最高领导人的神权政体，开始向附近伊斯兰国家"输出伊斯兰革命"，出资支持巴基斯坦境内的什叶派政党。作为回应，沙特阿拉伯则支持当时的哈克军政府发展逊尼派政党。

自巴基斯坦建国以来，宗教政党一直通过议会政治、街头抗争、修改法律等多种方式发挥作用，并试图影响巴基斯坦的整体发展方向，最终实现国家的伊斯兰化。

（一）力推建立、实施伊斯兰司法体系。宗教政党推动巴基斯坦建立伊斯兰司法体系的努力以1974年为界分为两个阶段。在第一阶段，宗教政党主要是强化巴基斯坦国家的宗教色彩，宣扬"真主主权论"。1948年2月，"伊促会"领导人毛杜迪发表演讲，要求当时的制宪会议明确宣布：巴基斯坦国家权力属于全能的真主，并且巴基斯坦政府只应是执行真主意愿的一个机构；伊斯兰教法应作为巴基斯坦所有法律的立法基础；任何与伊斯兰教法相抵触的现行或将要制定的法律都是无效的；巴基斯坦政府的权力必须受到伊斯兰教法的严格约束。2月9日，沙比尔·艾哈迈德·乌斯马尼领导的贤哲会发表声明，要求当时的制宪会议"成立专门的乌里玛委员会准备《宪法》草稿,并将草稿提交给制宪会议作为制宪参考。"①鉴于宗教领袖对巴基斯坦民众的巨大影响力,阿里·汗等领导人希望联合宗教势力维护国家统一。在此背景下,巴基斯坦制宪会议1949年通过了《目标决议》,宣布巴基斯坦政府的权力只能在真主规定的范围内行使,并决定以此为基础制定宪法。1956年《宪法》也规定,任何法律都不能与《古兰经》和《圣训》规定的伊斯兰禁令相冲突。第二阶段,宗教政党则更多地表现出教派主义倾向,其标志性事件就是推动1974年修宪,宣布艾哈迈迪亚教派为"非穆斯林"。1977年,齐亚将军发动政变并建立军政权,为了巩固自身统治而与"伊促会"等宗教政党建立政治联盟。宗教政党由此在司法改革方面获得了更大发言权,推动颁布了一系列法令和法律,在各大城市重建伊斯兰宗教法庭,在首都伊斯兰堡设立最高伊斯兰法院,强化"伊斯兰意识形态委员会"的权力,使之成为推动社会伊斯兰化的政策实体,并令更多具有浓重保守倾向的乌里玛加入该委员会。1979年,军政府宣布实施《侯杜德条例》(Hudud Ordinance),开始对所有的巴基斯坦公民施行《古兰经》所规定的刑罚。1985年宣布重新实施穆斯林、非穆斯林区别选举制度(该制度在1956年已被废除),1986年实施《亵渎神明法案》规定,任何直接或间接亵渎先知穆罕默德的行为都应被判处死刑或终生监禁,同时实施罚款。1988年6月,哈克正式宣布"沙里亚法"为巴基斯坦最高法律,大力推行伊斯兰法律体系。

(二)建立或支持宗教武装组织。20世纪80年代,在巴基斯坦援助阿富汗抗苏"圣战"的大背景下,"伊促会"、贤哲会等宗教政党与各类宗教武装组织建立了密切联系,甚至建立了本党下属的武装组织。在前苏联撤军之后,出于保卫在哈克军政权时代所取得的"伊斯兰化"成果等目的,各类武装组织并未因此解散,其活动重点转向在克什米尔地区对抗印度以及参与国内教派斗争。据称,成立于1989年的"圣战者党"(Hizbul Mujahideen)即为"伊促会"下属的武装组织。该组织致力于将克什米尔

---

① The First Islamic Republic, 参见"伊促会"网站: http://www.jamaat.org (上网时间:2013年3月28日).

地区并入巴基斯坦版图，实现该地区的伊斯兰化。在2007年的"红色清真寺"事件中，"穆罕默德之军"（Jaish-e-Mohammad）、"圣门弟子军"（SSP）等武装组织成员连同一座女子清真寺的学生占领了红色清真寺，清真寺大毛拉阿齐兹和加齐建立沙里亚法庭，要求在首都实行伊斯兰法律，并与安全部队展开武装对峙。经反复交涉无效后，巴基斯坦安全部队最终诉诸武力，造成几十名宗教学生伤亡。"伊促会"和贤哲会（法派）在该问题上的立场既有相似之处，也不尽相同。一方面，两党均认为"宗教学生们的诉求合法合理，但不应该挑战政府的权威"。另一方面，"伊促会"领导人加齐·侯赛因（Qazi Hussein）表示，"事件推动了巴基斯坦实行'沙里亚法'的进程"。贤哲会（法派）则出于保护自身经文学校网络和应对大选的考虑而与红色清真寺保持距离，表示不支持"宗教学生的非法行动"。①此外，宗教政党还试图成为巴基斯坦政府和武装组织的沟通桥梁。贤哲会（法派）在2004年和2006年两次促成了政府与巴基斯坦塔利班等部落区武装分子达成停火协议。据称，该党领导人法兹尔·拉赫曼还试图帮助阿富汗塔利班与美国达成类似协议。②

（三）擅长通过发动街头活动，施加政治影响。宗教政党的群众基础虽然不如世俗政党广泛，但基本上都拥有一定数量的狂热且热衷于参加政治活动的支持者，使得宗教政党能够利用某些热点议题发动街头示威、抗议和游行等活动向政府施压，进而影响巴基斯坦的内政、外交和安全政策。例如，2011年5月，"逊尼派伊智提哈德委员会"（Sunni Ittehad Council）在旁遮普省多个城市组织游行示威，抗议政府未能采取措施制止针对苏菲派圣陵的恐怖袭击。鉴于类似恐怖袭击影响到了城市和城乡结合部地区小商贩的正常经济活动，费萨拉巴德、拉合尔、拉瓦尔品第等地商会积极参与游行示威，造成了较大影响。宗教政党的街头活动能力在反

---

① "JUI-F, JI differ over Jamia Hafsa issue", Daily Times, 12 April, 2007. http：//www.dailytimes.com.pk / default.asp? page=2007%5C04%5C12%5Cstory_12-4-2007_pg7_24（上网时间：2013年1月26日）

② "Militants agree to surrender", Dawn, 23 April, 2004. http：//archives.dawn.com / 2004 / 04 / 23 / top3.htm（上网时间：2013年1月26日）

对美国和捍卫伊斯兰这两大议题上表现得最为明显。2010年，参议员拉赫曼（Sherry Rehman）提议修改《亵渎神明法案》，取消"判处亵渎先知的人死刑"的条款，并且得到了包括总统扎尔达里等国家领导人的支持。然而，"伊促会""贤哲会（法派）""圣训会"等宗教政党随即召开联合会议，共同发起了"捍卫先知尊严运动"，通过举行大规模街头示威、罢工等形式反对废除或者修改《亵渎神明法案》。在宗教政党的强大压力下，人民党政府在2010年12月承诺既不会废除，也不会修改《亵渎神明法案》。时任总理吉拉尼表示："本届政府不会实施任何有违伊斯兰教义的政策措施，宗教领袖们无须为此而担心"。[①]

（四）利用下属学生组织拓展自身政治实力。自巴基斯坦独立以来，学生组织作为普通民众表达民主诉求的急先锋，对政局走向拥有独特的影响力。例如，学生组织的街头抗议活动曾经引爆了巴基斯坦民众的民主诉求，并且最终推翻了阿尤布·汗军政权。1984年，哈克军政府以停止校园暴力活动为名禁止学生组织活动。贝·布托民选政府期间一度取消禁令。穆沙拉夫政府上台后则再度对学生组织施加种种限制。受此影响，人民党和穆斯林联盟（谢里夫派）难以从下属的学生组织中培养和选拔新一代政治领袖和高层干部。然而，军政权对宗教政党的学生组织网开一面，并未加以实质性限制，导致"伊促会"下属学生组织"学院伊斯兰促进会"（Islami Jamiat-e-Talaba）主导了卡拉奇等地大学的学生活动，并且成为巴基斯坦最有势力和影响力的学生组织。该组织积极分子毕业后往往成为"伊促会"的领导人，甚至加入人民党、穆斯林联盟（谢里夫派）等主流世俗主义政党。"学院伊斯兰促进会"的宗旨即为践行毛杜迪"自上而下的伊斯兰革命"理论，通过吸纳最优秀的年轻人加入组织，进而培养下一代国家领导人。该组织还致力于对抗政府内外的一切反伊斯兰势力。1971年，该组织与叶海亚·汗政府密切合作，成立了两大准军事组织专门对付

---

① Ishtiaq Ahmed, "Political Role of Religious Communities in Pakistan", Chapter 1, Religious Minorities in The European Union and Pakistan: Historical Comparisons, November, 2008, p26.

孟加拉分离主义活动。20世纪七八十年代，"伊促会"及其学生组织采取了一系列措施践行毛杜迪的伊斯兰革命理论，参加反对阿里·布托政府的活动，与哈克军政府合作压制人民党，以暴力手段打压左翼学生组织，在学校招募学生前往阿富汗参加抗苏"圣战"等等。

（五）经营经文学校网络。除了得到军方的支持之外，宗教政党还有世俗政党所不具备的一大优势，即强大的经文学校网络。根据巴基斯坦国家教育统计机构2005年至2006年数据，巴拥有12979所经文学校，登记在校学生154.9242万人，占所有教育机构在校生（5463.8万人）的2.835%。[1] 巴基斯坦的经文学校可以分为五类：迪奥班德派、瓦哈比派、百尔维派、什叶派以及伊斯兰复兴主义。其中，迪奥班德派经文学校占据主导地位。20世纪80年代，经文学校在宣传抗苏"圣战"、招募及培训圣战者前往阿富汗作战的过程中发挥了核心作用，其中又以"伊促会"学校以及贤哲会的迪奥班德派学校的作用更为显著。据统计，贤哲会（法派）和贤哲会（萨派）经文学校占巴基斯坦全部经文学校的65%以上，尤其集中在普什图人聚居的开伯尔—普什图赫瓦省和俾路支省。萨派下属的哈卡尼亚宗教学校（Darul Uloom Haqqania）更是曾经接纳包括最高领袖奥马尔在内的阿富汗塔利班主要领导层前来学习。总体而言，经文学校宗旨就是培养乌里玛、穆夫提（伊斯兰教法的解释人）等神职人员。课程几乎完全不涉及自然科学知识，所培养的学生基本上不具备在现代社会谋生的技能。然而，经文学校也具有可取之处。例如，经文学校作为重要的非政府慈善机构，通过慈善捐赠和穆斯林"天课"募集资金，提供免费食宿、教材和教师，深受贫苦大众的欢迎，也有助于提升巴基斯坦民众的受教育水平。

（六）借助媒体争取广泛支持者。巴基斯坦媒体业相当发达，为包括宗教政党在内的各类政治组织扩大影响提供了舞台。宗教领袖和学者经常参加各种电视、广播的谈话和辩论节目。巴基斯坦著名评论员扎

---

[1] Dr Noor ul Haq, "Political Role of Religious Communities in Pakistan", Configuration of Religious Communities in Pakistan. A Historical Perspective, November, 2008, p18.

伊德·哈米德（Zaid Hamid）曾经是"伊促会"学生组织的成员，经常在电视节目中强调"伊促会"对巴基斯坦的重要性，抨击自由主义、世俗主义等。"伊促会"、圣训会等宗教政党还开设自己的电视频道，宣传其宗教和政治主张。宗教政党还利用Youtube等网络新媒体吸引更多的支持者。

宗教政党不可能单独上台执政

尽管巴基斯坦建国已达半个多世纪，但仍未就"巴基斯坦应当建成什么样的国家？"这一核心问题给出明确答案。然而，巴基斯坦不会成为一个政教合一的神权国家，宗教政党不可能单独上台。

首先，世俗政治家族牢牢把持巴基斯坦政治和经济命脉。时至今日，巴基斯坦仍然是一个保留了大量封建残余的传统社会。据统计，巴基斯坦国民议会三分之二以上的议员来自地主阶层，各省政府的关键职位也几乎都把持在其手中。巴基斯坦地主阶层利用对权力的垄断巩固和扩大自身利益。[1]宗教政治势力旨在"结束人对人的统治"，实现真正的"真主主权"。然而，巴基斯坦民选政治的突出特点就是家族政治和血亲关系，例如贝·布托在其父亲阿里·布托死后接管"人民党"，并在20世纪90年代两次出任总理，谢里夫家族则已经三次问鼎总理宝座。政治伊斯兰和世俗政治势力在政治理念上的格格不入决定了宗教政党几乎不可能上台执政。军政权和民选政府虽然都不排斥为了获得更大政治权力而与宗教政党结盟，但显然不愿意宗教政党在政治上坐大，只是将其作为权力斗争的砝码。

其次，宗教政党自身缺乏问鼎国家领导权的实力。巴基斯坦实力雄厚的世俗政党背后都有大家族支持，利用经济上的优势地位获得大量选票，进而垄断国家政治资源。巴基斯坦人口主体仍在农村地区。2013年，巴基

---

[1]Sharif M Shuja, ", Pakistan: Feudalism: root cause of Pakistan's malaise", March 25, 2000.
 http://www.newsweekly.com.au/articles/2000mar25_pfrcopm.thm.（上网时间：2014年3月17日）

斯坦1.9亿总人口中约38%在城镇居住，62%在农村居住。[1]巴基斯坦农业由数千个封建家族所控制，大地主家族甚至占有上千公顷土地，控制着大量的人口资源。租借地主土地耕种的农民基本上是按照地主的意愿进行投票，地主阶层由此掌握了国家的权力。例如，布托家族作为信德省著名的大地主家族，拥有大约1.2万英亩的土地，其所在城镇的农民都效忠于布托家族。[2]因此，谁赢得农村地区，谁就将赢得议会选举。无论是"伊斯兰促进会"、还是"贤哲会"等宗教政党都缺乏大家族的支持，其主要影响力集中在城市地区，在农村地区的影响力则非常薄弱，根本无力与在经济上控制农民的大地主阶层抗衡。正是因为如此，宗教政党始终无力将其在意识形态领域的领导地位转化为选举中的选票优势，这也是其在历次大选中均充当配角的关键之所在。[3]

此外，宗教政党本身并不团结，在意识形态领域主张各异。例如，"伊斯兰促进会"信奉伊斯兰现代主义，"贤哲会"从属于迪奥班德派，圣训党则信奉比迪奥班德派更为激进的圣训派。这种意识形态差异导致其在议会选举政治中无法形成合力。迄今为止，宗教政党在议会选举中获得的最大成就发生在2002年，当时由"伊斯兰促进会""贤哲会（法派）""贤哲会（萨派）""圣训党""巴基斯坦贤哲会""执行加法尔学派伊斯兰教法运动"6个伊斯兰政党组成的"联合行动同盟"异军突起，在国民议会和参议院中分别获得60和18个席位，成为国民议会第三和参议院第二大政治力量，并在开伯尔—普什图赫瓦省单独组建政府、在俾路支省与世俗政党联合执政，这被视为伊斯兰政党的历史性胜利以及巴基斯坦政治进程中的里程碑式事件。然而，"联合行动同盟"的辉煌只是昙

---

[1] Pakistan Economic Survey 2012-13, Pakistan Ministry of Finance. http://finance.gov.pk/survey_1213.html.（上网时间：2014年3月26日）

[2] Carlotta Gall, "Bhutto's home base awaits her return with high hopes", International Herald Tribune, October 27-28, 2007.

[3] John R.Schmidt, The Unraveling Pakistan in the Age of Jihad, New York: Farrar, Straus and Giroux, 2001, p.61.
Anatol Lieven, Pakistan A Hard Country, New York: Public Affairs, 2011, p.132.

花一现。2005年以来，该同盟内部开始矛盾不断。2008年，该同盟因为是否抵制当年议会选举而发生严重分裂，"贤哲会（法派）"退出该同盟并且成为"人民党"的执政盟友。"联合行动同盟"就此销声匿迹，再也没能在巴基斯坦政坛掀起太大波澜。

第三，宗教政党夹在极端和温和两股潮流之间无所是从。一方面，"巴基斯坦塔利班""穆罕默德军""虔诚军""圣门弟子军"等宗教极端组织得到巴基斯坦社会少数最激进民众的热捧。另一方面，温和穆斯林作为巴基斯坦社会的主流群体，在民主政治选举中往往支持"穆斯林联盟"和"人民党"等世俗主义政党。在这种情势下，"伊斯兰促进会""贤哲会"等宗教政党在极端和温和这两个方向上都无法得到足够的民众支持。[1]

第二节　军政关系

与政教关系一样，军政关系同样也是观察巴基斯坦历史演变不可或缺的重要视角。

军政更迭频繁

自建国以来，巴基斯坦政治发展历程可谓"命运多舛"，不仅民选政府与在野党互相拆台，还曾发生3次军事政变。20世纪50年代，巴基斯坦政局动荡，1953年，时任巴基斯坦总督古拉姆与时任总理纳兹穆丁分歧巨大，矛盾激化，导致巴基斯坦政局动荡不安。巴基斯坦军队放弃建国之初继承英印当局的不干政治原则，在总督和总理之间公开选边站队，从此对于巴基斯坦政治局势走向产生深远影响。

---

[1] Anatol Lieven, Pakistan A Hard Country, New York: Public Affairs, 2011, p.132.

1958年，鉴于民选政府无法控制国内局势，陆军总司令阿尤布·汗宣布实行军管，并于1960年当选总统，开启了巴基斯坦历史上首个军政权执政期。1969年3月25日，阿尤布·汗将权力移交给时任陆军总司令叶海亚·汗，结束了其长达十年的军事管制。1971年12月，叶海亚·汗辞去职务，阿里·布托时代正式开始。1977年3月，巴基斯坦举行国民议会和省议会选举，阿里·布托领导人民党获胜，但由9个反对党组成的"巴基斯坦全国联盟"指责布托在选举前几乎软禁了所有反对派领导人。双方就选举结果争执不下，国内局势再次出现动荡。7月5日，巴基斯坦陆军参谋长齐亚·哈克发动军事政变，担任军管首席执行官，开始了巴基斯坦第二次军管期，直到1988年齐亚·哈克飞机失事遇难。1999年，时任陆军参谋长的穆沙拉夫发动军事政变，迫使谢里夫政府下台，直至2008年才将权力移交民选政府。由此可见，巴基斯坦政治演进从来不是一帆风顺。其中，民选政府能否处理好与军队的关系显得尤为重要。

原因复杂

　　巴基斯坦建国以来民选政府和军政权交替上台原因比较复杂。首先，巴基斯坦国父真纳去世过早，未能留下一套成熟的政治体制。从巴基斯坦立国过程不难看出，阿里·真纳作为巴基斯坦缔造者的地位举足轻重，可谓凝聚巴基斯坦各派势力的领袖人物，其在巴基斯坦独立之后仅仅13个月就去世，失去了在建国之初为巴基斯坦政治发展建立成熟及完整制度的机会。真纳的亲密战友阿里·汗作为巴基斯坦政治运动资深领导者，具备在相当程度上填补巴基斯坦政治真空的条件，但不幸于1951年10月遇刺身亡。上述两位独立运动领导人先后离世，导致巴基斯坦各股政治势力群龙无首，继任领导人既缺乏足够的威望与号召力，也无力解决一系列社会问题。1956年，巴基斯坦在独立长达九年之后才制定了第一步临时宪法，这导致真纳等领导人为巴基斯坦设计的议会民主政治制度先天不足，为此后军人频繁出面接管政权埋下了伏笔。

　　其次，"穆斯林联盟"的政治基础相对薄弱，这是巴基斯坦政治制度化水平偏低的一大原因。穆斯林联盟成立于1906年，与国大党一样属于南亚次大陆的老牌政党。然而，穆斯林联盟在很长时间都是主要由接受西式教育的穆斯林精英所组成，直到20世纪40年代才开始广泛吸收普通民众参与，因此该党政治制度、组织结构以及在基层民众中的基础并不深厚，在很大程度上依赖于真纳等主要领导人的个人魅力开展政治活动。在真纳和阿里·汗先后去世之后，穆斯林联盟内部迅速分化组合，在没有崇高威望领导人的情况下逐渐分化为很多派系，政治基础更显薄弱。这一情形显然为巴基斯坦军队干预政治提供了机会。

第三，巴基斯坦自诞生之日起一直面临印度的强大压力，这客观上强化了巴军在政治生活中的影响。1947年，印度和巴基斯坦分治过程并不和平，而是伴随着战争与暴力冲突，其中克什米尔地区归属更是成为困扰印巴，特别是巴基斯坦的头等大事。克什米尔地区穆斯林人口占据多数，若由当地民众公投，加入巴基斯坦的可能性很大，但当时的克什米尔王公是印度教徒，这成为印巴分歧的根源所在。1947年以来，印巴围绕克什米尔问题至少爆发两次全面战争和若干次规模不等的冲突和交火。对于巴基斯坦，克什米尔问题不仅关乎国家安全，而且与巴基斯坦立国意义直接相关。巴基斯坦独立的理论基础是建立南亚穆斯林的共同家园，如果克什米尔作为穆斯林占主体的地区无法加入巴基斯坦，那么巴基斯坦成立的理论基础将遭受挑战。例如，巴基斯坦民选总理阿里·布托曾经表示："只有解放克什米尔，巴基斯坦才能具备足够的意义。"巴基斯坦因为克什米尔问题而与印度长期敌对，但因为经济、军事实力不如印度而承受印度强大的军事压力。例如，巴基斯坦国土狭长，呈现南北延伸，缺乏战略纵深。巴基斯坦第二大城市、旁遮普省首府拉合尔距离印巴边境不远，沟通拉合尔和卡拉奇的高速公路距离印巴边境不足50公里。这对巴基斯坦政治生态产生重要影响。例如，迫于严峻的安全压力，巴基斯坦政府不断挤压社会、教育和福利预算，提升国防预算，客观造就了巴基斯坦军队的独大局面。例如，巴军拥有大量土地，占据政府拥有土地的十分之一强。巴军的住宅协会可以从政府处得到免费土地。巴军拥有庞大的商业集团，例如最具代表性的福利基金会经营纺织、化肥、水泥等广泛领域。除此之外，印度的强大军事压力刺激巴军形成国家"守护者"的思维。巴军认为，印度将采取所有手段削弱巴基斯坦,甚至从巴基斯坦内部寻找代理人,为此巴军必须介入政治,防止印度挑拨巴基斯坦社会动荡。

第四,美国因素不可忽视。巴基斯坦建国几乎与美苏冷战拉开序幕同步。巴基斯坦因其战略性地理位置而被美国视为遏制苏联、围堵中国的前线国家,并对其进行积极拉拢,其中对巴基斯坦军队的军事援助成为主要内容之一。具体说来,美国非常担心苏联通过阿富汗逼近中东这一全球石油产区,认为巴基斯坦可以作为前线国家,抗衡苏联对于中东乃至印度洋地区的渗透。1953年,美国国务卿杜勒斯访问中东国家和南亚国家,此访强化了杜勒斯对于巴基斯坦战略重要性的认知。例如,杜勒斯回国后在参议院和众议院不断发表有关必须重视巴基斯坦的讲话,认为巴基斯坦必然成为美国抗击共产主义侵略的主要力量。在这一判断下,美国迅速强化了与巴基斯坦军队的关系。一方面,提供先进武器装备。在美国的军事援助和指导下,巴基斯坦军队迅速从一支半殖民地军队发展成为训练有素的职业军队,迅速具备了与印军抗衡的势力。例如,从1954到1957年之间,巴基斯坦军队新成立4个步兵师,在1个装甲旅的基础上扩充为1个装甲师,新建1个装甲旅,空军组建了6个战斗机中队。与此同时,巴基斯坦军队自身高度严密组织性及职业军官制度也促使其迅速成为巴基斯坦凝聚力最高的社会力量。巴基斯坦军队上下普遍相信,只有军队才能维护国家的统一与繁荣,进而与印度进行对抗。另一方面,美国非常注重通过与巴基斯坦军队的关系影响巴基斯坦外交政策走向。如上文所述,巴基斯坦民主政治发展先天不足,议会政党在一定时间之内成熟程度不高,缺乏完整组织架构和严格纪律。因此,巴基斯坦军队成为巴基斯坦最具影响力的机构,在很大程度上主导了国家的外交决策。在民选政府执政期间,陆军参谋长作为军方一号人物,有能力主导外交政策,特别是关系国家前途命运的重大选择。在军政府执政期间,出身军旅的执行官或者总统往往会兼任陆军参谋长,直接掌控国家外交大权。这一现状客观上导致美国非常注重与巴基斯坦军队,特别是陆军参谋长的联系和磋商,在一定程度上强化了军队在巴基斯坦政治生活中的地位和作用。

第九章 把脉巴基斯坦的几对关系

第三节 央地关系

自建国以来,巴基斯坦在央地关系上存在一些问题,突出表现在旁遮普人掌控国家主要政治和经济资源,西部的俾路支省和开伯尔—普什图赫瓦省则长期指责联邦政府资源分配不公。2013年,谢里夫领导的穆斯林联盟(谢里夫派)上台,主要政党的地方化趋势明显,政治版图碎片化趋势不断强化。从四个省的情况看,谢派在旁遮普省单独执政,在俾路支省与当地普什图政党联合执政,人民党与统一民族运动党在信德省联合执政,正义运动党则与伊斯兰促进会等在开伯尔-普什图赫瓦省联合执政。从联邦政府来看,谢里夫的内阁部长大部分来自旁遮普,均是跟随谢里夫多年的嫡系,联邦政府在很大程度上可以被视为"旁遮普政府"。人民党、正义运动党、统一民族运动党分别在信德、开伯尔省以及卡拉奇等大城市把持政权,造成了地方"政治割据",这与联邦政府的"旁遮普化"构成相互牵制。

除了上述情况以外,巴基斯坦还长期面临地方分离主义的困扰,集中表现在俾路支人和普什图人的分离主义活动。

俾路支省的分离活动

俾路支省位于巴基斯坦西南部,东面和东北面分别与本国的信德、旁遮普和开伯尔—普什图赫瓦省交界,西面与西北面分别与伊朗和阿富汗为邻,南部频临阿拉伯海,距离波斯湾出口霍尔木兹海峡仅有500多公里,战略位置非常重要。俾路支省总面积大约34.7万平方公里,约占全国总面积的43%,省内存在很多高山和峡谷,气候干燥,没有大河经过,只有一些在雨季山洪暴发时才有的溪流。俾路支省矿产资源比较丰富,拥有天然气、煤、铁、铜、硫磺、大理石等多种资源。该省历史悠久,曾经被雅利安、波斯、马其顿、阿拉伯、突厥、蒙古和英国等民族和国家统治。在英国统治时期，英国殖民者从今日俾路支省所在的地区画出了一块与阿富汗接壤的狭长地带，称为"英属俾路支"，但英国殖民者一直不干涉俾路支内部事务，俾路支人也拒绝英国人以俾路支人聚居地进入阿富汗。为了获得当地部落名义上的支持，英国殖民者通常采取收买俾路支部落长老的办法，并且允许这些部落保持自治状态。在巴基斯坦独立之前，俾路支省分为南北两个部分，北部是英印俾路支人，南部由卡拉特、马卡兰、卡兰和拉斯贝拉四个土邦管辖。1947年巴基斯坦成立，北部俾路支人同意加入巴基斯坦，南部土邦的头人开始时则支持独立，在巴基斯坦军队进驻之后同意加入巴基斯坦，但部分地区爆发了武装叛乱。为了稳定南部的土邦，巴基斯坦政府在独立后长期允许土邦自治，未纳入省级行政单位管辖。1952年，卡拉特、马卡兰、卡兰和拉斯贝拉四个土邦合并为俾路支土邦联盟，也成卡拉特土邦联盟。1955年，巴基斯坦政府在俾路支省成立了两个专区，北部为奎达专区，南部就是卡拉特专区，奎达专区主要是普什图人，卡拉特专区主要由俾路支人组成。1970年，巴基斯坦政府将两大专区合并，正式成立俾路支省，但仍然允许省内各个部族自治。

俾路支省存在两大民族，一个是俾路支族，一个是普什图族，其人口各约占全省总人口的40%左右，仍然实施部落制度。其中，俾路支人聚居区占据俾路支省的绝大部分地区，经济社会发展非常落后，一些部落仍然处于奴隶社会向封建社会的过渡阶段，领主（当地人称萨达尔制度）盛行。俾路支人虽然在印巴分治时选择加入巴基斯坦，但长期怀有比较强烈的分离主义情绪，先后在1948年、1958年、1963年至1969年、1973年至1977年爆发四次武装叛乱，试图以此实现独立或者高度自治。1979年，苏联入侵阿富汗，巴基斯坦成为伊斯兰世界抵御苏联侵略的前线地带，俾路支省更是成为前沿。抗苏"圣战"逐渐成为最主要议题，俾路支民族分离运动一度陷入沉寂。2003年以来，俾路支省武装分离运动再度抬头，袭击政府军队设施和各类基础设施，例如油气管道、铁路、桥梁、电线、道路等，主要目标就是迫使中央政府取消在俾路支省的各个建设项目和撤出所驻军队。2006年12月，当时担任总统的穆沙拉夫称，以前巴基斯坦中央和地方政府忽视了俾路支省的发展问题,未来将加大对该省的开发进度,并且同任何分离主义分子谈判。然而,当地安全形势并没有因此好转,各类袭击活动仍然不时发生。

俾路支省存在几十个规模大小不等的地方武装,其中就包括了势力相对强大的"俾路支解放军"(BLA)。俾路支解放军主要由马里部落民以及中产阶级组成。该派主张通过暴力手段争取更多政治和经济权力,结束联邦政府所采取的"歧视性待遇",其主要据点位于库鲁(Kohlu),拥有几十个军事营地,每个军事营地都有数百武装分子。目前,该组织已经成为反政府武装的主要代表,自2003年首次露面以来频繁发动袭击,甚至袭击中国工程人员,2006年4月已经被巴政府纳入恐怖组织名单。此外,当地还存在一个名为"俾路支学生组织"(Balochistan Students Organisation, BSO),号称代表当地学生和中产阶级的利益。该组织反对军事管制,要求提供更多就业机会,提升俾路支语的地位。该组织历来以独立面貌出现,公开不与任何党派合作。20世纪90年代,该组织开始建立自己的武装势力,大约有2000人。有分析认为,该组织很多成员参加俾路支解放军。

俾路支省诸多地方武装与"俾路支解放军"互不隶属,但在重大武装叛乱过程中经常彼此配合,其中又以马里(Marrris)、布格迪(Bugtis)和门格尔(Mengals)三大部落为主。

布格迪部落是当前俾路支民族主义运动的主要力量,不仅多次攻击护卫苏伊天然气田的安全部队,炸毁通往外界的天然气管道,而且还公开打出武装反抗政府的旗号,其中部落领袖阿克巴尔·布格迪曾担任俾路支省省督和首席部长,手下拥有一支较强的武装。布格迪所辖地区蕴藏丰富石油和天然气,希望将更多利润由自己掌控,因此与中央政府的矛盾不断激化,逐渐走上武装反抗中央政府的道路,在2006年8月被安全部队击毙。

马里部落主要聚居在俾路支省边界的德拉·加兹地区(Dera Ghazi),又可以细分为三个小部落,即比贾尼(Bijrani)、加兹尼(Gazini)和拉霍尼(Lohrani)。马里部落的首领凯尔·马里(Khair Bakhsh Marri)长期进行俾路支分离主义活动。20世纪80年代,凯尔·马里流亡阿富汗,组建了一支装备精良、训练有素的游击队,人数多达数千。1991年,凯尔·马里返回巴基斯坦，发展"俾路支解放军"，主张建立涵盖巴基斯坦、伊朗以及阿富汗境内俾路支人居住地的大俾路支省。

门格尔部落是俾路支地区的第二大部落，其领导人阿图拉·门格尔（Ataullah Mengal）曾于1973年领导叛乱，后来流亡英国伦敦，建立"信德—俾路支—普什图阵线"，要求巴基斯坦变为联邦国家，每个联邦单位应该具有选择退出联邦的权力。门格尔部落虽然未进行直接武装叛乱，但却在俾路支民族分离主义运动中发挥了重要的串联作用。

同时，俾路支存在若干民族主义政党：

1. 俾路支民族党（Balochisitan National Party，BNP）由阿图拉·门格尔创建，由"巴基斯坦民族党"和"俾路支民族运动"合并组成。俾路支民族党要求最大限度的省级自治，中央政府只负责国防、铸币、通信和外交等领域的事务。

2. 共和民族党（Jamhoori Watan Party，JWP）成立于1990年，主要成员来自布格迪部落。

3. 俾路支民族运动（Baloch Haq Talwar，BHT）在马里部落的基础上成立。

4. 民族党（National Party，NP）强烈反对中央政府在当地开放瓜达尔港等项目，要求俾路支人自己掌握当地政治和经济资源。该党成员大多数曾经接受高等教育，不隶属于部落结构，反对任何萨达尔制度。

自巴基斯坦建国以来，俾路支省多次爆发民族分离主义运动，这有深刻的社会、经济以及政治根源。

首先，俾路支省很多当地人认为联邦政府采取对其不公正的经济政策。俾路支省是巴基斯坦最为贫穷和落后的省份，当地人认为这主要是因为联邦政府采取对俾路支省不公正的经济政策，特别是中央政府从俾路支省得到大量自然资源，但当地并未得到太多获益。例如，1952年发现的苏伊天然气田是世界十大天然气田之一，产量占到全国的45%，巴基斯坦其他省份的大部分天然气都来源于这一气田，但俾路支省只获得了当地天然气的17%。早在1964年，旁遮普省就开始获得来自苏伊天然气田的天然气供应，俾路支省首府奎达直到1986年才因为当地设立了兵团司令部才获得天然气供应。同时，当地人还认为，联邦政府在俾路支省开发和利用天然气，但对俾路支省只付出很少的补偿，这不断强化俾路支省的"被掠夺感"。同时，还有当地人认为，俾路支省近年来大兴土木，修建了不少大型工程项目，但往往被外省人把持，当地人无论在工程承包，还是就业机会方面都没有得到太多好处。这一情况持续强化了俾路支人的分离主义情绪和意识。

其次，俾路支部族势力非常强大，中央政府在当地驻军引发严重不满。俾路支省仍然处于从封建保守的部落时代向民主法治时代过渡的转型期。部落长老作为既得利益阶层，在土地开发等问题上与中央政府讨价还价，若起要求得不到满足就滋生事端，甚至采取爆炸、袭击等暴力手段与政府对抗。21世纪以来，巴基斯坦政府在俾路支省推动"开发新边疆"等政策，直接威胁各类部落长老在当地的权势和影响力。马里、布格迪和门格尔三大部落尤其不希望巴基斯坦军队长期驻扎部落区，长老担心经济开发和发展教育将培育当地民众的自主意识，挑战自身的传统权威。

第三，俾路支省民族认同仍然高于国家认同。在1970年以前，俾路支省历来处于高度自治状态，当地民众的国家、公民和法律意识非常薄弱。20世纪90年代，贝·布托和谢里夫轮流执政期间，中央政府才将俾路支省纳入国家总体政治和经济发展规划。巴基斯坦政府的主要政治资源被旁遮普等地垄断，俾路支人很少能够进入内阁和各部委，俾路支省的多数高级行政职位也由外地人担任。这直接导致了俾路支省长期存在分离主义情绪和势力，对于中央政府在当地的开发项目往往心怀戒心。

普什图人的分离主义运动

"普什图尼斯坦"这一名词意为普什图人居住的地方，位于巴基斯坦西北部和阿富汗东南部。普什图人居住地位于西亚和南亚，曾经在阿富汗地区建立独立的封建王朝。普什图尼斯坦起源于英属印度时期，英国人三次发动征服阿富汗的战争，均遭到普什图人的顽强抵抗。1893年，英国通过迫使当时的阿富汗政府划定"杜兰线"，强行将普什图人一分为二，一般位于当时的英属印度，另一半则位于阿富汗境内。1947年，巴基斯坦宣布独立，继承了英属印度境内的普什图地区，并且成立了西北边境省。然而，由于划分普什图地区的杜兰线是英国人强加给阿富汗政府的，阿富汗人历来对此不满，因此巴基斯坦独立之后就面临着普什图尼斯坦问题，即普什图人要求高度自治甚至独立。2005年，普什图人大约是3761万，其中巴基斯坦境内约为2500万（约占普什图总人口66%），阿富汗境内约为1257万人，另外还有10万人居住在伊朗境内。巴基斯坦主要的普什图聚居区包括联邦直辖部落区、开伯尔—普什图赫瓦省、旁遮普省的米安瓦里县以及俾路支省的北部地区，其中绝大部分位于联邦直辖部落区。

　　普什图人属于欧罗巴人种印度地中海型。当代巴基斯坦的普什图学者认为，普什图人起源于生活在这一地区的雅利安人，讲普什图语，属于印欧语系伊朗语族，收到阿拉伯语、波斯语以及印度各种语言的影响，保留着很多古伊朗语特征，分为南北两大方言，使用的文字以波斯语—阿拉伯语为基础。普什图人分为400多个大大小小的部落，分别属于"萨尔巴尼""加尔加什特""马托扎伊"等支系。普什图部落由若干被称为"凯尔"的部落分支所组成，部落分支又包括若干建立在血缘关系上的家族体系。普什图人信仰伊斯兰教，大多为逊尼派。普什图人遵循"普什图瓦里"作为行为准则，主要包括勇敢、好客、荣誉、传统、血族复仇以及为避难者提供保护。普什图人通过"支尔格"决定重大问题，解决部落内外的纠纷等。普什图人英勇善战，普遍在军队或者警察部门任职。随着社会的发展，城市和农村、平原和山地的普什图人发生了巨大变化，差异十分明显。农牧民多为文盲，山区居民仍然处于部落社会阶段。城市居民则深受现代文明影响，不少人接受高等教育，担任重要军事和民事职务。在伊斯兰教传入之前，普什图人主要信仰佛教和拜火教，之后伊斯兰教开始传播。目前，普什图人主流已经信仰伊斯兰教。

　　18世纪中叶，普什图人建立以其为主体的多民族国家。1747年，阿赫迈德沙建立杜兰尼王朝，成为历史上阿富汗人建立的第一个独立国家。阿赫迈德沙在不断对外征战，拓展领土，阿富汗领土曾经西起伊朗的马什哈德，东到克什米尔，北到阿姆河，南至阿拉伯海。随后继任的几代国王内战频繁，国力衰微。19世纪，英国人不断对阿富汗发动战争，并且将阿富汗变成英国与俄国之间的缓冲地带。为了防范俄国的威胁，英国建立了三层防线。第一条防线将英属印度与普什图部落区分列，第二道防线将普什图部落区分开，第三道防线则是阿富汗与俄国、伊朗和中国的边界线。1893年，英国外交大臣莫蒂默·杜兰逼迫阿富汗政府将杜兰线作为英属印度与阿富汗的边界。杜兰线依据地理特征，而非民族分布划分，将普什图部落区一分为二。阿富汗东部和南部的普什图部族从未承认这条边境线，英国人也从未控制部落区核心地区。1947年，巴基斯坦独立，继承了英印的普什图部落区，普什图尼斯坦问题由此成为阿富汗和巴基斯坦之间的历史遗留问题。

1949年，在阿富汗的支持下，巴基斯坦境内的普什图部落试图通过武力行动实现普什图地区的独立。阿富汗政府宣布杜兰线无效，两国之间关系一度高度紧张。1950年至1955年，阿富汗政府公开支持武装分子越过边境袭击巴基斯坦军队，之后两国关系有所改善，但问题仍然没有解决。阿富汗境内仍有很多人同情、支持巴基斯坦境内的普什图独立运动。阿富汗的达乌德政府一度试图通过建立独立的普什图国家对抗巴基斯坦。然而，阿富汗是内陆国家，严重依赖巴基斯坦作为出口通道，在经济和军事等方面严重落后于巴基斯坦，只能不断打"普什图尼斯坦"这张牌与巴基斯坦讨价还价。随着冷战的开始，巴基斯坦加入"巴格达条约组织"，以谋求对抗印度。1955年，苏联与阿富汗建交，并且表态支持普什图尼斯坦地区自治。20世纪70年代，巴基斯坦阿里·布托政府严厉打击境内普什图分离主义势力，并且通过企图通过扶植宗教势力压制民族主义势力。1979年，苏联入侵阿富汗，全球圣战者前往阿富汗参加"圣战"，"普什图尼斯坦"问题逐渐沉寂。

整体看来，普什图分离主义运动并未在巴基斯坦境内得到很大支持。巴基斯坦境内的普什图人比阿富汗境内的普什图人富裕，在巴基斯坦政府、军队中所占份额高于其人口比例，开伯尔—普什图赫瓦省更是巴基斯坦贫困率最低的省份。普什图人还控制了巴基斯坦多地的交通运输业。如果脱离巴基斯坦独立，普什图人的经济地位将遭到极大削弱，因此独立思想在巴基斯坦并不流行。

第四节　美巴关系

　　巴基斯坦地理位置特殊，不仅是南亚两大主要国家之一，还扼守南亚次大陆西北部的战略通道。巴基斯坦的西侧是阿富汗，西北方向与中亚国家塔吉克斯坦仅仅有一条瓦罕走廊隔离，因此不乏中亚属性。西南与伊朗接壤，古代曾经是波斯帝国的组成部分，目前与沙特阿拉伯等海湾国家关系密切，具有明显的中东属性。巴基斯坦这一地理特征自然引起了美国的强烈关注。从巴基斯坦的角度看，美国则是其平衡印度的影响力、提升自身战略地位的重要选择，因此成为其外交的优先政策目标。纵观巴基斯坦建国以来的历史，巴基斯坦与美国的关系呈现明显的波浪式起伏，既有密切合作的盟友蜜月期，也不乏冷淡、乃至彼此指责的关系低谷。

双边关系屡次起落

　　美苏冷战开始之初，美国试图利用巴基斯坦的地理位置填补遏制苏联的"北方屏障"和"前沿阵地"，积极拉拢巴基斯坦加入己方阵营。艾森豪威尔政府将世界划分为亲共和反共两大阵营，迅速密切与巴基斯坦的关系。同时，刚刚独立的巴基斯坦面临严峻困难，例如如何与综合国力、经济实力和军事实力远超过自己的印度抗衡？如何争取更多援助发展国内经济。很显然，作为当时世界第一强国的美国成为巴基斯坦的首要选择。1954年5月，美国与巴基斯坦签署了《共同防御援助协定》，美国向巴基斯坦提供3000万美元军事援助。1954年，巴基斯坦加入了美国在亚洲的两大反共军事集团，即"东南亚条约组织"和"中央条约组织"。1959年，美巴签署《军事合作协定》《友好通商条约》等。有数据显示，从1954年到1965年第二次印巴战争之间，美国向巴基斯坦提供了大量的军事援助，总额超过7亿美元，其中包括F-86战斗机、F-104战斗机以及B-57战斗机等

第九章 把脉巴基斯坦的几对关系

众多先进武器装备。在20世纪60年代，巴基斯坦接受外国援助50%以上为美国援助。第二次印巴战争之后，巴基斯坦认识到单纯依赖美国无法实现与印度抗衡的目标，对于美国的安全承诺不再抱期望。1962年，中印爆发边境冲突，巴基斯坦将中国视为可以平衡印度的潜在伙伴而迅速向中国靠拢。同时，美国为了服务于与苏联争霸的全球布局，一直要求巴基斯坦与印度摒弃争端，共同服务于与苏联争霸以及封锁中国的全球布局。然而，巴基斯坦为了自身安全利益而强化与中国合作，这导致美巴关系降至谷底，美国对巴基斯坦援助大幅度缩水，军事援助几乎停滞，民事援助也出现大幅度下降。直至20世纪80年代，苏联入侵阿富汗，在全球保持战略攻势，这迫使美国重新思考对巴基斯坦的政策，转而将其视为组织苏联战略扩张的"前线国家"，逐步恢复并迅速增强了对巴基斯坦的战略援助。在这一时期，巴基斯坦一跃成为仅次于以色列的第二大美国援助接受国。

冷战结束前后，鉴于苏联开始全球战略收缩，实现从阿富汗全面撤军，巴基斯坦在美国外交全局中的地位再度下降。美国对阿富汗的兴趣很快降低，对巴基斯坦的倚重也开始下降，美巴关系再度趋冷。冷战结束之后，巴基斯坦在美国的全球格局中的地位可谓一落千丈。1990年以后，美国停止了对巴全部军事援助以及大部分经济援助，甚至拒绝支付巴基斯坦此前已经付款购买的F-16战斗机。此外，因为巴基斯坦方面坚持进行核试验以及穆沙拉夫将军推翻民选政府，美国甚至对巴基斯坦启动了多项制裁，美巴关系跌至谷底。然而，在经历20世纪90年代十年疏远之后，美巴关系在21世纪再次迎来蜜月。"9·11"恐怖袭击之后，美国小布什政府将阿富汗反恐战争作为美国全球外交和安全战略的政策目标，而在阿富汗的反恐及平叛等军事行动都离不开作为阿富汗邻国和关键出海口的巴基斯坦配合。巴基斯坦在反恐战争中再次成为美国必须依赖的"前线国家"。此后，美国对巴基斯坦的援助迅速提升。

2009年初奥巴马就任美国总统以来，在外交政策上做出重大调整，在继承了前任小布什政府的新保守主义外交路线后，推出了"巧实力"外交战略。奥巴马政府的南亚政策则可以印巴边境为分界线划分为两个部分，即阿巴政策和对印政策。整体看来，奥巴马政府的对巴政策明显服务于从阿富汗撤军诉求。首先，推出"阿巴新战略"，突出阿巴并重、军民共进和国际合作。2009年3月27日，奥巴马在白宫宣布"阿巴新战略"。根据这一战略，美国将阿富汗和巴基斯坦视为重要的反恐"前线国家"，通过清除"基地"组织等极端势力在阿巴边境地区的避难所，确保美国不再成为恐怖主义势力的袭击目标。整体看来，奥巴马政府"阿巴新战略"具有以下特点。一是将"基地"组织与阿富汗塔利班区别对待。这表明奥巴马认识到小布什政府的反恐战线拉得过长，有意缩小打击目标，同时为未来与阿富汗塔利班进行和平谈判预留空间。其次，强调巴基斯坦在阿富汗反恐战争中的关键地位。巴基斯坦部落区日渐失控，不仅成为阿富汗塔利班的"战略大后方"，还成为南亚乃至国际恐怖主义活动的主要策源地。奥巴马表示，"基地"组织头目本·拉登、扎瓦西里等人都在巴基斯坦部落区藏身，并且策划对美国本土发动新一轮恐怖袭击。因此，巴基斯坦与阿富汗都已经成为美国的反恐主战场。第三，确认巴基斯坦的反恐盟友地位。尽管美国国内早已有人质疑巴基斯坦反恐不力，甚至主张对其采取强硬措施。然而，奥巴马政府显然不愿看到美巴关系继续恶化，必须依赖巴基斯坦实施在阿富汗的反恐行动。

美国对巴具体政策包括如下内容。军事上，强化巴基斯坦军队的反恐和平叛能力，如提供直升机、夜间侦察装备等加强对阿巴边境地区的控制。政治上，巩固巴基斯坦民主政体，增强其对部落区和西北边境地区的管理能力。经济上，鼓励美国及国际资本投资能源等巴基斯坦重点行业，强化美巴贸易往来，支持巴基斯坦经济稳步增长。2009年，美国通过了《克里—卢格尔法案》，承诺2010年至2014年之间向巴基斯坦提供75亿美元的非军事援助，主要用于教育、保健、基础设施等公共事业项目。根据该法案，美国对巴基斯坦民事援助主要集中在三大领域：一是在能源、农业、教育、交通和健康领域援助35亿美元；二是人道主义援助20亿美元，重点支持阿巴边境地区民众获得教育和医疗服务；三是20亿美元用于提升巴基斯坦政府的施政能力[①]。国际上，打造援助巴基斯坦"国际统一战

---

① 邵育群："美国对巴基斯坦发展援助新战略评估"，《南亚研究》，2011年第1期。

线",分担风险和责任。例如,美国牵头成立了美、阿、巴三方外长和总统定期会晤机制,召开国际援助巴基斯坦会议,为巴基斯坦募得50亿美元的经济援助承诺等。在美国推动下,欧盟和北约迅速跟进,重点在民事领域向巴提供援助。

其次,"先增兵、后撤军",希望借助巴基斯坦减少在阿投入,以最低代价维持阿富汗的政权生存。2009年12月1日,奥巴马总统在西点军校发表演讲,宣布对年初提出的"阿巴新战略"进行重大调整。奥巴马指出,"阿巴新战略"包括三个核心要素:以军事行动为防务移交创造条件;增派文职人员推动重建;与巴基斯坦建立有效伙伴关系。为此,美国软化对巴基斯坦政策,服务于从阿富汗"撤出"战略。

美巴在反恐等问题持续推动合作的同时,双边关系可谓龃龉不断。2011年,美巴关系受到"基地"组织头目本·拉登在巴基斯坦境内被击毙、北约空袭巴军边防哨所等影响而一路走低。2011年11月26日,北约越境空袭巴军哨所,导致24名巴军士兵死亡。此事引爆巴各界反美浪潮,巴政府迫于国内压力而要求美方正式道歉,并停止越境袭击。但奥巴马政府坚持强硬立场,仅仅对此事表示"遗憾",并宣布将继续发动无人机袭击。巴方则采取关闭北约物资补给线、令美军限期离开境内舍姆西空军基地等措施予以反制。此后,美巴虽就此事保持接触,但始终未能达成一致。必须指出,美巴互有所求。事实上,此次美巴关系陷入僵局主要是出于双方国内政治的需要。奥巴马政府需敲打巴基斯坦,展示强势形象,借机安抚府院中对巴不满情绪。巴基斯坦政府则需顺应国内强烈反美情绪,避免与美关系过于密切而陷入政治被动。双方都为此付出了沉重代价。美国方面,巴基斯坦境内的开伯尔通道和查曼口岸是向驻阿国际部队运输物资的最便捷通道,一直承担着北约50%以上的物资运输。该通道关闭后,美国等北约国家被迫依赖漫长的途经俄罗斯、中亚和高加索的"北方通道"运输物资。美国平均每月要多支出1亿美元,并且担心俄罗斯会借此强化与北约在其他议题上的谈判筹码。巴基斯坦由于深陷债务危机和能源危机,急需大量美援进口石油,以弥补严重的国内能源缺口,增加纺织业开工率,平息民众不满情绪。在"合则两利,斗则双输"情势下,2012年

7月3日，美国国务卿希拉里·克林顿宣布正式为2011年11月空袭巴基斯坦军方哨所一事道歉。随后，巴基斯坦宣布重开关闭长达7个月的北约物资运输线，并不收取任何费用。2013年5月巴基斯坦谢里夫政府上台以来，采取措施改善美巴关系，美国对此回应积极。2013年5月，美国国务卿访问巴基斯坦，双方就反恐、阿巴边境管控和投资等问题恢复高层战略对话。2013年10月20—23日，谢里夫访美，双方达成多项合作意向，例如将两国科技合作协议延长5年、拟推出未来5年扩大经贸往来的共同计划等。此外，美国强化对巴经济援助，重启此前所搁置的约16亿美元对巴经济援助，其中13.8亿美元军援、2.6亿美元民事援助。[1]

在美国加速从阿富汗战场脱身，战略中心转向亚太的背景下，巴基斯坦作为"反恐盟友"在美战略布局中的重要性将持续下降。美军主要作战部队将逐步撤出阿富汗，今后将主要依赖特种作战打击阿巴地区的极端主义势力，而无人机空袭则由于成本低、伤亡少和效果好而成为美军越来越依赖的作战方式，例如成功击毙了"基地"组织二号人物利比以及阿富汗塔利班第二任头目曼苏尔等高价值目标。未来，一旦再次发生巴士兵或平民遭到误炸而造成重大伤亡的事件，美巴关系很可能会再次陷入困境。同时，美巴的反恐理念相互对立。美国一直认为巴基斯坦境内存在恐怖势力的庇护所是阿富汗问题久拖不决的关键，反复要求巴基斯坦放弃支持恐怖组织，打击境内的阿富汗塔利班和"哈卡尼网络"势力。例如，时任国防部长帕内塔访问印度时公开威胁"美国对巴基斯坦的耐心已经接近极限"。

巴基斯坦对美认识深刻

巴基斯坦的政治精英则对该国多次遭到美国抛弃的历史教训铭记于心，对美国的实用主义和利己主义特性心知肚明。巴基斯坦建国之初迅速与美国结盟的核心诉求就是寻求美国的军事保护和援助，服务于与印度抗

---

[1] U.S. releases $1.6 billion in aid to Pakistan", CNN, http://edition.cnn.com/2013/10/19/politics/u-s-pakistan-aid/（上网时间：2014年9月2日）

第九章　把脉巴基斯坦的几对关系

衡的对外政策。1959年，巴基斯坦与美国签署具有军事同盟性质的协议，其中包括如下内容：在巴基斯坦遭受外部侵略情况下，美国政府将根据美国宪法，将采取包括使用武装部队在内的适当行动支持巴基斯坦。尽管美国以书面方式承诺在巴基斯坦遭受侵略时提供援助，但并没有落实，并且在巴基斯坦面临重大安全风险时袖手旁观。1965年8月，第二次印巴战争爆发。巴基斯坦政府向美国递交备忘录，要求美国依据1959年协议履行军事盟友义务，对巴基斯坦进行安全援助。然而，美国却并未按照承诺，向巴基斯坦提供包括动用武装部队在内的援助，相反却停止向巴基斯坦提供武器。此举对巴基斯坦产生非常负面的影响。鉴于巴基斯坦主要依赖美国武器，印度却可以从苏联方面获得充足的武器供应，这导致战争天平迅速向印度一方倾斜，并在很大程度上影响了战争结果。

再如，1971年，印巴爆发第三次战争，印度在东西两线同时向巴基斯坦发动进攻，巴基斯坦面临极为严峻的局面。巴基斯坦再次要求美国履行1959年美巴双边协议，对巴基斯坦提供安全援助。美国的反应仍然让巴基斯坦失望。尽管美国派出了航母战斗群在孟加拉湾附近示威，但并未对印度采取实质行动，最终巴基斯坦遭到肢解，东巴宣布独立，成立孟加拉国。从此，巴基斯坦失去了东翼领土，在与印度的对抗和较量中处于更为不利的局面。

基于以上认知，巴政治精英和军队高层均认为美国是不可靠的朋友，对美国"用人朝前，不用人朝后"的实用主义政策心知肚明。当下，巴基斯坦政府和各党派基本都认定被绑上美国的"反恐战车"是巴基斯坦陷入恐怖主义内战和经济衰败的祸根，而美国提供的援助根本不足以弥补因参加反恐战争而遭受的重大人员伤亡和经济损失。巴民众对美国无视巴基斯坦为反恐做出的重大贡献，一味将巴基斯坦作为反恐不力"替罪羊"的做法极其不满。巴政府和军方已经多次强调将根据本国实际情况，以自己的方式打击恐怖主义，而不会听从其他国家的指手画脚。

总之，美巴关系时至今日仍未跳出"有利则合，无利则分"的现象。在美对巴战略倚重持续下降的情况下，美巴关系在一段时间内仍能保持相互合作，但"斗"的可能性将有所增加。

第五节 中巴关系

巴基斯坦是最早承认中国的国家之一，是首个同中国建交的伊斯兰国家。1951年5月21日，中巴两国正式建立外交关系。建交以来，两国在和平共处五项原则的基础上发展睦邻友好和互利合作关系，在政治、经济、安全和人文等领域均保持密切合作。

政治上，无论国际局势如何变化，两国始终真诚相待，在国际和地区舞台中相互支持，双边关系被誉为国际关系中的奇迹。两国始终尊重和支持彼此的主权独立、领土完整以及核心利益关切，种种事例举不胜举。例如，1961年，巴基斯坦政府在联大会议表决恢复中国在联合国合法权利的提案时投票赞成。1962年，两国通过友好谈判就中巴边界位置和走向达成原则协议。1963年3月，两国签订《关于中国新疆和由巴基斯坦实际控制其防务的各个地区相接壤的边界的协定》。1965年至1971年，巴在历届联大都作为提案国，支持恢复中国在联合国的合法权利。20世纪70年代，中巴关系稳定发展，两国政府和人民间的友好合作不断加深。80年代，中巴两国领导人互访频繁，两国友好合作关系继续巩固和发展。进入90年代以来，世界形势发生巨变，但经受了时间考验的中巴友好合作关系却未受到国际风云变幻的影响，继续向前发展。1996年12月，江泽民主席对巴进行国事访问。双方决定建立"面向21世纪的中巴全面合作伙伴关系"。江泽民主席还在巴发表了题为"世代睦邻友好，共创美好未来"的重要演讲，首次全面阐述中国的南亚政策。进入21世纪以来，中巴全面合作伙伴关系进一步深入发展。双方高层接触频繁，政治互信不断增强。2005年4月，温家宝总理访巴，双方签署《中巴睦邻友好合作条约》，宣布建立更加紧密的战略合作伙伴关系。2015年4月，习近平主席应邀对巴基斯坦进行正式访问。中巴双方发表《中华人民共和国和巴基斯坦伊斯兰共和国建立全天候战略合作伙伴关系的联合声明》。双方一致同意将中巴战略合作伙伴关系提升为全天候战略合作伙伴关系，不断深化中巴命运共同体内涵，致力于中巴世代友好。2015年5月，巴基斯坦总理谢里夫亲自撰文，高度评价习近平主席4月的国事访问，认为两国人民之间的友好情谊让中巴关系超越了外交领域。

正如习近平主席所指出的，在两国历代领导人和各界人士精心培育下，中巴友谊像一棵茁壮成长的大树，根深叶茂。无论国际和地区形势及两国国内情况如何变化，中巴关系一直健康稳定发展，两国在涉及彼此核心利益问题上始终相互尊重、相互理解、相互支持。在巴基斯坦，人们用"比山高、比海深、比蜜甜"这样诗歌般的语言来赞颂中巴友谊。在中国，人们都把巴基斯坦称作"真诚可靠的朋友"。

经济上，两国经贸往来从无到有，从弱到强，在中巴经济走廊的刺激下乘风破浪，扬帆远航。中巴两国从20世纪50年代初起就建立了贸易关系，开展了贸易业务。1963年1月，两国签订第一个贸易协定。1982年10月，两国成立了中巴经济、贸易和科技合作联合委员会。经过双方的共同努力，两国的经贸合作有了长足进展。2006年，两国签署自由贸易协定并于2007年7月开始实施。2009年2月，两国签署《中巴自贸区服务贸易协定》，当年中国就成为巴第二大贸易伙伴。2015年4月，习近平主席对巴基斯坦进行了历史性的国事访问，为继续深化双边关系明确了方向，为进一步开展双边合作注入新的动力。

当前，中巴全天候战略合作伙伴关系深入发展，"一带一路"倡议先行项目——中巴经济走廊建设充满活力。两国同意，以中巴经济走廊为引领，以瓜达尔港、能源、交通基础设施、产业园区合作为重点，打造"1+4"的合作布局。随着一系列项目的推进，中巴经济走廊北通"丝绸之路经济带"，南接"21世纪海上丝绸之路"，成为贯通海上和陆上丝绸之路、联接中国"南下"和"西进"两大战略方向的关键枢纽和结合部。

自2013年5月中巴经济走廊正式提上日程以来，中巴双方均对其寄予厚望。鉴于中巴系全天候战略合作伙伴、双边关系历经过去半个多世纪国内外局势风云变化而岿然不动，中巴从双边层面推动走廊建设存在得天独厚的优势，区内外国家因此高度关注走廊建设进度，将其视为"一带一路"倡议落地和推进的关键风向标。中巴经济走廊既是中巴之间的双边合作项目，又担负着实现中巴两国宏大发展战略的历史使命。

就中国而言，中巴经济走廊是"一带一路"倡议的重要先行先试项目和明星工程，其推进顺利与否直接关系"一带一路"倡议能否成功落地以及其他走廊项目的发展前景，关乎国际投资者如何看待"一带一路"倡议的未来，关乎"一带一路"倡议能否由主要由中国官方贷款和发展援助转变为"一带一路"沿线国家以及国际投资方共同介入、共同发展和共同受益的区域性乃至全球性平台。在官方层面，中国突出强调中巴经济走廊的重要性。2015年3月28日，国家发展改革委、外交部、商务部联合发布了《推动共建丝绸之路经济带和21世纪海上丝绸之路的愿景与行动》重要文件。文件指出，中巴、孟中印缅两个经济走廊与推进"一带一路"建设关联紧密，要进一步推动合作，取得更大进展。2015年5月27日，国务院副总理张高丽明确阐明了中巴经济走廊与"一带一路"倡议的关系。他表示，"中国正与'一带一路'沿线国家一道，积极规划中蒙俄、新亚欧大陆桥、中国—中亚—西亚、中国—中南半岛、中巴、孟中印缅六大经济走廊建设。"这是中国官方首次明确阐述"六大走廊"与"一带一路"的关系。中方在顶层设计、资金保障、合作机制等方面提供各类保障，有效确保了走廊建设进度。

就巴基斯坦而言，中巴经济走廊不仅将解决长期存在的能源短缺问题，更将彻底改变巴基斯坦经济面貌，获得崭新的发展动力，最终实现"亚洲之虎"的发展梦想。必须指出，中巴经济走廊倡议与与巴基斯坦"2025年远景规划"高度契合，将直接着眼于助力巴基斯坦政府实现"到2025年成为中高收入国家"的远景目标。随着中巴经济走廊进入全面实施阶段，来巴寻找商机的中国企业明显增加，除传统的电信、能源、采矿等领域外，许多潜在的投资者开始在巴寻找商业服务、零售、酒店、餐饮等领域的投资机会。除了中国国有企业重点进入能源、电力、资源等领域外，中国民营企业在商业服务等领域的投资数量其实更为庞大，如雨后春笋般进入巴基斯坦。未来，民营企业有望成为中巴经济合作中的主力军，

第九章　把脉巴基斯坦的几对关系

推动两国经贸合作深入发展，更上一层楼。

在巴基斯坦政府和各界的努力下，在中巴两国的密切合作下，在中巴经济走廊的刺激下，巴基斯坦未来发展前景看好。知名会计师事务所普华永道发布报告指出，以购买力平价核算，巴基斯坦当前9880亿美元的经济总量有望在2030年前达到1.87万亿美元，从世界第24大经济体升至世界第20大经济体，并在2050年前达到4.2万亿美元，成为世界第16大经济体。

尽管走廊存在诸多利好因素，但建设过程不会一帆风顺，可能面临巴基斯坦国内外各种不可测因素、非传统安全威胁以及地缘政治博弈的掣肘。

首先，多重政治因素干扰。目前，巴基斯坦媒体时常可见有关走廊东线和西线之争的报道，然而，两国官方磋商时并不存在所谓的路线问题。具体说来，经过中国国家发改委和巴基斯坦计划发展部多轮磋商，双方就走廊修建规划达成一致：以瓜达尔港为起点，经莫克兰海岸公路进入信德省，途径旁遮普省以及开伯尔—普什图赫瓦省（开伯尔省）的哈扎拉人聚居区、自由克什米尔首府穆扎法拉巴德，进而通过吉尔吉特—巴尔蒂斯坦到达中巴边境的红其拉甫口岸。此后，位于巴基斯坦西部的俾路支省和开伯尔省政府认为，这一路线主要惠及旁遮普和信德两个东部省份，忽视了西部省份，因此要求优先推动"西线"。该线从瓜达尔港出发，经过俾路支省的南部和东部进入旁遮普省和开伯尔省，随后经过自由克什米尔和吉尔吉特—巴尔蒂斯坦到达红其拉甫。为了凝聚国内共识，谢里夫总理于2015年5月召开"全体政党大会"，就优先修建"西线"项目达成共识。然而，在开伯尔省执政的正义运动党不断批评中央政府没有落实承诺。2016年11月7日，开伯尔省议会向白沙瓦高级法院提交请愿书，指责走廊西线项目进展缓慢，表示该省没有收到联邦政府有关走廊的文件。此外，巴基斯坦全国共设4个省（旁遮普省、信德省、俾路支省、开伯尔省）、首都伊斯兰堡直辖区、巴控克什米尔地区和联邦直辖部落区。其中，无论在人口数量、经济体量，还是政经资源分配方面，旁遮普省都是一家独大。小省指责谢里夫总理将走廊资源向旁遮普省倾斜，巩固其政党票仓。

其次，安全风险切实存在。2014年6月以来，巴军在北瓦济里斯坦展开"利剑行动",清剿藏匿在此地的巴基斯坦塔利班、"乌兹别克斯坦伊斯兰运动"和"东突厥斯坦伊斯兰运动"等极端组织。巴军空中打击和地面推进并举,稳打稳扎,整体推进,取得了较好的战果。巴军还将军事行动延伸到开伯尔部落区。巴基斯坦准军事部队也在卡拉奇等地继续城市反恐行动。同时,巴政府通过了强化反恐的"国家行动计划",采取对恐怖分子恢复死刑、将恐怖主义案件和涉恐嫌犯交由军事法庭、切断恐怖资金链等措施。此后,巴安全形势整体好转。统计显示,2015年,巴基斯坦共发生625起恐怖袭击,同比下降48%。袭击导致1069人死亡,同比下降38%,另有1443人受伤,同比下降54%。2016年第二季度,巴暴恐伤亡788人,其中545人死,243人受伤,较第一季度下降40%。

然而,作为瓜达尔港所在地和走廊必经之地的俾路支省安全形势却持续恶化,暴恐袭击不降反增。巴基斯坦政府称,俾路支省首府奎达暴恐袭击数量飙升,1—10月高达325人死于暴力袭击。特别需要说明,2016年以来俾路支省大案要案频发,"伊斯兰国"与当地暴恐组织狼狈为奸。8月,恐怖分子袭击奎达市医院,导致大量律师死亡,"伊斯兰国"和巴基斯坦塔利班分支"自由党"都宣布负责。10月,极端教派组织"强格维军"分支宣布与"伊斯兰国"共同袭击位于奎达的警察学校,导致59名学员死亡,117人受伤。11月12日,该省一座苏菲派圣墓遭到袭击,至少52人死亡,102人受伤,"伊斯兰国"再度宣布负责。以上袭击导致严重人员伤亡,彰显俾路支省安全形势脆弱。此外,该省还存在武装分离主义组织,如俾路支解放军、俾路支军等。俾路支解放军发言人公开威胁,该组织反对"中国和巴基斯坦政府掠夺俾路支省的资源"。据巴基斯坦媒体统计,2014年以来,该恐怖组织已经打死了44名为走廊服务的巴基斯坦员工,并试图袭击中方员工。此外,信德省也出现针对走廊的暴恐袭击。2016年5月,中方人员乘坐车辆在信德省首府卡拉奇遭遥控炸弹袭击,中方人员受轻伤,当地武装分离组织宣布负责。

第三,域内外势力干扰。放眼周边,不愿意看到中国以中巴经济走廊提振巴基斯坦经济、充实中巴全天候战略合作伙伴关系的势力不在少数。走廊建设面临严峻的地缘政治风险。

第九章 把脉巴基斯坦的几对关系

放眼当下,中巴经济走廊作为在新时期强化中巴全天候战略合作伙伴关系的核心抓手以及"一带一路"倡议的"先行先试项目",无论是巴基斯坦举国上下、朝野内外,还是中国政府和民众,对这条走廊都寄托了太多的期望。正因为有太高的期望,才必须更认真考虑风险,进而详细谋划对策,为"中巴经济走廊"的顺利实施保驾护航。

人文方面,各种交流机制顺畅运转,两国人民彼此怀有真挚情感,"巴铁"等观念在中巴两国深入人心。在文化上,中国和巴基斯坦一直友好相处,保持着密切的文化往来。建交后,两国即互派文化团组访问和举办展览。2015年习近平主席访巴期间,中方宣布在伊斯兰堡设立中国文化中心,双方宣布成都市和拉合尔市、珠海市和瓜达尔市、克拉玛依市和瓜达尔市分别结为友好城市。双方宣布中国中央电视台英语新闻、纪录频道在巴落地,中国国际广播电台在巴设立"FM98中巴友谊台"工作室。在科技上,两国科技交往始于20世纪60年代。多年来,中巴科技合作顺利并富有成效。随着两国友好关系的持续发展,中巴科技合作也不断走向深入。从较为分散的单项交流发展到科技联委会等规模性的政府间科技合作。在教育上,1964年起中国开始接收巴基斯坦留学生。2005年、2013年和2014年,我国先后在伊斯兰堡、卡拉奇和费萨拉巴德设立孔子学院。2013年,李克强总理访问巴基斯坦期间宣布未来5年为巴基斯坦培训1000名汉语教师。2015年,习近平主席访问巴基斯坦期间,中方宣布未来5年内为巴提供2000个培训名额。

中巴更宝贵的却是两国民众之间的真挚兄弟情。中国人民不会忘记,中国在冷战期间遭受各种封锁之时,是巴基斯坦帮助中国打开了通往外部世界的空中走廊,是巴基斯坦支持中国恢复在联合国的合法席位,更是巴基斯坦帮助中美牵线搭桥,改善世界两大国家之间的关系。

中国人民不会忘记,中国在冷战结束初期面临空前压力,巴基斯坦不畏惧美国等国家的制裁压力,坚决反对面向中国的制裁,在患难之时给予中国兄弟般的帮助与支持。中国人民更不会忘记,在中国遭受汶川地震之时,巴基斯坦感同身受,动用所有的战略帐篷储备,远道而来支持中国政府和人民的救灾行动。

纵观两国建交60多年的历史，中巴两国在各领域开展了全方位互利合作，结出了累累硕果，给两国人民带来实实在在的利益。当前，两国正在稳步推进中巴经济走廊建设，致力于打造中巴命运共同体。中巴合作的出发点和立足点是深化两国利益融合，携手共谋发展，为两国人民带来更多福祉，以及绘制更加美好的发展蓝图。

正如习近平主席访问巴基斯坦时所表示的，在巴基斯坦，有这样一句乌尔都语诗歌："朋友的美好形象，就在我心的明镜之中，稍一低头，就能看见。"在习主席的心中，在中国亿万民众的心中，巴基斯坦就是这样一位好朋友。

第十章 影响巴基斯坦未来的关键势力

　　巴基斯坦系世俗化伊斯兰国家，虽然以伊斯兰教立国，但并非神权国家，坚持英式议会民主政体。自建国以来，巴基斯坦议会民主政治发展屡遭挫折，多次出现军方解散政府接管政权事件，至今军队仍对巴内政拥有较大发言权。整体看来，巴基斯坦政治权力主要由总理、总统和陆军参谋长这"三驾马车"掌控，经济权力则往往与政治权力相互交织，掌握在若干大家族手中。

　　巴基斯坦政坛两大世家：谢里夫家族和布托家族之争贯穿巴基斯坦议会政治的过去和未来。20世纪70年代，阿里·布托领导人民党主政巴基斯坦期间，采取了相对激进的国有化措施，没收纳瓦兹·谢里夫家族大量资产，谢里夫对此耿耿于怀。曾有分析认为："谢里夫永远不会原谅阿里·布托。即使阿里·布托已经去世，谢里夫也没有原谅他。" 20世纪80年代末和90年代，巴基斯坦政坛可谓谢里夫与布托家族第二代领袖贝·布托两个人的"表演秀"。1988年，贝·布托主政巴基斯坦，谢里夫则出任旁遮普省首席部长，谢里夫不遗余力打击贝·布托领导的联邦政府。1993年，贝·布托第二次出任巴基斯坦总理。1994年，谢里夫发动全国范围的大罢工，导致政府疲于应对。进入21世纪以来，鉴于不想因为党派争斗为军方干政提供机会，谢里夫在返回巴基斯坦后改变原来"死缠烂打"的作风，在确保自身核心利益的前提下不再处处与人民党作对。例如，在扎尔达里领导的人民党执政联盟分裂之后，谢里夫并未在议会推动针对总理的不信任案。这在一定程度上帮助人民党完成了5年任期。目前，巴基斯坦两大政治家族的下一代领袖已初露锋芒，布托家族的少主比拉瓦尔·布托出任人民党主席，谢里夫家族的新星哈姆扎·谢里夫则出任巴基斯坦国会议员。可以预见，两大政治家族之间的博弈将继续影响巴基斯坦未来的政治走向。

纳瓦兹·谢里夫的宦海沉浮还与巴基斯坦军方密切相关。谢里夫一路升迁离不开军方的支持。1977年，齐亚·哈克将军通过政变上台之后，谢里夫向军方靠拢。军方也有意扶植其势力遏制阿里·布托领导的人民党。谢里夫和军方由此进入长期合作期。1988年，齐亚·哈克将军因飞机失事而丧生，巴基斯坦进入"民选政治"时代。在巴军，特别是三军情报局的支持下，谢里夫联合10多个包括右翼和宗教政党在内的政党，组建了"伊斯兰民主联盟"并且出任该派主席。据称，军方曾为谢里夫竞选提供了1500万卢比的经费。在20世纪90年代，谢里夫两度出任总理。随着权力的不断集中，谢里夫逐渐与军方产生矛盾。1998年，时任陆军参谋长卡拉麦特提议，设立由三军领导人、总统和总理等要人组成的国家安全委员会。谢里夫则认为，卡拉麦特此举旨在挑战政府的权威，攫取政府的权力，并为此采取措施迫其辞职。

此后，谢里夫还不顾军方意见，选择在军队根基并不深厚的穆沙拉夫出任陆军参谋长，试图借此控制军队。然而，鉴于谢里夫在处理对印问题上不够强硬等原因，与军方的分歧逐渐拉大。1999年，谢里夫趁穆沙拉夫不在国内之机试图解除其陆军参谋长职位，不料反被穆沙拉夫革职。此后，谢里夫长期流亡海外，直至2007年返回巴基斯坦。2013年，谢里夫通过议会选举，实现强势回归，但对军队作用心态复杂。一方面，谢里夫公开表示："民选总理才是大老板，军队必须向总理负责。"另一方面，谢里夫又澄清与军方"不存在任何历史问题"，表示1999年军事政变是穆沙拉夫个人所发动，其他军方领导人并不知情。

巴基斯坦主要商业家族往往同时也是政治望族。当下，声名显赫的布托—扎尔达里家族和谢里夫家族更是如此。此外，巴基斯坦第一大商业家族曼沙家族则与谢里夫家族关系密切，前者的掌门人米安·穆罕默德·曼沙的发家史与谢里夫家族的掌门人纳瓦兹·谢里夫脱不开联系。

巴基斯坦极端组织整体上属于体制外势力，与掌控巴政治经济资源的名门望族瓜葛不大，但必须指出，巴基斯坦大家族为了执政顺利或者家族利益不受侵犯，往往会倾向于灵活处理与极端势力的关系。例如，谢里夫担任旁遮普省首席部长时就刻意处理好与极端势力的关系，确保了旁遮普省的整体安全。在担任总理之后，谢里夫也不支持武力反恐，而是反复提议与"巴基斯坦塔利班"等极端势力展开和谈。

第一节 政治领域

巴基斯坦采取英国式议会民主政体,由议会选举获胜党派出面单独或者联合其他党派组织政府。主要政党家族政治色彩浓厚,并且呈现明显的代际传承特点。

主要政党

巴基斯坦1947年建国后长期为一院制,1973年宪法颁布后实行两院制,由国民议会(下院)和参议院(上院)组成。国民议会经普选产生,参议院按每省议席均等的原则,由省议会和国民议会遴选产生。国民议会共有342个议席,其中272席为普选议席。60席为妇女保留席位,10席为非穆斯林保留席位,由各政党按普选得票比例分配。国民议会设议长和副议长各1人,议员任期五年。参议院设100个议席,议员任期6年,每3年改选半数。设主席和副主席各1人,任期3年。2013年5月11日,巴基斯坦举行国民议会选举。穆斯林联盟(谢里夫派)获得186席,成为议会第一大党。人民党获42席,正义运动党获35席,统一民族运动党获23席,伊斯兰神学会获14席,其余席位为其他小党和独立人士获得。2015年3月,巴基斯坦举行参议院改选,执政党穆斯林联盟(谢里夫派)赢得48个席位中的18个,人民党赢得8个席位。参议院中席位排名前四位的政党分别是拥有27个席位的人民党,拥有26席的穆斯林联盟(谢里夫派),拥有5个席位的巴基斯坦正义运动党和拥有4个席位的统一民族运动党。巴基斯坦实行多党制,现有政党200个左右,派系众多。

巴基斯坦国民议会议席情况：（2013年6月）

	得票率（%）	席位
穆斯林联盟（谢里夫派）	32.77%	189
人民党	15.23%	42
正义运动党	16.92%	35
统一民族运动党	5.41%	24
贤哲会（法派）	3.22%	15

（1）正义运动党（Pakistan Tehreek-e-Insaf）：1996年成立。主席为巴基斯坦家喻户晓的板球明星伊姆兰·汗（Imran Khan）。该党提出变革、平等等口号，在2013年国民议会选举中获35席，成为国民议会第三大党，并在开伯尔-普什图省执政。

（2）巴基斯坦穆斯林联盟（谢里夫派）（Pakistan Muslim League-Nawaz Sharif）：简称穆盟—谢派（PML-N）。前身成立于1906年，当时称作全印穆斯林联盟，1947年巴立国后改称巴基斯坦穆斯林联盟。该党党章规定要在巴实现政治、社会和经济改革，现为参议院第二大党，国民议会第一大党。该党领袖谢里夫2013年6月当选为新一届总理，成为巴历史上首位三度出任总理的政治家。该党还在旁遮普省执政。

（3）巴基斯坦人民党（Pakistan People's Party）：简称人民党（PPP）。成立于1967年12月，主要势力在信德省和旁遮普省，主张议会民主、自由平等、经济私有化。现任党主席为巴已故前总理贝·布托之子比拉瓦尔·布托（Bilawal Bhutto）。该党现为参议院第一大党，国民议会第二大党，在信德省执政。

主要党派还有：巴基斯坦穆斯林联盟（领袖派）[Pakistan Muslim League（QA）]、统一民族运动党（Muttahida Qaumi Movement）、人民民族党（Awami National Party）等。

政治强人

巴建国后于1956年、1962年和1973年颁布三部宪法,此后又出台了诸多宪法修正案,其核心就是总统与总理的权力之争。在巴基斯坦历史上,军政权上台后往往通过修宪强化总统权力,甚至造成总统权力一家独大。民选政府上台后则强调提升代表议会的总理权力,竭力将总统转变为没有实权的形式上的国家元首。2002年8月,时任总统穆沙拉夫颁布"法律框架令(LFO)",宣布恢复1973年宪法和齐亚·哈克时代宪法第八修正案,规定总统有权解散国民议会、任命参联会主席和三军参谋长。2003年12月29日,巴议会通过宪法第十七修正案,规定总统经最高法院批准后有权解散议会,与总理协商后有权任免三军领导人。2010年4月8日和15日,国民议会和参议院分别通过宪法第十八修正案,将总统部分权力移交给总理。2010年12月22日,巴议会一致通过宪法第十九修正案,赋予总理任命高等法院和最高法院法官一定的决定权,并由总统对决定结果进行最终认可。2012年2月20日,巴议会通过宪法第二十修正案,取消了由总统任命看守政府总理的权力,改由总理和反对党领导人协商确定。因此,在现行《宪法》框架下,总理是巴政治生活的一号人物。

1. 三次出任总理的纳瓦兹·谢里夫。2013年6月5日,巴基斯坦国民议会选举穆斯林联盟(谢里夫派)党首纳瓦兹·谢里夫出任巴基斯坦总理。这是谢里夫第三次出任巴基斯坦总理,也是巴基斯坦史上首次实现民选政府的和平交接。

谢里夫搞实业起家,特别是熟悉钢铁等领域。在当时军队的支持下,谢里夫于1985年当选巴基斯坦国民议会以及旁遮普省议会议员,并且出任旁遮普省首席部长。在主政旁遮普省期间,谢里夫实施经济优先政策,提升民生水平,大幅度提振旁遮普省经济发展,谢里夫家族财富也随之水涨船高。谢里夫本人获得了"旁遮普雄狮"的美誉。20世纪90年代,谢里夫两度出任总理。在第二次出任总理期间,谢里夫与军方关系逐渐紧张。1999年10月12日,谢里夫突然宣布解除时任陆军参谋长穆沙拉夫的职务。然而,穆沙拉夫却依靠忠于自己的军队反将谢里夫革职。随后,谢里夫被以"谋杀、劫机和从事恐怖活动"等罪名起诉,后来在美国和沙特的斡旋下与军方达成协议,此后多年流亡海外。在沙特期间,谢里夫继续搞实业,利用沙特政府贷款买地建钢铁厂,很快恢复了身家财富。

谢里夫家族信仰伊斯兰教圣训派。该派立场保守,深受沙特瓦哈比教派影响,主张穆斯林共同回归先知穆罕默德的纯正伊斯兰教时代。早在20世纪90年代,谢里夫就打出"将巴基斯坦建成纯正的伊斯兰国家"等口号,赢得了广大民众的支持。谢里夫还不遗余力地推行伊斯兰化措施,例如提出任何法律都不能违背伊斯兰原则,设立伊斯兰法庭、沙里亚法委员会等强化伊斯兰教在巴基斯坦社会的影响。需要指出,虽然谢里夫笃信伊斯兰教,是虔诚的穆斯林,但并不狂热,也非沉闷之人,喜欢音乐和电影,尤其喜欢板球。妻子库尔苏姆·纳瓦兹(Kulsoom Nawaz)出身拉合尔大家族,两人育有两子两女,长女玛雅已经是穆盟(谢派)青年领导人。身居高位的谢里夫平易近人,在担任公职时从不领取政府发放的工资、津财和其他福利待遇。后来他二度出任总理后,为减轻国家债务负担,增加外汇储备,筹措发展资金,他本人还向国家捐赠了1000万卢比(合25万美元)。每年开斋节,谢里夫都要邀请一些老弱病残的穆斯林群众来总理府,来客除可享受一顿美餐外,临行前还可从他手中接过一张由他亲自签发的支票,这笔费用都由他私人支付。

对内坚持私有化。谢里夫信奉市场主导的自由市场理念,表示"推动私有化可以避免巴基斯坦过度依赖外部援助"。谢里夫曾经设立"私有化委员会",将阿里·布托主政时代设立的国有企业私有化,例如巴基斯坦海运公司、巴基斯坦石油公司等。谢里夫重视基础设施建设,在20世纪90年代曾经主持修建大量水电站和高速公路等基础设施项目。近年来,鉴于巴基斯坦能源短缺现象严重,谢里夫特别重视增加能源供给、解决电力危机。2013年,中巴同意共同建设"中巴经济走廊",双方就一揽子投资计划达成一致。中国将在巴基斯坦投资400多亿美元用于基础设施建设,其中300多亿美元用于能源领域,其余100多亿美元用于公路等其他领域基础设施。

对外重视中国与美国,主张缓和与印度关系。2013年5月,谢里夫在就任总理之前会见来访的中国总理李克强,谢里夫明确表示:"中国是巴基斯坦最紧密和最强有力的朋友，对华友好是巴基斯坦所有民众的共同意愿。无论谁上台执政，都会将中国视为外交首要。"同时，谢里夫也认识到，巴基斯坦在经济、援助和安全等方面对美国大有所求，非常重视美国在巴基斯坦外交中的地位。他曾经表示："两国在很多领域都是合作伙伴，未来将继续发展友好关系。"但谢里夫对美国越境袭击巴境内目标非常不满，多次就此发表强硬声明。在印巴关系问题上，谢里夫自2013年再度出任总理以来不断采取措施，缓和与印度的关系，如表示"卡吉尔冲突是军方主导，我与印度没有历史包袱"、受邀出席印度总理莫迪的就职典礼等。

2017年7月28日，巴基斯坦最高法院裁决谢里夫失去总理任职资格。在最高法院的授权下，巴基斯坦成立联合调查小组针对谢里夫家族的海外资产进行密集调查，最终结论是谢里夫未能满足巴基斯坦宪法有关国民议会议员必须"诚实守信"的任职资格规定，因此取消其议员资格。具体说来，联合调查组认定，谢里夫担任一家总部位于迪拜的公司董事局主席，从2006年8月7日至2014年4月20日每月从该公司获得1万迪拉姆的薪酬收入，该公司所有者正是谢里夫的儿子哈桑。调查组表示，谢里夫在2013年财产申明中并未对此作出澄清，因此违反了"诚实守信"的任职要求，无法继续担任总理。谢里夫随后宣布接受法院裁决，穆斯林联盟（谢里夫派）推举阿巴西出任总理，但谢里夫依然是该党主导。

2. 人民党主席比拉瓦尔·布托。比拉瓦尔系巴基斯坦人民党主席，系布托家族的第三代掌门人。布托家族系巴基斯坦信德省最大部族之一。比拉瓦尔的外公阿里·布托系人民党创始人，曾出任巴总统和总理。布拉瓦尔的母亲贝·布托也曾两度出任总理。在布托家族第一代掌门人阿里·布托和第二代掌门人贝·布托相继遭遇不测之后，比拉瓦尔在父亲扎尔达里的支持和帮助下逐渐执掌布托家族，系巴基斯坦政坛冉冉升起的新星以及对巴基斯坦未来具有重要影响的关键人物。

鉴于母亲贝·布托及父亲扎尔达里均为巴基斯坦重要政治人物，比拉瓦尔既拥有其他同龄人所羡慕的耀眼光环，也曾因为父母政治失势而颠沛流离，长期在海外生活，多次辗转于英国、阿联酋和瑞士等国家，后来考

第十章　影响巴基斯坦未来的关键势力

入牛津大学，2011年毕业后学成归国。

2007年，贝·布托与时任总统穆沙拉夫达成政治和解，结束流亡生活，回国参与政治选举。12月17日，贝·布托在拉瓦尔品第举办竞选活动时遭自杀式爆炸袭击身亡，导致布托家族一时群龙无首。此后，贝·布托的丈夫扎尔达里走向前台，但因为背负涉嫌贪腐等多项罪名，扎尔达里将儿子比拉瓦尔推向前台。12月30日，比拉瓦尔回国出任党主席，扎尔达里出任联合主席。然而，因为比拉瓦尔当时还是大学一年级新生，毫无从政经验，为此扎尔达里出任比拉瓦尔的全权代理人。巴基斯坦国内政治分析认为，扎尔达里"摄政"旨在为比拉瓦尔的未来创造有利政治环境。2011年，比拉瓦尔学成归国，逐渐取得人民党内部实权，已经成为该党实际上的领袖。事实上，比拉瓦尔一词在乌尔都语即为"独一无二"之意，自小即背负了父母的厚望，此番执政人民党可谓意料之中。

比拉瓦尔的治国理政思想深受其母亲贝·布托影响，系思想开明的自由派政治家。比拉瓦尔出任人民党主席之后，曾经表示"民主是对敌人最好的复仇"，大力宣传民主思想。2012年12月，在纪念贝·布托逝世五周年集会上，比拉瓦尔表示，将继续打击"反民主势力"。比拉瓦尔非常年轻，号召具有西方民主价值观的青年人为国家和民族而奋斗，习惯通过互联网等新媒体发表个人政治观点，与巴基斯坦年轻人分享成长经历。出身巴基斯坦主要政治家族的比拉瓦尔以"造福巴基斯坦人民"为终身目标，并曾经骄傲地表示："强大的榜样将影响我未来的道路选择。"鉴于巴基斯坦塔利班与其有弑母之仇，比拉瓦尔明确支持对极端势力进行军事打击。这也导致比拉瓦尔成为巴基斯坦塔利班等恐怖势力的重点暗杀目标，不断对其发出死亡威胁。此外，在贝·布托遇袭之后，巴基斯坦塔利班等恐怖势力持续暗杀人民党领导人，英国政府曾经对其实施24小时安全保护。

巴基斯坦和中国保持了世代友好的全天候伙伴关系。人民党作为巴基斯坦老派政党，更是与中国建立了深厚友谊。比拉瓦尔的母亲贝·布托和父亲扎尔达里都是巴中友谊的坚定支持者和推动者。例如，扎尔达里曾经表示："中国是巴基斯坦真正值得信任的朋友和伙伴，巴基斯坦将永远支持中国。""人民党将持续强化与中国共产党之间的交流，推动两国人民之间的互动，推动两国传统友谊深入人心"。比拉瓦尔在这方面继承了外公、母亲和父亲的衣钵，将继续推动巴中友好关系走向深入。

3. "正义运动党"主席、现总理伊姆兰·汗。伊姆兰·汗是巴基斯坦著名的板球明星，曾经率领巴基斯坦板球队获得世界冠军，并在退役后成立"正义运动党"。2013年，伊姆兰·汗率领正义运动党在议会选举中斩获丰厚，成为议会第三大党，与前执政党人民党只有几票之差。2018年7月，正义运动党在巴基斯坦议会选举中成为第一大党，出面组阁。伊姆兰·汗出任总理。舆论普遍认为，姆兰·汗领导的正义运动党已经成为巴基斯坦传统家族政治版图之外的一支新兴力量，有可能持续冲击未来巴政治格局。

伊姆兰·汗出身于巴基斯坦旁遮普省省会拉合尔的富裕普什图家庭。伊姆兰接受典型的贵族教育，小时就读于当地最好的教会学校，之后前往英国接受高等教育。伊姆兰与板球有不解之缘，1971年起就代表巴基斯坦板球队出征，1982年成为板球队队长。1992年，伊姆兰率领巴基斯坦板球队赢得世界冠军，这是巴基斯坦史上第一次赢得世界冠军。鉴于板球系巴基斯坦最受欢迎的体育项目，伊姆兰由此成为巴基斯坦的国民偶像。伊姆兰在退役后投身政界，1996年创立"正义运动党"，并于2002年当选国会议员。2013年，伊姆兰积极参选，得到了巴基斯坦年轻人和城市中产阶级的广泛支持，一举斩获35席，成为国民议会第三大党。正义运动党在开伯尔—普什图省获得45席（共约115席），联合"伊斯兰促进会"在该省联合执政。

巴基斯坦议会民主政治呈现主要政治家族轮流坐庄和把持国家政治资源的特点。伊姆兰凭借其独特经历和个人魅力在巴基斯坦家族政治格局中异军突起，依靠年轻人和城市中产阶级的支持成为议会第三大党，并在开伯尔—普什图省联合执政。鉴于巴基斯坦人口年轻化趋势明显，未来伊姆兰可能凭借在年轻人中的强大支持获得更大政治发言权。然而，坊间也有很多针对伊姆兰的质疑，如指责其只会提出"反腐""民主"等夺人眼球的口号，而缺乏具有可操作性的实际内容。此外，伊姆兰的支持者主要是在巴基斯坦处于少数地位的城市中产阶级，占巴基斯坦人口主体的农村人口仍然广受布托和谢里夫等政治家族的影响。未来，伊姆兰仅靠一己之力无法问鼎巴基斯坦最高权力，可能被迫与其他主要政党结盟，但这又会与其"建立清廉政府""推动公平社会"等口号自相矛盾。

伊姆兰多次表示，巴基斯坦存在过多特权阶层，不断批评大地主阶层和各类权贵家族。主张打击腐败，建立清廉政府，改变巴基斯坦官僚机构"人浮于事"的现状，不断发起各类反腐运动。2011年12月，伊姆兰在卡拉奇发动10万人规模的反腐游行，并将"反腐"作为2013年国民议会选举的主要竞选纲领之一。伊姆兰还主张改变巴基斯坦经济过度依赖外援的现状，希望通过发展自由市场经济，改善基础设施建设等推动经济发展，实现巴基斯坦经济独立。

伊姆兰认为巴基斯坦深受宗教极端主义和恐怖主义之害，但极端势力的根源在于普遍贫穷和社会不公，军事手段无法予以解决。为此，伊姆兰公开表示"塔利班并不对巴基斯坦构成威胁"，认为塔利班恐怖行动"旨在团结普什图民众抵抗外国入侵"。伊姆兰强烈反对在部落区展开军事行动，表示"武装打击已经多次失败，不仅没有解决恐怖主义泛滥等问题，还导致大量平民伤亡"，主张"军队从部落区撤出"，通过谈判实现与巴基斯坦塔利班和解，维护国家安全和社会稳定。伊姆兰非常支持谢里夫政府通过和解解决国内安全问题。为此，巴基斯坦塔利班甚至要求伊姆兰代表其与巴基斯坦政府谈判。

伊姆兰认为，巴基斯坦在反恐问题上主动配合美国、对外政策受到美国左右，这在很大程度上导致巴基斯坦恐怖主义泛滥，特别是反对美军针对巴基斯坦发动无人机越境空袭。针对美军无人机越境击毙本·拉登，伊姆兰反应强烈，认为"美国在毫无顾忌地羞辱巴基斯坦"。伊姆兰对华友好，钦佩中国在减贫和反腐方面取得的成就，表示"正义运动党将密切与中国的关系"，通过学习中国经验解决巴基斯坦面临的各种问题。

第二节　军事领域

军队在巴基斯坦享有特殊地位,其作用绝不仅限于国防,在安全、政治、外交和经济等领域均发挥重要影响。纵观巴基斯坦建国70年以来的历史,军政府和民选政府执政时间大概各占一半。军队自视为国家捍卫者,往往在政党斗争导致巴基斯坦政局动荡时出面收拾残局,其政治立场在很大程度上影响着巴基斯坦政局走向。

前任陆军参谋长拉希勒·谢里夫（Raheel Sharif）

2013年11月,拉希勒·谢里夫出任巴基斯坦陆军参谋长,成为军队一号人物和对巴基斯坦政局拥有重要影响的关键人物。

拉希勒出生于巴基斯坦俾路支省首府奎达一个军人世家。拉希勒之父穆罕默德·谢里夫、叔叔阿齐兹·巴哈蒂、二哥穆塔兹·谢里夫和长兄沙比尔·谢里夫都是戎马一生,其中叔叔和长兄还在印巴战争中为国捐躯,获得巴基斯坦最高军事荣誉。拉希勒很小就立志参军保家卫国,先后就读于拉合尔政府学院和巴基斯坦军事科学院,随后进入陆军服役。拉希勒职业生涯顺利,曾出任旅长、师长、军事科学院院长、陆军步兵司令和军队总检察长等职务。

拉希勒受其前任陆军参谋长基亚尼影响很深,主张建设职业化军队,反对军队公开干政。然而,巴军历来自诩为巴基斯坦的捍卫者、国家现代化的带领者,对于各大政治家族观感不佳。同时,军队拥有庞大附属机构,形成事实上的既得利益集团,不会放弃在巴基斯坦安全、外交等领域的固有影响力。拉希勒出任陆军参谋长之后,在维护军方利益问题上并未因为其所谓"学院派"背景以及与谢里夫集团成员保持密切关系而退缩,特别在涉及安全、外交等领域采取了与谢里夫不同的政策立场。谢里夫认为"子弹不能解决问题",主张通过与巴基斯坦塔利班等组织谈判实现国内和平。巴军虽然并不反对谈判,但坚持必须在采取军事行动压制住巴基斯坦塔利班之后再谈判,不断强调"军队有足够的反恐能力和信心"。在印巴关系问题上,谢里夫有意缓和与印度的关系,军方则坚持认为印度是巴基斯坦最大的安全威胁,曾强烈反对谢里夫参加莫迪的总理就职仪式。此外,谢里夫因为历史恩怨坚持审判前陆军参谋长、前总统穆沙拉夫,拉希勒看重穆沙拉夫作为前军方最高领导人的身份,认为其接受公开审判将是"军队的奇耻大辱",表示要"坚决维护军队的尊严和荣誉"。

拉希勒2014年6月访问中国,这是其2013年11月就任陆军参谋长以来首次出国访问,他表示:"访问旨在表明重视中巴两国和两军关系""父亲在小时候就告诉我中巴关系比喜马拉雅山高,比印度洋深"。拉希勒采取强力措施打击"东伊运",确保中巴经济走廊的安全。拉希勒表示:"中国的敌人就是巴基斯坦的敌人。"2014年6月,巴军在北瓦济里斯坦等部落区展开"利剑行动"军事清剿,打死100多名"东伊运"分子,并向中国移交了一批"东伊运"嫌犯。拉希勒要求巴基斯坦三军情报局与中国保持密切合作,掌握"东伊运"相关情况。此外,为了确保中巴经济走廊的安全,拉希勒还与总理谢里夫决定成立专门警卫部队,维护在巴中方人员以及机构的安全。

前任参谋长联席会议主席拉沙德·穆罕默德

巴基斯坦陆军4星上将,自2013年11月27日起担任巴基斯坦参谋长联席会议主席。拉沙德毕业于巴基斯坦国防大学,曾经赴法国深造。后在巴基斯坦军队俾路支军团服役,曾经担任指挥官、参谋等职务。

必须指出,参谋长联席会议主席虽然是巴基斯坦军队最高将领之一以及巴基斯坦总理、议会、国防部以及国家安全委员会的首要军事顾问,但该职位并不直接指挥作战部队。拉沙德主要负责巴基斯坦陆海空三军的协调工作,其权势远不如陆军参谋长。

现任陆军参谋长巴杰瓦

2016年11月,巴基斯坦总统侯赛因宣布,任命巴杰瓦担任陆军参谋长。巴杰瓦曾经长期处理印度和克什米尔事务,曾经长期服役在克什米尔一线主责对印作战的第10军,军事经验丰富。巴杰瓦还曾经负责巴军训练及评估事务。鉴于长期处理对印事务,巴杰瓦在克什米尔问题以及对印防务等方面经验丰富,处理对印关系比较务实。另外,巴杰瓦认为宗教恐怖主义是巴基斯坦首要威胁,而非印度。

第三节 极端组织

纵观巴基斯坦建国60多年来的历史,巴基斯坦世俗政治与伊斯兰属性的博弈可谓贯穿于各个历史阶段,政治、经济、安全、社会和教育等各个领域都打上了深深的"伊斯兰烙印"。同时,20世纪80年代,巴基斯坦成为支持阿富汗抵抗苏联侵略的"前线国家",国内特别是西北部落区出现了宗教极端化以及暴力化倾向,并在2001年美国反恐战争爆发之后持续发酵。

主要极端组织

1. "巴基斯坦塔利班"。该组织系巴基斯坦境内规模最大、势力最强、影响最大的极端势力。自2002年开始,巴基斯坦部落区武装人员开始集结起来,企图挑战巴基斯坦政府对部落区的控制。巴基斯坦政府支持美国的反恐战争,采取措种种反恐措施。巴基斯坦境内极端组织认为,根据"异教徒"原则,巴基斯坦政府与以美国为首的"异教徒"合作,已经成为"穆斯林中的叛徒",号召对其发动"防御性圣战"。巴基斯坦本土武装组织的活动范围不断扩大,从南瓦济里斯坦和北瓦济里斯坦逐步扩展到整个联邦直辖部落区。2007年12月,来自巴基斯坦联邦直辖部落区以及西

第十章 影响巴基斯坦未来的关键势力

北边境省数县的27个武装组织的40名头目或者代表在南瓦济里斯坦某地召开会议，宣布成立"巴基斯坦塔利班"，推举贝图拉·马赫苏德担任"埃米尔"。该组织设立由40名头目组成的"舒拉委员会"，从此成为具有明确领导机构、意识形态的极端组织。巴基斯坦塔利班的斗争目标如下：在普什图聚居区实施"沙里亚法"；帮助阿富汗塔利班对抗美军和北约部队；在部落区和开伯尔-普什图赫瓦省实施防御性"圣战"。巴基斯坦塔利班的主要活动方式包括自杀式炸弹袭击、斩首行动、绑架、伏击和简易爆炸装置等。巴基斯坦塔利班不仅包括训练有素的作战骨干分子，甚至还包括专门的"人肉炸弹"。自2007年正式成立以来，巴基斯坦塔利班的活动范围不断扩大，从南瓦济里斯坦扩展到整个联邦直辖部落区，甚至在东线旁遮普省等腹地频繁发动恐怖袭击，已经成为巴基斯坦国家安全和社会稳定的"心腹大患"，并开始威胁整个地区的安全。

2. "虔诚军"。该组织系巴基斯坦内部通过"圣战"捍卫伊斯兰教的原教旨主义组织。该组织于20世纪80年代成立，旨在反抗苏联占领阿富汗。20世纪90年代，"虔诚军"斗争目标转向印控克什米尔，并因为1999年针对印度军营发动自杀式袭击而名声大噪。2002年，"虔诚军"因为涉嫌参与2001年12月印度议会大厦袭击案而遭到巴基斯坦时任总统穆沙拉夫取缔，一些办事处被关闭。之后，"虔诚军"军事力量和慈善部门分离。前者继续在印控克什米尔打击印度目标，后者则以"达瓦慈善会"的名义继续活动。"虔诚军"总部位于拉合尔郊区，并在巴基斯坦全境拥有很多宗教学校、诊所等设施。据称，该组织成员主要来自于巴基斯坦旁遮普省和阿富汗，其宗旨是分三步将印度肢解为若干个伊斯兰政权。首先，通过武力将印控克什米尔并入巴基斯坦版图。其次，在印度北部建立政教合一的伊斯兰政权。第三，在印度南部也建立一个政教合一的伊斯兰教国家。该组织信奉萨拉菲派"圣战观"，与"基地"组织关系密切。除了针对印度之外，该组织逐步实现国际化，宣传"全球圣战"，发誓将旗帜插在华盛顿和特拉维夫，一些成员前往国际热点地区参加圣战。

3. "执行先知法典运动"。该组织是巴基斯坦"最危险的宗教武装之一"，其目标是将巴基斯坦变为一个塔利班式的国家。该组织曾经宣

· 275 ·

称，任何人反对"沙利亚法"都将被格杀勿论。该组织反对一切政党，反对民主选举，表示"民主是异教徒的社会制度"，宣布将实施"圣战"实行"沙里亚法"。为此，该组织袭击女子学校、音响商店，并且通过电台要求女性从头裹到脚，关闭一些从事当地经济发展的非政府组织。2007年，该组织一度控制了斯瓦特大部分地区，不断袭击政府军警。2009年，巴政府与该组织达成协议，允许其在马拉根德地区实施"沙里亚法"。该组织创始人为苏菲·穆罕默德，因为开设宣传极端思想的"阿訇电台"而被称为"电台毛拉"。随后，苏菲·穆罕默德的女婿毛拉纳·法兹鲁拉接班，势力不断壮大，目前已经成为巴基斯坦塔利班的大头目。

主要人物

1. "巴基斯坦塔利班"头目毛拉纳·法兹鲁拉（Maulana Fazlullah）。法兹鲁拉1974年出生于巴基斯坦西北部白沙瓦，隶属普什图优素福扎伊部落的巴布卡凯尔部族。法兹鲁拉娶"执行先知法典运动"大头目苏菲·默罕默德之女为妻，并在2002年后者被捕后出任该组织新任大头目。2007年，法兹鲁拉与巴基斯坦塔利班结盟，听从巴基斯坦塔利班的指挥。当年10月，法兹鲁拉依靠大约4500名武装分子在斯瓦特建立平行政府，宣布实行"沙里亚法"。此后，媒体报道法兹鲁拉为躲避巴军打击，逃入阿富汗东部库纳尔省，也有说其在努里斯坦省藏身。2013年7月，法兹鲁拉被推选担任巴基斯坦塔利班的新任领导人。

2. "虔诚军"领导人哈菲兹·穆罕默德·赛义德（Hafiz Muhammad Saeed）。哈菲兹可谓近年来在巴基斯坦国内乃至国际媒体上曝光度最高的宗教人士。

涉嫌暴恐、反对美印的保守派穆斯林。哈菲兹1950年出生于巴基斯坦旁遮普省，其家族1947年印巴分治时由西姆拉迁至拉合尔。哈菲兹在巴基斯坦旁遮普大学接受教育，毕业后在拉合尔理工大学伊斯兰系任教。鉴于其在宗教领域的学识和影响力，曾被齐亚·哈克军政权任命为"伊斯兰意识形态委员会"成员。20世纪80年代，哈菲兹前往沙特国王大学留学，获得伊斯兰和阿拉伯语专业证书。在沙特期间，哈菲兹深受"圣战派"毛拉影响，号召全球穆斯林前往阿富汗参加"圣战"。1987年，哈菲兹与"基地"组织前大头目本·拉登的精神导师阿卜杜拉·阿萨姆成立了名为"伊尔沙德"的组织，并逐渐演变为旨在解放印控克什米尔的"虔诚军"。哈菲兹领导的"虔诚军"信奉萨拉菲派"圣战观"，主张通过"圣战"消灭印度教徒、什叶派穆斯林等所谓"异教徒"。同时，"虔诚军"信奉的"圣战观"为"防御性"，即为了保护穆斯林的宗教信仰，而不主张在巴基斯坦境内实施武装行动。

2001年以来，"虔诚军"频繁涉嫌卷入针对印度的恐怖主义袭击。哈菲兹本人也多次被印度、美国以及国际刑警组织指控涉嫌支持恐怖主义。例如，印度一直指责哈菲兹领导的"虔诚军"及其慈善组织"达瓦基金会"支持、策划和实施恐怖袭击，要求联合国安理会将哈菲兹及"虔诚军"列为支持恐怖主义的个人和组织名单实施制裁。2005年，联合国将哈菲兹列为与"基地"组织以及塔利班有关的个人名单。2008年12月，联合国宣布哈菲兹为恐怖分子，"达瓦基金会"为恐怖主义组织。为此，巴基斯坦政府采取措施限制哈菲兹的行动。2001年12月13日，印度议会大厦发生爆炸后，巴基斯坦政府先后两次逮捕哈菲兹，并将其软禁在家。2006年7月11日，印度孟买发生火车爆炸。哈菲兹再次因为涉嫌策划和实施恐怖主义袭击而被巴基斯坦政府逮捕。2008年11月，孟买爆发特大恐怖主义袭击，导致数百人伤亡，引起国际社会广泛关注。哈菲兹坚决否认与孟买恐怖袭击案有关，表示毫不担心美国的指控，随时可以面对美国法庭的质询。哈菲兹还经常在公开场合发表演讲，强烈抨击美国和印度。例如，他曾经说："保卫巴基斯坦是头等大事。目前，巴基斯坦正面临两方面的威胁。在东线，巴基斯坦面临印度的威胁。在西线，巴基斯坦面临美国等驻阿富汗北约部队的威胁。"

恐怖与反恐力量的较量

如上文所言，2001年以来，巴基斯坦政府支持美国在阿富汗的反恐战争，引起境内极端宗教势力和暴力极端组织的严重不满。各类极端组织将巴基斯坦政府视为美国的帮凶而将其视为打击目标，在巴基斯坦境内发动了一系列恐怖袭击。为扭转近年来不断恶化的安全形势，恢复和发展经济，巴基斯坦军政当局实施了一系列反恐措施。首先，巴军强力反恐。2014年6月，巴军在北瓦济里斯坦部落区展开"利剑行动"，10月又在开伯尔地区开辟第二战场，发动代号为"开伯尔行动"的新一轮攻势，重点清剿藏匿此处的巴基斯坦塔利班、"乌伊运"和"东伊运"等极端分子。2015年12月，巴军发布消息，称已经打死近4000名恐怖分子，摧毁恐怖分子藏匿据点837个，抓捕2万余名恐怖分子。同时，准军事部队在卡拉奇继续开展代号为"卡拉奇行动"的反恐维稳行动。

其次，政府推出"全国行动计划"。2014年12月，位于巴基斯坦白沙瓦的军队学校遭血腥恐怖袭击，上百名儿童死亡。此后，巴基斯坦总理谢里夫发布讲话，宣布实施"全国行动计划"。计划包括20点内容，其中包括对恐怖分子恢复死刑，将涉及恐怖主义案件交给军事法庭审理等。为落实"全国行动计划"，巴基斯坦政府设立由总理负责、9名内阁部长参与的"中央委员会"，下设15个分委员会。然而，有消息称分委会权责不太明了，运转并不顺畅。同时，在各省设立由首席部长、技术官僚、军方代表组成的"顶层委员会"，监督执行"全国行动计划"。

"全国行动计划"还包括如下内容：强化对被政府取缔组织的监管。2015年12月，巴基斯坦政府向议会提交被取缔组织的名单，其中列出61个被取缔组织，包括"达瓦慈善会""巴基斯坦塔利班""基地"组织、"乌伊运""东伊运""伊斯兰国"以及俾路支分离主义组织等。其中，"达瓦慈善会"被视为"虔诚军"的掩护组织；继续强化对宗教学校的管理。巴基斯坦政府对宗教学校登记注册等情况进行排查，特别是调查宗教学校与恐怖主义组织的联系，并指明了一批涉嫌与恐怖主义组织勾结的非法宗教学校。2015年11月，巴基斯坦官方与五大教派宗教学校联盟达成部分共识。宗教学校每年向政府汇报情况，政府则不插手宗教学校内部事务并承认学历。此外，政府还计划将不隶属于宗教学校联盟的近万所宗教学校纳入官方委员会管理；加速开展难民安置工作。巴军"利剑行动"导致150万国内难民。2015年2月，巴基斯坦正式启动难民返回安置工作。2016年4月，巴基斯坦"安全研究中心"主任伊姆蒂亚兹表示，目前大约有五分之一到三分之一的难民已经返回部落区，剩余难民不愿意或者没有条件重返家园。此外，巴基斯坦政府还启动了联邦直辖部落区政治改革进程，旨在授予联邦直辖部落区省级联邦主体的地位。2015年11月，巴基斯坦官方成立由5名高官组成的部落区改革委员会负责该事项。12月，委员会表示，若想实施部落区政治改革，必须首先废除长期适用于部落区的"边境犯罪条例"。

在巴基斯坦军政双方的努力下，巴安全形势可谓喜忧兼半。一方面，安全状况整体好转。随着2014年6月以来在北瓦济里斯坦展开"利剑行动"，巴军空中打击和地面推进并举，取得了较好的战果。例如，巴基斯坦前参谋长联席会议主席拉沙德表示，巴军已经控制北瓦济里斯坦绝大部分地区，摧毁了极端组织在当地的藏匿点和军火库，几乎消灭了所有"东伊运"分子。此外，巴军还将军事行动延伸到开伯尔部落区。巴基斯坦准军事部队也在卡拉奇等地继续实施城市反恐行动。在巴军政当局的共同努力下，巴安全形势整体好转。统计显示，2015年，巴基斯坦共发生625起恐怖袭击，同比下降48%。袭击导致1069人死亡，同比下降38%，另有1443人受伤，同比下降54%。

另一方面，反恐形势仍不容乐观。巴基斯坦塔利班仍是最大恐怖主义威胁。2015年，巴塔及其分支一共发动359起恐怖袭击，导致580人死亡、828人受伤，占恐怖袭击总数的57%。在安全形势有所好转的情况下，教派恐怖主义袭击有所上升。2015年，巴基斯坦发生教派袭击63起，造成272人死亡，伤亡人数同比上升7%。教派袭击呈现明显的集中趋势，主要分布在8个地区，其中信德省占3个，俾路支省占2个。分离主义暴恐活动抬头，2015年信德和俾路支分离主义势力发动了208起袭击，占恐怖袭击总数的33.28%，同比有所上升。尤其需要指出，中巴经济走廊的桥头堡——瓜达尔港所在的俾路支省发生恐怖袭击218起，居全国各省首位。同样作为走廊重要途径地的信德省安全形势出现新变化。该省往年恐怖袭击主要集中在省会卡拉奇，其他地区很少发生。2015年，该省除了卡拉奇之外的地区发生恐袭17起，导致101人死亡，死亡人数同比上升339%。

除了上述情况之外，巴基斯坦安全形势好转势头仍存在逆转可能。首先,暴恐势力可能回流。巴基斯坦北瓦济里斯坦等部落区与阿富汗东部接壤,两国之间边界在很多地方形同虚设,当地部落民完全可以自由穿越边界。2014年6月以来,为了躲避巴军打击,藏匿在北瓦济里斯坦的很多暴恐分子逃入阿富汗东部地区。一旦巴军反恐行动告一段落,大部分军队撤出部落区,那么外逃暴恐分子完全可能返回巴基斯坦继续施暴。例如,巴基斯坦军方指出,帕夏汗大学袭击案就是在阿富汗境内策划的。巴基斯坦陆军参谋长拉希勒专门与阿富汗总统加尼通电话,要求协助抓捕凶手。

其次,巴基斯坦近年来暴恐事件频发存在深刻的历史和社会根源,若想实现安全形势彻底好转,要"治标",但关键是"治本"。2014年12月16日,巴基斯坦军队公共学校遇袭,上百名无辜学生死于非命。这极大震撼了巴基斯坦社会,各界在反恐问题上形成空前共识,对于宗教激进势力的认知逐步发生变化。然而,这一过程不可能一蹴而就,必将经历相对较长的时间,直至彻底铲除激进势力的社会根源。此外,"伊斯兰国"已经成立"呼罗珊分支",将巴基斯坦作为重点渗透目标,加紧与当地极端组织勾连,给巴基斯坦安全形势增添新的不确定因素。正如2016年1月21日,巴基斯坦主流英文媒体《黎明报》撰文指出,虽然巴基斯坦安全形势已有明显好转,但2016年以来仅仅20天时间里,巴基斯坦遭受多起恐怖袭击,已造成60人死亡,安全形势急转直下。2016年的"悲惨开年"再次提醒巴基斯坦政府,认为安全形势已经彻底实现好转的想法是不负责任的。

在巴基斯坦政府的打压下,各股恐怖势力出现新动向。首先,巴基斯坦塔利班加紧重组。与阿富汗塔利班保持相对完整的自上而下权力结构和指挥网络不同,巴塔从一开始就是一个松散联盟,包括几十个相对独立的武装团伙,各团伙都有其组织结构、活动重点和作战目标。近年来,巴塔碎片化趋势更为明显。2013年,美军无人机袭击打死巴塔领导人哈基姆拉·马赫苏德,该组织陷入领导人危机,在谁接任哈基姆拉以及是否与政府和谈问题上争执不下。出任巴塔领导人的法兹鲁拉既不能服众,也无法在和谈问题上凝聚共识。2014年3月,法兹鲁拉宣布暂时与政府停火,这成为巴塔走向分裂的导火索。此前,乌玛尔·卡西米就宣布成立"自由印度"组织,公开反对和谈,继续与巴军作战。5月中旬,萨迦那·马赫苏德宣布成立南瓦济里斯坦塔利班,并且指责巴塔已经"背离了伊斯兰教的基本原则"。随后,来自莫哈曼德部落区的奥马尔·哈立德·呼罗珊与巴焦尔、开伯尔、白沙瓦、斯瓦特、奥拉克宰、恰尔萨达地区的武装组织领导人宣布成立"自由军"组织。该组织与先前的"自由印度"组织合并,并由卡西米统一领导。9月中旬,北瓦济里斯坦部落区的谢赫亚尔·马赫苏德宣布脱离巴塔。10月13日,巴塔发言人沙希杜拉·沙希德以及5名地区埃米尔(包括来自库拉姆的多拉特·汗,奥拉克宰的赛义德·汗,开伯尔的古尔·扎曼,白沙瓦的哈桑·斯瓦提以及汉古的哈立德·曼苏尔)发布视频,宣布脱离巴塔,对"伊斯兰国"大头目格达迪效忠。2015年以来,巴塔若干分离组织出现重返巴塔的迹象。3月,"自由军"和"伊斯兰军"宣布重返巴塔组织网络,对法兹鲁拉效忠,三方举行秘密协商之后对巴塔领导层进行重组。

其次,"伊斯兰国"开始向巴基斯坦渗透。2015年1月,"伊斯兰国"宣布成立涵盖中亚和南亚地区的"呼罗珊分支",任命前巴塔在奥拉克扎伊部落区分支的头目哈菲兹·赛义德·汗出任头目,正式开始向南亚,特别是阿巴地区拓展势力。此后,不少巴塔分子开始倒向"伊斯兰国"。2015年8月,"伊斯兰国"在社交媒体上公布了几张位于巴基斯坦部落区的暴恐分子训练营照片。该营地以巴塔前大头目哈基姆拉·马赫苏德命名,这表明巴塔内部仍旧效忠马赫苏德部落的势力对现在的大头目法兹鲁拉不满,为此转而支持"伊斯兰国"。同时,"伊斯兰国"还强化其全球"圣战"观的渗透。2015年5月,一辆什叶派穆斯林乘坐的公交车在卡拉奇遭到袭击,导致至少43人死亡。"伊斯兰国呼罗珊分支"宣布制造了此次袭击,现场也发现了"伊斯兰国"的宣传材料。2016年3月,巴基斯坦旁遮普省首府拉合尔发生特大恐怖袭击,导致72人死亡。事后,"自由军"宣布对袭击负责,此前该组织已经宣誓对"伊斯兰国"效忠。美国情报官员也表示,为了拓展势力,"伊斯兰国"积极对包括"自由军"在内的巴基斯坦当地极端组织发挥影响,进而建立由其主导的恐怖主义同盟。"伊斯兰国"通过在大城市招募人手、使用各类新媒体等在巴基斯坦招募人手。巴基斯坦政府方面已经证实伊斯兰国与国内多次恐怖袭击有关系。此外，巴基斯坦政府还发现，"伊斯兰国"试图在巴基斯坦建立"女性分支"，并与1993年世界贸易中心袭击案主谋拉姆兹·约瑟夫的兄弟存在联系。

但也有分析认为，现阶段"伊斯兰国"在巴基斯坦的影响仍然相当有限。巴基斯坦外交秘书艾扎兹·乔杜里表示，"伊斯兰国"还没有在巴基斯坦建立活动基地和组织网络，"呼罗珊分支"对外公布的暴恐分子训练营都位于阿富汗境内，特别是东部地区。2015年，"呼罗珊分支"的大头目和二号头目先后在阿富汗境内遭美军炸死，这也表明其在巴基斯坦仍然立足未稳。

第三，"乌伊运"等突厥系恐怖分子持续外逃。2001年，美军推翻塔利班政权以来，"乌伊运""东伊运"等突厥系暴恐分子纷纷逃入巴基斯坦联邦直辖部落区，并长期藏匿此地。2014年，巴军在部落区发动"利剑行动"，重创"乌伊运"等位于北瓦济里斯坦等地区的藏匿点和后勤设施，突厥系恐怖分子纷纷回流阿富汗东部，进而返回阿富汗北部地区。巴基斯坦军方明确表示，"利剑行动"已经基本清除了境内"东伊运"暴恐分子，残余的"东伊运"分子逃入阿富汗东部地区。

第四节　商业领域

巴基斯坦政界和商界关系密切，政治望族基本上也是商业大家族，其中最为典型的就是布托—扎尔达里家族和谢里夫家族。

曼沙家族

曼沙家族的成就很大程度上在于米安·穆罕默德·曼沙（Mian Muhammad Mansha）一人。曼沙是巴基斯坦首屈一指的实业家和工商业领袖，也是巴基斯坦国内公认的第一富豪，是巴基斯坦纳沙特企业集团的主席和首席执行官。曼沙出生于巴基斯坦拉合尔一个富裕家庭,在旁遮普大学就读商科,此后在英国深造。毕业后,曼沙经营其家族产业。在20世纪90年代,巴基斯坦政府实行大规模的私有化,曼沙从中获益巨大,频繁买进卖出,最终控制了巴基斯坦最大的保险公司之一的阿达穆杰集团(Adamjee Group)等大型企业。曼沙还获得巴基斯坦盈利能力最强的穆斯林商业银行(MCB)。在其经营之下,穆斯林商业银行持续扩张,成为南亚次大陆的一流金融服务提供商。此外,曼沙持续扩张纳沙特纺织集团,将其发展成为全巴最大的纺织企业。在经营自己熟悉领域的同时,曼沙还将触角伸向电力领域,例如与巴基斯坦水电管理局签署协议,将自己发电厂的多余电能出售给巴基斯坦电网,为此还成立了纳沙特能源公司。目前,该公司表现良好,并由曼沙之子负责经营。除了深耕巴基斯坦,曼沙与马来西亚银行签署合作协议。马来西亚银行收购了穆斯林商业银行(MCB)20%的股份。坊间称,马来西亚银行愿意与曼沙合作,除了后者实力雄厚之外,更为看重曼沙与谢里夫总理的良好关系。

曼沙在接受杂志采访时表示其个人净资产大约为40~50亿美元,但巴基斯坦一些分析人士则认为,曼沙资产大约为100亿美元。目前,曼沙是巴基斯坦46家公司的领导层成员,被认为是巴最有权势、最有影响力的人物。2004年3月23日,巴基斯坦时任总统穆沙拉夫授予曼沙荣誉勋章。尽管曼沙在商业上一帆风顺,但也面临一些挑战。2004年,曼沙及其支持者竞选全巴纺织企业联合会主席失利,随后曼沙宣布退出该联合会。

曼沙家族与巴基斯坦现总理谢里夫保持密切联系。从国内看,20世纪90年代,当时任总理的谢里夫推动大规模私有化,曼沙家族可谓这一过程的最大受益者。从国际看,正是凭借与谢里夫家族的密切关系,曼沙家族得以与马来西亚银行达成战略合作协议,其资产进一步提升。

布托—扎尔达里家族

布托家族系扎根信德省的大地主家族,扎尔达里家族则是俾路支省望族,两大家族联手的关键在于阿西夫·阿里·扎尔达里(Asif Ali

Zardari）。扎尔达里出生于卡拉奇，其父亲哈基姆·阿里·扎尔达里是俾路支省势力强大的扎尔达里部落长老。1987年，扎尔达里迎娶布托家族掌门人贝·布托为妻。1988年，齐亚·哈克总统因飞机失事丧生，贝·布托赢得大选，出任巴基斯坦总理。在此期间，扎尔达里遵守与贝·布托的诺言，整体上不太干涉政治，但仍被指控涉嫌腐败，并成为政敌攻击贝·布托的借口。1993年，贝·布托第二次任政府总理，扎尔达里担任投资部长、情报局长等职务。此后，扎尔达里被捕入狱和流亡海外。2008年，扎尔达里出任巴基斯坦总统，并顺利完成任期。

扎尔达里本人出身大部落主家庭，又与巴基斯坦最具权势的布托家族联姻，先后出任政府部长和总统等职务，继承了贝·布托的巨额财富，身家相当惊人。2005年，巴基斯坦《每日新闻报》报道称，扎尔达里身家18亿美元，为巴基斯坦第二富翁。除了在巴基斯坦之外，扎尔达里在伦敦、曼哈顿、迪拜等地拥有大量财产。

谢里夫家族

纳瓦兹·谢里夫系谢里夫家族的主要利益代言人。该家族源于克什米尔，是著名钢铁世家，其父穆罕默德·谢里夫在1947年印巴分治时从阿姆利泽移民到拉合尔，随后创建伊塔法工业集团，很快发展成为业务涵盖钢铁、纺织等领域的大型企业集团，成为巴基斯坦最大财团之一。20世纪70年代，出身巴基斯坦信德省的大地主阿里·布托出任巴基斯坦领导人。阿里·布托受左派思潮影响，上台之后推行大规模经济国有化政策。作为首屈一指的财团，谢里夫家族大量财产被收归国有，一度损失惨重。出于保护家族利益等考虑，谢里夫逐渐步入政坛，并于1976年加入穆斯林联盟，并且通过积极向齐亚·哈克军政权靠拢而逐渐得势，恢复了家族产业。2005年，巴基斯坦媒体报道称，谢里夫家族跻身巴基斯坦前四大家族，谢里夫个人资产则高达14亿美元，产业遍布巴基斯坦以及海湾国家，也是巴基斯坦财富排名第二的政治家。此外，谢里夫的弟弟沙巴兹·谢里夫目前是巴基斯坦最核心省份旁遮普省的首席部长，既是政治家，也是成功的商人。

第五节 媒体领域

巴基斯坦媒体环境宽松,政府直接管控较少,系南亚地区最为活跃和自由的媒体。

拉赫曼家族

20世纪中叶,拉赫曼家族的老一代领袖米尔·哈利利·拉赫曼(Khalil-ur-Rehman)着手建立巴基斯坦最为强大的媒体集团"战斗报业集团"(Jang Group)。此后,其子米尔·沙基尔·拉赫曼(Mir Shakeel-ur-Rehman)主宰这一媒体集团。目前,该集团旗下拥有《每日新闻报》《每日战斗报》等10家巴基斯坦顶尖报纸以及价值几十亿卢比的GEO频道。沙基尔本人非常谦虚,但巴基斯坦内部公认其拥有无可匹敌的政治影响力,其控股的媒体雇用了巴基斯坦最优秀的记者和撰稿人,对巴基斯坦政治风向拥有很大发言权。有消息称,"战斗报业集团"在过去几十年中在巴基斯坦政府更迭中发挥了重要作用。此外,巴基斯坦若干届政府选择该集团雇员出任政府部长。沙基尔本人还投资了巨额股票,他的哥哥米尔·贾瓦德·拉赫曼(Mir Javed ur Rehman)和儿子米尔·易卜拉欣(Mir Ibrahim)都帮助打点家族产业。

尼扎米家族

尼扎米家族控制的纳瓦集团(Nawa-E-Waqt Group)同样系巴基斯坦影响力很大的媒体帝国。该集团实际控制人是马基德·尼扎米(Majid Nizami)和他的侄子阿里夫·尼扎米(Arif Nizami),其影响力遍布巴基斯坦社会的方方面面。该家族的发家史可以上溯到印巴分治之前。当时,哈米德·尼扎米(Hammed Nizami)立志为南亚次大陆的穆斯林办报,并积极支持巴基斯坦独立建国，因此受到巴基斯坦国父真纳的赞扬。1962年，哈米德英年早逝，将家族产业转交给弟弟马基德·尼扎米。目前，该集团旗下著名媒体包括乌尔都文报纸《Nawai-e-Waqt》（巴基斯坦主要的乌尔都文报纸之一）以及英文报纸《民族报》等，上述媒体的电子版渠道也非常畅通。在很多巴基斯坦人看来，尼扎米家族及其媒体帝国是巴基斯坦意识形态的捍卫者和守卫者，该集团以中右翼立场和民族主义立场著称。

图书在版编目（CIP）数据

巴基斯坦史话 / 王世达, 杜佳宁著. —— 北京：中国书籍出版社, 2018.1
ISBN 978-7-5068-6580-7

Ⅰ.①巴… Ⅱ.①王… ②杜… Ⅲ.①巴基斯坦-历史-研究 Ⅳ.①K353.07

中国版本图书馆CIP数据核字(2017)第258803号

巴基斯坦史话

王世达　杜佳宁　著

策划编辑	王志刚
责任编辑	王志刚
责任印制	孙马飞　马芝
版式设计	添翼图文
出版发行	中国书籍出版社
地　　址	北京市丰台区三路居路97号（邮编：100073）
电　　话	（010）52257143（总编室）（010）52257153（发行部）
电子邮箱	chinabp@vip.sina.com
经　　销	全国新华书店
印　　刷	河北省三河市顺兴印务有限公司
开　　本	710毫米×1000毫米　1/16
字　　数	280千字
印　　张	18.5
版　　次	2020年7月第1版　2020年7月第1次印刷
书　　号	ISBN 978-7-5068-6580-7
定　　价	56.00元

版权所有　翻印必究